Augustine's Theology of Grace

개정판

어거스틴의 은총론 이해

권진호 지음

한국기독교학회
제5회
소망학술상 수상

CLC

기독교문서선교회(Christian Literature Center: 약칭 CLC)는 1941년 영국 콜체스터에서 켄 아담스에 의해 시작되었으며 국제 본부는 미국 필라델피아에 있습니다.
국제 CLC는 약 650여 명의 선교사들이 59개 나라에서 180개의 서점을 운영하며 이동 도서 차량 40대를 이용하여 문서 보급에 힘쓰고 있으며 이메일 주문을 통해 130여 국으로 책을 공급하고 있는 국제적 문서선교 기관입니다.

Augustine's Theology of Grace

Written by
Jin-Ho Kwon

Korean Edition
Copyright © 2025 by Christian Literature Center
Seoul, Korea

헌정문

이 책을
41년간의 목회를 하나님의 은혜 가운데 마치신
아버지 권오득 목사님, 어머니 이문자 사모님께
드립니다.

개정판을 내며

권진호 박사
목원대학교 신학과 교수

　필자는 2011년에 출판한 『성 어거스틴의 은총론 연구』를 개정하여 『어거스틴의 은총론 이해』로 다시 선보입니다. 개정판을 준비하면서 새로운 내용을 추가한 증보판을 내는 것이 좋겠다고 생각했으나, 기존의 틀을 유지하는 것도 의미가 있다는 생각에 약간의 수정만을 하였습니다. 이 책을 통해 하나님의 은혜가 우리 구원의 시작이자 중간, 끝임을 깊이 깨닫게 되기를 바라며, 한국 교회와 그리스도인들에게 작은 도움이 되기를 소망합니다.

2025년 3월

감사의 글

루터 전공자인 저자는 성 어거스틴이 종교개혁자 루터에게 가장 큰 영향을 끼친 신학자였다는 사실에 관심을 갖고 몇 학기 동안 신학대학교와 신학대학원에서 어거스틴의 은총론을 가르쳤고 그 결실로 이 책을 출간하게 되었다.

먼저 이렇게 책이 나올 수 있는 기회를 제공해 준 한국기독교학회와 소망교회 김지철 목사님께 감사드린다. 또한 목원대학교 신학과 교수님들, 특히 교회사의 김기련 교수님, 김흥수 교수님, 은퇴하신 정기환 교수님께 이 자리를 빌려 감사드리며, 당진 지방 목사님들 그리고 금암교회 전종태 담임목사님과 성도님들 그리고 교정을 해준 이민수 목사와 진수찬 전도사에게 감사의 뜻을 전하고 싶다. 무엇보다도 이 책이 나오기까지 배움의 자리에 함께했던 학생들에게 감사의 마음을 전한다.

마지막으로 가족에게 고마움을 표한다. 늘 기도와 사랑으로 후원해 주시는 부모님, 책을 쓰느라 분주한 아빠를 이해해 준 두 딸, 하은이와 예나 그리고 늘 사랑과 격려로 함께 해 준 아내에게도 고맙다는 말을 전한다.

2011년 3월

목차

개정판을 내며 ·· 6
감사의 글 ·· 7

제1장 서론 ···· 11
1. '어거스틴의 은총론' 연구에 관하여 · 11
2. 어거스틴 은총론의 의미 · 15
3. 어거스틴 은총론의 배경 · 20
   1) 생애와 관련된 배경 · 20
   2) 신학사적 배경 · 23

제2장 어거스틴과 논쟁자들의 생애 ···· 25
1. 어거스틴 · 25
2. 펠라기우스 · 41
3. 켈레스티우스 · 45
4. 율리안 · 47
5. 카시안 · 52

제3장 어거스틴의 초기 은총론 ···· 57

1. 초기 바울서신 강해에 나타난 은총론 · 57
2. 몇 가지 질문에 관하여 심플리키안에게 보내는 편지(1, 2) · 65
   1) 서론 · 65
   2) 번역 및 해설 · 66
3. 고백록 · 127
   1) 고백록에 나타난 은총론 · 127
   2) 고백록 '서론' 연구 · 130

제4장 펠라기우스 논쟁에서의 은총론 ···· 147

1. 펠라기우스 논쟁 · 147
2. 어거스틴의 반펠라기우스 주요작품 · 151
   1) 죄의 결과들과 용서 그리고 유아세례에 관하여 · 151
   2) 영과 문자에 관하여 · 160
   3) 본성과 은혜에 관하여 · 170
   4) 결혼과 정욕에 관하여 · 176
3. 데메트리아스에게 보내는 편지 · 182
   1) 들어가는 말 · 182
   2) 펠라기우스의 편지 · 190
      (1) 개론적 설명 · 190
      (2) 신학적 내용 · 192
   3) 어거스틴의 편지 · 226
   4) 나가는 말 · 232

제5장 어거스틴의 후기 은총론 ···· 237

1. 들어가는 말 · 237
2. 절충적 펠라기우스주의의 시작(1): 북아프리카에서 · 240
   1) 식스투스에게 보낸 어거스틴의 편지와 하드루메툼 수도사들 · 240
   2) 어거스틴의 작품 · 244
      (1) 은총과 자유의지에 관하여 · 245
      (2) 견책과 은총에 관하여 · 249
3. 절충적 펠라기우스주의의 시작(2): 갈리아에서 · 254
   1) 프라스퍼와 힐라리우스의 편지 · 255
   2) 어거스틴의 작품 · 257
      (1) 성도들의 예정에 관하여 · 257
      (2) 견인의 은총에 관하여 · 261

부록: 어거스틴, 펠라기우스주의, 절충적 펠라기우스주의의 구원론 비교 ·· 265

참고문헌 ·· 271

제1장

서론

1. '어거스틴의 은총론' 연구에 관하여

'어거스틴의 은총론'은 널리 알려진 신학적인 주제이다. 신학을 공부한 신학도라면 어거스틴의 은총론이 (펠라기우스 논쟁과 함께) 가장 많이, 그리고 오래 남는 주제일 것이다. 그래서 어거스틴의 은총론하면 뭐 새로운 것이 더 있겠나 생각이 들 정도이다. 필자도 신학대학의 학부와 대학원에서 어거스틴의 은총론을 가르치기 전까지는 그렇게 생각했다. 하지만 학생들을 가르치면서 그리고 개인적인 신앙의 실제적인 문제를 학생들과 토론하면서 어거스틴 은총론의 의미를 다시금 되새기게 되었고, 오늘날 우리 신앙인들이 가장 절실하게 필요한 것이 은혜에 관하여 바른 신앙과 신학을 갖는 것이라 생각하게 되었다.

사실 필자는 신학교 시절부터 루터의 신학에 관심을 가졌고 또한 루터설교를 전공하였다. 루터를 연구하는 가운데, 루터에게 가장 많은 영향을 준 사람이 어거스틴이라는 사실은 내게 늘 여운으로 남아 있었다. 그러던 중 3학기 동안 어거스틴 신학과 은총론을 강의하면서 어거스틴에 대한 관심은 더욱 깊어졌다. 첫 학기는 어거스틴의 반(反)펠라기우스 작품들을 다루었다. 이 작품들을 읽으면서 어거스틴의 은혜에 관한 사상을 공부하였다. 둘째 학기는 수녀가 되고자 결정한 한 신앙인에게 보낸 펠라기우스와 어거스틴의 편지를 통하여 펠라기우스와 어거스틴의 신학 및 은총론을 분석하였다. 셋째 학기는 어거스틴의 초기 은총론, 구체적으로 말하면 로마서 9장에 대하여 심플리키안에서 보낸 어거스틴의 편지를 분석하는 것이었다.

본인은 강의 준비와 강의를 통하여 오히려 스스로 많은 것을 배웠다. 그 저명한 신학자 어거스틴도 초기에는 믿음이 인간에게서 시작된다고 믿었으나, 결국에는 믿음의 시작이 하나님께 있다는 것과 하나님의 선물임을 깨달았다고 고백한 일, 하나님의 은혜란 우리가 선한 일을 행하고자 할 때 하나님의 도우심이라는 은혜를 통하여 일을 이루는 것일 뿐만 아니라 우리가 선한 일을 행하고자 하는 마음과 의지 자체가 이미 하나님의 은혜라고 깨달은 것, 그래서 로마서 7장에 나오는 죄에 대한 바울의 탄식을 이전에는 은혜받기 이전의 상태라고 보았으나 이제는 은혜를 받은 상태로 여기게 되었다는 것(이것은 펠라기우스 논쟁을 통해 깨닫게 된 사실이다), 야곱은 사랑하고 에서는 미워했다는 하나님의 예정에 관한 사실은 하나님의 불의하심을 나타내는 것이 아니라, 에서를 미워하심은 인간의 원죄에 근거한, 죄에 대한 하나님의 미워하심이요, 야곱을 사랑하심은 순전한 하나님의 크신 사랑에 근거한 것이라는 사실 등, 어거스틴 은총론에 대한 배움과 깨달음은 필자와 그리고 필자와 함께 한 배움의 학생들의 신앙을 다시금 근본적으로 되돌아보게 했고 깊이 감동케 하기에 충분했다.

강의를 준비하면서 아쉬웠던 점은 어거스틴 은총론에 관한 연구서가 거의 없다는 사실이었다. 우리나라에서 어거스틴의 은총론을 연구하는 자에게 없어서는 안 될 작품이요 번역 자체로 기여한 바가 큰, 필립 샤프(Philip Schaff)가 편집한 어거스틴의 은총론 작품을 번역한 차종순 교수의 『어거스틴의 은총론』 네 권으로 만족해야 했다. 교리사나 신학사에 관한 책에 어거스틴의 은총론을 부분적으로 다룬 글이나 연구논문은 있지만, 자세하게 다룬 단행

본은 찾을 수 없었다. 이것이 본 연구를 출판하는 가장 큰 이유이다. 이 연구 역시 부족하지만, 어거스틴 은총론 연구에 조금이라도 기여하고픈 마음에 세상에 내놓고자 한다.

필자의 강의와 연구 가운데 앞에서 언급한 필립 샤프의 『어거스틴의 은총론』이 도움이 많이 되었고, 특히 최근에 나온 어거스틴에 관한 사전과 핸드북 역시 많은 유익을 주었다. 먼저 어거스틴의 생애, 작품, 신학 연구에 필요한 항목을 다루고 있는 Augustine through the Ages. An Encyclopedia[1]는 어거스틴 연구에 필수불가결한 사전이다. 그리고 어거스틴의 생애, 작품과 신학에 관해 그리고 시대적 배경에 대하여 집약적으로 서술한 핸드북 Augustin Handbuch[2]이 많은 도움이 되었다. 이것은 어거스틴 연구의 전문가들에 의해 저술되었으며 이 핸드북에는 중요한 항목들이 다루어져 있고 각 항목이 길지 않지만 꼭 알아야 할 내용을 함축적으로 서술하고 있다. 이 외에도 사실 가장 방대하고 학문적인 사전 Augustinus-Lexikon[3]이 있는데, 이것은 1986년부터 출판되었지만 아직도 완결되지 않은 사전으로 앞으로 어거스틴 연구에 중추적인 역할을 할 것이다. 이 외에도 필자는 어거스틴의 생애와 사상에 대한 몇 가지 저서 및 역서들을 참조하였다.

본 연구의 구성과 대상에 대해 짧게 언급하고자 한다. 이 연구는 어거스틴의 은총론을 대상으로 하되 크게 세 부분, 즉 어거스틴의 초기 은총론, 어거스틴 은총론의 핵심으로 펠라기우스 논쟁 가운데 나타난 은총론, 그리고 생애 말엽의 후기 은총론으로 서술하고 있다.

먼저 초기 은총론은 어거스틴이 밀라노 정원에서 회심을 하고 세례를 받은 이후에 전개한 은총론을 다룬다. 여기서는 특히 어거스틴 초기 은총론에 있어 중요한 작품 "몇 가지 질문에 관하여 심플리키안에게 보내는 편지"를 중점으로 다룬다. 이 편지 1권 2부에서 어거스틴은 하나님께서 야곱은 사랑하

---

[1] Allan D. Fitzgerald ed., *Augustine through the Ages. An Encyclopedia* (William B. Eerdmans Publishing, 1999).
[2] Volker Henning Drecoll ed., *Augustin Handbuch* (Mohr Siebeck, 2007).
[3] Cornelius Mayer ed., *Augustinus-Lexikon* (Basel: Schwabe, 1986). 인터넷 사이트 참조. http://www.augustinus.de/bwo/dcms/sites/bistum/extern/zfa/lexikon/index.html.

시고 에서는 미워하셨다는 로마서 9장의 말씀을 자세히 분석하고 해설하면서 하나님의 은혜에 대한 신학을 자세하게 전개한다. 이 작품은 후에도 언급하겠지만, 독일의 철학자 플라쉬(Kurt Flasch)의 연구 이후로 관심과 논쟁의 대상이 되어 왔다.[4] 그리고 마지막으로 어거스틴의 가장 유명한 작품『고백록』에 관심을 집중하고자 한다.『고백록』은 어거스틴의 은총론을 어거스틴 자신의 생애를 예로 하여 보여 주며 인간의 회심에서 역사하시는 하나님의 은총행위를 정확하게 그려 주고 있음을 우리는 알게 될 것이다.

두 번째로는 어거스틴의 은총론이 가장 분명해지고 발전되는 계기가 되는 펠라기우스 논쟁 가운데 나타난 어거스틴 은총론을 다룬다. 신학자로서 어거스틴의 경력에 있어서 가장 중요하고 잘 알려진 논쟁이며 기독교 교리의 발전에 직접적인 영향을 준 것은 바로 펠라기우스주의자들과의 논쟁이기 때문이다. 먼저 펠라기우스 논쟁 과정을 살피고, 논쟁 가운데 어거스틴이 쓴 대표적인 작품들과 데메트리아스에게 보낸 어거스틴과 펠라기우스의 편지를 은총론 관점에서 분석하였다. 필자의 생각으로는 동일한 한 인물에게 보낸 편지를 분석함으로써, 두 신학자의 은총론과 신학이 분명하게 다르다는 것을 엿볼 수 있다고 확신한다.

어거스틴 후기 은총론에서는 어거스틴이 소위 절충적 펠라기우스주의와 논쟁한 것을 서술한다. 여기서는 절충적 펠라기우스주의의 배경과 어거스틴이 이에 대해 전개한 신학인 예정론과 은총론을 특별히 여러 작품들을 근거해 살펴보고자 한다.

세 시기의 어거스틴 은총론을 살펴보기에 앞서 2장에서는 어거스틴의 생애와 작품을 서술하고 어거스틴 은총론의 주요 논쟁자들의 생애와 작품에 대해 개괄하고자 한다.

교회의 강단에서는 분명 하나님의 은혜를 선포하고 있지만 하나님 은혜에 대한 바른 이해가 부족해 보인다. 또한 영성 내지는 영성운동이 성행하면서,

---

4) K. Flasch ed., *Logik des Schreckens. Augustinus von Hippo. Die Gnadenlehre von 397. Lateinisch-Deutsch* (Mainz: Dieterich'sche Verlagsbuchhandlung, 1990).

하나님의 은혜에 더하여 인간이 무엇인가 해야 한다는 생각이 목회자들 가운데 팽배하다. 더구나 인간의 책임과 자유를 강조하는 그럴듯한 설교들이 인기를 얻고 있다. 이런 현실 속에서 하나님 은혜에 대한 바른 신학과 가르침은 신학과 한국교회에 절실히 필요로 하고 시급한 일이다. 덧붙여 바른 은총에 대한 이해를 위해서 어거스틴의 은총론 연구만이 진행될 것이 아니라, 어거스틴과 논쟁했던 소위 펠라기우스주의자들과 절충적 펠라기우스주의자들의 은총론 연구도 계속 되어져야 할 필요성이 있다.

2. 어거스틴 은총론의 의미

서방 기독교의 가장 영향력 있는 대변자는 히포의 어거스틴일 것이다. 어떤 기독교 신학자(동방과 서방, 고대나 중세 또는 현대, 이단이나 정통을 막론하고)도 어거스틴만큼 역사적 영향력을 끼친 사람은 없다. 예를 들어 종교개혁자 마틴 루터의 작품에서 가장 많이 언급되고 루터에게 영향을 많이 준 사람은 바로 어거스틴이었다.[5]

어떤 신학자라도『고백록』,『신국론』혹은『삼위일체론』중 하나만 썼더라도 신학사에 있어서 중요한 인물로 여겨졌을 것이다. 그런데 어거스틴은 이 세 가지를 다 썼으며 방대한 저술들을 남겼다.

그의 탁월하고 천재적인 신학자의 모습은 먼저 '교회의 교사/박사'(doctor ecclesiae)라는 칭호에서 드러난다. 어거스틴의 신학적 견해들은 교회의 교리라는 기반 위에서 진술되었다. 그의 가장 사변적인 저술인『삼위일체론』은 교회의 정통을 따르고자 하였다. "이것은 가톨릭 신앙에 속하는 것만큼이나

---

5) 루터는 자신의 종교적, 신학적 발전에 영향을 끼친 가장 중요한 요소로 어거스틴을 언급하여, 이미 생애 초기에 어거스틴을 높이 평가했다. 루터 작품에 나타난 어거스틴 작품에 관해서는 먼저 Hans-Ulrich Delius, *Augustin als Quelle Luthers. Eine Materialsammlung* (Berlin: Evangelische Verlagsanstalt, 1984) 참조.

또한 나의 신앙이다."[6]

또한 예수 그리스도의 인격과 사역에 대한 그의 신학은 기독론에 대한 서방 전체의 접근방식을 결정적으로 형성시켰고 칼케돈 공의회에서의 교리적 해결에 공헌했다. 어거스틴은 고대 교리사에서 종합자로서 그리고 창조자로서 서 있다. 어떤 의미에서는 신약성경 외의 기독교 사상가로서 유례를 찾아볼 수 없을 정도로 어거스틴은 서방 기독교 역사에서 대부분의 교회교리의 형식과 내용을 결정했다고 볼 수 있다.

하지만 교회는 어거스틴을 단지 '교회의 박사'로만 부르지 않고 '은총 교사/박사'(doctor gratiae)라고도 부른다. 어거스틴이 말하고 쓴 대부분의 것들을 함께 묶어주는 교리적 강조점이 있다면, 그것은 바로 하나님의 은총이기 때문이다. 그는 교회사 가운데 은총론에 있어 가장 정교한 해석자였다. 그의 은총론은 신학사와 교리사에 있어서 매우 큰 의미를 지니는데, 어거스틴이 은총 문제를 획기적으로 새롭게 숙고하여 자신의 삶의 경험에 대한 신학적 성찰을 바울서신에 대한 철저한 주석과 결합시켰기 때문이다. 그래서 어거스틴은 바울이나 루터와 비교될 만한 천재적인 신학의 선구자로 간주된다.[7]

어거스틴의 은총론은 펠라기우스주의자들과 논쟁하는 가운데 명료해졌다. 그렇다고 어거스틴이 이때에야 비로소 자신의 은총론을 가지게 되었다는 의미는 결코 아니다. 그는 이미 396년경 바울서신에 대한 주석에 근거하여 은총론을 형성했는데, 무엇보다도 『몇 가지 질문에 관하여 심플리키안에게 보내는 편지』(De diversis quaestionibus ad Simplicianum)라는 작품에서 볼 수 있다.[8] 특히 이 책의 1권 두 번째 부분(I, 2)에서 그는 바울의 은총론을 철저하게 분석하는데, 처음 부분에서 다음과 같이 강조한다.

---

6) Augustinus, *De trinitate* 1, 5, 7.
7) 물론 그렇다고 어거스틴이 마치 완전히 새로운 것을 가져왔거나, 바울과 함께 시작한 은총론의 역사가 비로소 어거스틴에게서 계속된 것처럼 과장해서는 안 된다. 영향을 준 역사 측면에서 그의 중요성은 오히려 무엇보다도 그가 2세기 이후 다양하게 각인되어 고정되었고 교회에서 그리 분명하지 않게 받아들여진 '인간 안에서 하나님의 은총의 작용에 대한 교리'에 대한 적절한 해석과 자신의 새로운 가르침을 결합시켰다는 상황에 기초한다. Cf. Wolf-Dieter Hauschild, "Gnade IV", in *TRE* 13, 476-494(480).
8) 이에 대해서는 아래 3장 참조.

사도(바울)는 여러 구절에서 믿음의 은총(믿음을 가져다 주는 은총)이 행위를 앞선다고 자주 말했다. 이것으로 행위를 가치 없게 하려고 한 것이 아니라, 그것은 조건이 아니고 은혜의 결과임을 보이려고 한 것이다. 어느 누구도 자신이 선한 행동을 했기 때문에 은혜를 받았다고 생각해서는 안 된다. 사실 그는 믿음을 통해 은혜를 받지 않고는 선한 일을 행할 수 없는 것이다.[9]

이 작품에 나타난 은총론은 다음과 같다. 하나님께서 원하시는 사람을 구원하기로 선택하신다. 누군가 구원의 무리에 속하느냐, 그렇지 않은 무리에 속하느냐 하는 것은 인간의 도덕적 혹은 비도덕적 의지가 결정하지 않는다. 모든 것은 인간의 노력과 경주가 아니라 선행(先行)하시는 하나님의 은총에 달려 있는데, 이 은총은 하나님께서 미래에 있을 인간의 선한 의지나 믿음을 미리 내다보시고 그 인간에게 주어진 것이 아니다.[10]

이 작품 이후 어거스틴은 하나님 은총에 관한 자신의 새로운 신학적 통찰을 표현하는데, 바로 유명한 『고백록』을 통해서이다. 다시 말하면 고백록의 기초를 이루고 있는 것은 어거스틴의 은총론이다.[11] 어거스틴은 자신의 생애에 대한 서술을 통하여 인간의 구원은 인간의 선행에 달려 있는 것이 아니라 오직 하나님의 은혜에 달려 있다는 사실을 보여 주고자 한 것이다.

고백록에 나타난 은총론에 따르면, 하나님께서는 인간의 공로에 근거해서 은혜를 주시는 것이 아니다. 하나님을 믿고자 하는 첫 결정, 곧 믿음의 시작은 결코 인간의 자유의지로부터 나오는 것이 아니라, 오히려 반대로 하나님께서 뜻에 따라 몇몇 소수의 사람들을 구원으로 미리 정하셔서 이들이 믿도록 역사하시는 것이다.

어거스틴은 하나님을 찬양하도록 인도하신 분이 바로 하나님 자신이고, 인간이 하나님을 부르는 믿음 또한 하나님께서 인간에게 주신 것임을 고백록 첫 부분에서 밝히고 있다(『고백록』 I, 1). 또한 어거스틴은 은총론의 의미를 보

---

[9] *Ad Simplicianum* I, 2, 2.
[10] Kurt Flasch, *Augustin. Einführung in sein Denken* (Stuttgart: Reclam, 2008), 174.
[11] Cf. Augustinus, *Bekenntnisse*, ed. K. Flasch et al. (Stuttgart: Reclam, 2009), 9-11.

다 분명히 드러내는 표현을 사용했는데, 어거스틴 생전에 이미 논란이 되었던 말이다.[12] "당신이 명하시는 바를 주소서. 그리고 당신이 원하시는 바를 명하소서"(『고백록』 X, 40).

이후 수십 년간, 특히 412년 이후 펠라기우스와 벌인 논쟁 가운데서 어거스틴은 자신의 은총론을 명료하게 구성하였다. 펠라기우스는 복음적인 삶에 대한 이상, 그리고 통속철학의 합리주의와 스토아철학의 윤리주의에 의해 특징지어진 자였다. 그는 어거스틴의 형이상학적인 사색에는 별로 관심이 없었고 그의 가르침은 도덕적, 실천적인 것에 집중되어 있었으며 도덕과 교회개혁을 목표로 하는 금욕주의 운동이었다. 펠라기우스는 수도사뿐만 아니라 모든 그리스도인들은 하늘에 계신 아버지가 완전한 것처럼 완전해야 한다고 가르쳤다. 무엇보다도 펠라기우스가 강조한 것은 인간에게 자유가 있다는 사실이다. 만일 인간이 도덕적인 완전을 이룰 능력이 없는데 인간에게 완전하라고 요구한다면, 이것은 하나님의 의에 맞지 않는다. 결국 인간에게는 선을 행할 자유와 능력이 있어야만 한다는 것이다. 이 자유는 죄를 통해서 결코 파괴될 수 없다. 우리가 이 자유를 소유하고 있는 것 자체가 이미 하나님의 은혜인 것이다. 펠라기우스는 의지를 도덕적인 삶으로 이끄는 데 무력하게 하는 원죄의 가르침을 거부한다. 인간의 도덕적 연약함은 본성에서 오는 것이 아니라는 것이다. 이 본성은 이성, 양심, 의지의 자유, 그리고 하나님의 율법을 성취하고자 하는 의도와 더불어 창조주의 선한 선물이며 그런 점에서 은총이기 때문이다. 오히려 인간의 도덕적 약함이란, 죄인의 원(原)모습인 아담 이후로 죄는 강하게 영향을 주는 본보기요 유혹하는 자극으로서 존재한다는 사실을 근거로 하여 사회적으로, 역사적으로 전해진 결과로부터 나온 것이라고 그는 주장한다.[13]

---

12) Cf. *De dono perseverantiae* 20, 53. - 여기서 어거스틴은 자신의 『고백록』에 나오는 이 말이 펠라기우스를 참을 수 없게 만들었다고 말한다. 이 말은 펠라기우스에게는 기독교적인 행위를 하라는 의무 앞에서 책임을 회피하는 것과 같기 때문이었다. "하나님은 항상 주셨고, 인간은 행할 수 있다. 선을 행동으로 옮기는 것은 이제 오로지 인간의 책임이다."
13) Wolf-Dieter Hauschild, "Gnade IV", in *TRE* 13, 476-494(481-2).

이에 대해 어거스틴은 인간 본성이 죄로 타락하여, 하나님의 법은 이 본성에서 지워졌고 하나님의 형상은 일그러졌음을 강조한다. 즉 모든 인류는 아담 안에서 타락하였으며 죄는 유전한다는 원죄론을 주장했다. 저주의 무리로서 인류가 구원하는 은혜 없이 순전히 선한 의지를 가지고 어떤 행동을 한다는 것은 불가능하다. 모든 인류가 지옥으로 결정되어져 있다면, 그것은 단지 하나님의 엄격한 의와 상응하는 것이다. 하지만 하나님의 자비하심은 너무나 커서, 신비한 뜻 속에서 예정을 통하여 몇몇 영혼을 구원하기로 선택하셨다. 이 선택이 공정하지 못하다고 하소연하는 것은 원죄와 자범죄에 속한 죄책의 무게를 부인하는 것에 지나지 않는다. 인간이 더 이상 선을 행할 의지의 자유를 가지지 못할 만큼 타락했다면, 은총이 모든 것을 해야만 한다. 인간이 덕을 행할 뿐만 아니라 삶의 마지막까지 궁극적인 인내를 이루는 것은 공로와는 무관하게 미리 정하신 하나님의 선물인 은총의 작용인 것이다.

어거스틴은 반(反)펠라기우스 작품들, 특히 『영과 문자에 관하여』에서 바울에 대한 고전적인 주석가로서 은총론에 대한 자신의 입장을 결정적으로 전개했다. 인간은 자신의 힘으로는 하나님께로 향할 수 없다. 믿음의 시작은 이미 하나님의 작용인 것이다. 어거스틴은 고린도전서 4:7에 의지하여 인간은 완전히 수용적이라고 여겼다. 하지만 순전히 수동적인 것만은 아니다. 인간은 자신의 의지를 가지고 참여하는데, 즉 인간 의지의 힘은 하나님의 사랑의 의지를 통하여 근본적으로 세워진다. 믿음을 불러일으키는 은총의 부름이 비로소 의지의 자유를 구성한다. 수용할 것인가, 거절할 것인가 하는 결정은 이런 점에서 인간의 책임에 놓여 있으나, 선을 향해 방향을 정하는 것은 자신의 힘에 의한 것이 아니라 하나님의 은혜에 달려 있다. 구원에 대한 자유로운 긍정이 은총의 작용이거나 성령의 선물이라면, 그것 역시 인간 안에서의 하나님 역사인데, 이 영향이 하나님께서 선택하실 것이라고 미리 아신 자들에게만 주어진다는 점에서 그렇다. 은총이 공짜로 주어진다는 것을 확실하게 하기 위해 예정으로 소급하는 것은 필수불가결하다.

이러한 어거스틴의 은총론에 대해 질문이 제기되는데, 이것은 물론 펠라기우스주의자들과의 논쟁에서 두드러지지만 그 이전의 은총론에서도 나타난다. 즉 하나님의 은혜와 인간의 (자유)의지, 하나님의 예정과 인간의 자유의 관계에 대한 물음이다. 사실 이 문제는 어거스틴 이후 교회사에서 계속 논쟁점이 된 것을 보더라도 알 수 있듯이, 매우 중요할 뿐만 아니라 그 해답의 실마리를 찾는 것 역시 어렵다.

3. 어거스틴 은총론의 배경

1) 생애와 관련된 배경

앞에서 어거스틴의 은총론이 형성되는 계기와 과정을 살펴보았다. 어거스틴의 신학, 곧 은총론은 사실 그의 생애와 분리될 수 없다. 다시 말하면 그의 생애는 그의 신학에 대한 열쇠가 될 수 있다. 어거스틴은 감독이 되었을 때 도나투스 감독들의 비난을 방어해야 했으며 이런 이유로『고백록』을 썼다.[14] 여기서 중요한 것은 자서전이 아니라 은총론의 관점에서 하나님에 의해 구원받은 한 영혼의 예로서 어거스틴 자신을 그리고 있다는 것이다.[15]

이런『고백록』에서 어거스틴은 자신에게 결정적인 영향을 준 두 가지 경험을 기록하고 있는데, 이것은 어거스틴의 신학과 은총론을 위해 중요한 경험들이다.

첫째는 잘 알려진 배 도둑질(『고백록』2권)과 관련된 경험이다. 어거스틴은 자신이 16살 때 친구들과 함께 배를 서리한 적이 있다고 회상하였다. 그들은 배고프지도 않았으며 배를 팔려고 한 것도 아니었고 단지 악함 때문에 배를

---

14) Cf. Erich Feldmann, "Einführung in Augustins Confessiones - Ein Fragment", in Nobert Fischer et al., *Freiheit und Gnade in Augustins Confessiones* (Schöningh, 2003), 8-36(26이하); 졸고, "(소기범 교수의) '고백록 10권에 나타난 영성생활의 특징'을 읽고", 『한국교회의 올바른 영성확립과 해석학. 호남신학대학교 2010년 학술발표회 논문 제13집』(광주: 호남신학대학교, 2010), 157-162(160).
15) 이에 대해서는 아래 제3장 3. 고백록 참조.

서리했다. 그는 배 도둑질에 대한 회상에서 다음과 같이 쓰고 있다.

> 아, 내가 범했던 그 도둑질! 내가 16세 때 범한 그 어두움의 행동 속에서 이 가련한 내가 사랑했던 것이 도대체 무엇이었을까? 도둑질! 너는 결코 아름다운 것이 아니었다…그 배는 참으로 보기에 좋았습니다. 그러나 내 가련한 영이 탐낸 것은 그 배가 아니었습니다. 왜 그런고 하니 그보다 더 좋은 배가 얼마든지 나에게 있었기 때문입니다. 그 배에서 내가 만족을 느꼈던 것은 내 죄였으니 나는 바로 그것을 좋아했던 것입니다. 만일 약간의 배가 내 입에 들어갔다면, 그 좋은 맛은 그것을 먹는 내 죄였을 것입니다.[16]

어거스틴은 되새기며 다음과 같이 묻는다.

> 그 도둑질에서 나를 그렇게 기쁘게 해준 것이 무엇이었을까요? 그 도둑질에는 어떤 아름다움도 없었습니다. 즉 정의나 지혜, 정신이나 기억, 감각이나 활력 있는 생명에 있는 아름다움이 없었습니다. 또한 거기에는 제 궤도를 따라 달리는 별의 영광이나 아름다움도 없고 끊임없는 신진대사로서 생명을 풍성히 이어가는 지구나 바다의 아름다움도 없었습니다.[17]

어거스틴이 기술하고 있는 경험은 인상적이다. 어거스틴은 이 배서리 사건을 죄와 악의 본질을 숙고하는 계기로 삼았다. 배서리의 이유는 금지된 것을 위반하고자 하는 마음 때문이다. 즉 어거스틴은 죄 자체를 사랑한 것이었다. 죄는 갈망된 재화 때문에 행하게 되는 것이 아니라, 죄 자체가 갈망되어 죄, 즉 배 도둑질을 행한 것이었다.[18]
어거스틴은 후의 성찰에서 죄가 전적으로 인간 속에 뿌리박혀 있고 인간은 그에 대해 대항할 수 없다고 인식한다. 어거스틴은 이 사실을, 어머니의 가슴

---

16) *Conf.* II, 12.
17) *Conf.* II, 12.
18) 이에 대해서는 J. Brachtendorf, *Augustins 'Confessiones'* (Wissenschaftliche Buchgesellschaft, 2005), 65 이하 참조.

을 서로 부러워하는 두 작은 아기의 예를 들어 분명하게 한다. 그들은 아직 말할 수 없지만, 서로 질투 가운데 악하게 쳐다봄은 어떻게 죄가 이미 미성년의 아이에게도 숨겨져 있는지를 보여 준다.

어거스틴의 두 번째 근본적인 경험은 죽음에 대한 것이다. 『고백록』 4권과 9권의 두 부분은 죽음을 서술하고 있는데, 4권에서는 알려지지 않은 젊은 친구의 죽음에 대해, 9권에서는 어머니 모니카의 죽음에 대해서이다. 4권의 묘사는 세계적인 문학의 위대한 자료들 중 하나이다. 어거스틴은 젊은 친구의 죽음 후에 자신의 내적 상태를 다음과 같이 묘사한다.

> 내 마음은 슬픔으로 매우 어두워져서 사방을 둘러봐도 보이는 것이라고는 죽음뿐이었습니다. 내 고향은 나에게 감옥이 되었고, 내 아버지의 집은 이상하게도 불행한 장소로 변했습니다. 그와 함께 말했던 모든 일들이 그가 없음으로 해서 내게는 고통밖에 되지 않았습니다. 내 눈은 사방을 두루 살펴 그를 찾았으나 그를 보지 못했습니다. 그래서 나는 그가 있지 않은 모든 장소가 싫어졌습니다. 이런 장소들은 그가 아직 살아 있을 때 어디에 가 있으면 "자, 조금 있으면 곧 올 거야"라고 말해 주었는데 지금은 아무 말이 없습니다.[19]

어거스틴은 이러한 모든 경험의 요소들을 한 문장으로 요약하였다.

> 나는 내 자신이 알 수 없는 하나의 수수께끼였습니다. 나는 내 영혼에게 "왜 낙망하며 나를 그렇게 괴롭히느냐"고 물어보았습니다. 내 영혼은 뭐라고 대답할 줄을 몰랐습니다. 내가 만일 "너는 하나님을 바라라"라고 내 영혼에게 말했다 해도 내 영혼은 내 말을 따르지 않았을 것입니다.[20]

죽음의 경험은 인간을 마지막 경계선으로 몰고 간다. 죽음이 있는 곳에는 단지 고통만이 있고 이성은 없으며, 낯선 것만이 있고 친숙한 것들은 다 사라

---

19) *Conf.* IV, 9.
20) *Conf.* IV, 9.

진다. 그런 점에서 죽음이란 모든 것을 근절시키고 인간으로 하여금 자신이 무(無)에 자리잡고 있음을 분명하게 해주는 존재이다.

11권에서 어거스틴은 시간을 분석하였는데, 여기서 이러한 죽음의 경험을 도대체 시간이란 무엇인가라는 숙고를 통해 설명하고 있다. 인간이 긴 시간과 짧은 시간에 대해 말할지라도, 또한 인간이 시간을 측정할 수 있을지라도, 그 시간은 본질적으로는 무(無)이다. 왜냐하면 현재란 미래를 과거로 이어주는 것이기 때문이다. 과거란 더 이상 존재하지 않고, 미래는 아직 존재하지 않는다. 이점에서 인간은 더 이상 존재하지 않는 시간과 아직 존재하지 않는 시간의 이음이요, 인간은 본질적으로 무이다.

죽음과 시간의 경험 그리고 인간 속에 깊이 숨겨 있는 죄책의 경험은 어거스틴 인간론의 본질적인 요소들이다. 그것은 매우 염세적인 인간론으로 인간에게 선(善)과 이를 행할 능력 어떤 것도 전혀 없다고 간주하는 것이다.[21]

2) 신학사적 배경

어거스틴 이전의 라틴 기독교는 구약의 윤리로부터 매우 강한 영향을 받았다. 교회는 신학과 관련된 사색보다는 실제 윤리와 관련된 기독교 삶의 물음에 더 관심을 가졌다. 이 점에서 라틴 기독교는 고대의 교육(paideia)이나 모범론으로 분류된다.[22] 교회는 우선 고대 일상의 생각을 받아들였는데, 인간은 영향력이 강한 예를 통해 교육되므로 이런 예를 겨냥해야 하고, 그렇게 되면 이 예는 더 높은 단계로 이끈다는 것이다. 이런 교육이론의 배경과 기초에는 낙관적인 인간론이 있는데, 인간은 본질적으로 선하고 그의 선한 본성은 계속 행함으로 향상된다는 것을 출발점으로 삼고 있다. 인간은 자신 안에 선한 것을 많이 갖고 있어서 자신의 힘으로 적어도 시작은 할 수 있다.

---

21) W. Geerlings, "Augustinus. Lehrer der Gnade", in *Theologen der christlichen Antike. Eine Einführung* (Darmstadt, 2002), 148-167(153-4).
22) 이에 대해서는 G. Greshake, *Gnade als konkrete Freiheit. Eine Untersuchung zur Gnadenlehre des Pelagius* (Mainz: Matthias-Gründenwald-Verlag, 1972), 173 이하를 참조.

이런 사상은 의도하지 않은 뜻밖의 새로운 일이 매우 노력하는 사람에게서 성공의 열매를 빼앗아 간다면 어려움에 처하게 될 수밖에 없다. 앞에서 말한 고전의 행동과 보응 관계는 깨지고, 이미 욥기에서 나타난 것처럼 덕의 의미에 대한 물음이 생긴다. 그런 전환점이 4/5세기의 교회에서 있었다. 주목할 만한 사항은 360년이 지나서야 처음으로 교회에 욥기주석이 생겨났고, 동시에 처음으로 심도 있는 바울해석이 주석으로 나타났다는 사실이다. 그것은 우연일 수 없다. 두 가지 주석이 같은 시기에 나타난 사실은 욥과 바울이 물음과 대답의 관계에 서 있음을 분명히 보여 준다.[23]

어거스틴 이전의 기독교에 대한 고전적인 대표자는 로마에서 영향력을 끼친 금욕주의자로서 영국 출신의 수도사인 펠라기우스이다. 그는 수도사 전통, 즉 인간이 가진 본성을 높이 평가하였다. 그는 인간에 대한 낙관론을 갖고 있었는데, 즉 인간의 도덕적 능력은 창조은혜를 근거로 충분히 선을 행할 수 있다는 것이다. 당연히 은총은 이런 과정에서 도움이 되지만 그렇다고 구원을 얻는 데 절대적으로 필요한 것은 아니다. 그의 인간 본성에 대한 높은 평가는 "너는 원하기 때문에 할 수 있다"라는 말에 나타나 있다. 그의 설교는 본질적으로 인간의 능력에 대한 윤리적인 호소로 이루어진다.

그러나 어거스틴의 입장은 다르다. 그가 경험한 죄로 가득한 상태와 죽음은 인간 본성을 결정하는 문제에 있어 완전히 다른 차원을 열어 주었다. 어거스틴은 펠라기우스가 가진 낙관주의와는 완전히 거리가 먼 염세주의적인 인간론을 가졌다. 어거스틴 인간론의 가장 중요한 뿌리가 되는 것은 원죄론이다. 원죄론은 신학사에서 새로운 것이다. 물론 어거스틴 이전에 있던 교회 저술가 누구도 인간이 죄 없이 살 수 있다고 주장하지 않았으나, 어거스틴이 이 문제를 조직화한 것이다.

---

[23] W. Geerlings, "Augustinus. Lehrer der Gnade", 154.

제 2 장

어거스틴과 논쟁자들의 생애

1. 어거스틴

어거스틴의 생애에 관한 자료는 넘쳐날 정도이다.[24] 그리고 어거스틴의 생애는 고대의 다른 인물에 비하여 매우 잘 알려져 있다. 『고백록』, 어거스틴의 설교와 편지에 들어있는 언급들 외에도 『보정록』(Retractationes)과 어거스틴 제자 포시디우스가 지은 『생애』(Vita)[25]를 근거로 어거스틴의 생애를 포괄적으로 서술하는 것이 가능하다.

---

24) Cf. W. Geerlings, *Augustinus - Leben und Werk. Eine bibliographische Einführung* (Paderborn: Ferdinand Schöningh, 2002), 27-33; W. Geerlings, "Augustinus", in S. Döpp et al. ed., *Lexikon der antiken christlichen Literatur* (Freiburg, 2002), 78-98. 어거스틴의 생애와 신학에 관하여 학문적으로 잘 정리한 것으로는 다음을 참조하라. Alfred Schindler, "Augustin/Augustinismus I", in *TRE* 4, 646-698; E. Mühlenberg, "Augustin", in ⁴*RGG* 1, 959-967. 어거스틴의 생애에 관해서는 다음의 책들을 참조하라. 이석우, 『아우구스티누스』 (서울: 민음사, 1995); 피터 브라운/ 차종순, 『어거스틴. 생애와 사상』 (서울: 한국장로교 출판사, 1992); 헨리 채드윅/ 김승철, 『아우구스티누스』 (서울: 시공사, 2001); 워렌 토마스 스미스/ 박희석, 『어거스틴. 그의 생애와 사상』 (서울: 아가페 문화사, 1994); 카를로 크레모나/ 성염, 『성 아우구스티누스전』 (서울: 성바오로 출판사, 1992); S. Cooper, *Augustine for Armchair Theologians* (Westminster John Knox Press, 2002); J. J. O'Donnel, *Augustine. A new Biography* (Harper Collins Publishers, 2005).

25) Cf. 포시디우스/ 이연학, 최원오, 『아우구스티누스의 생애』 (왜관: 분도출판사, 2008).

426/7년에 어거스틴은 『보정록』을 저술했는데,[1] 이 작품에 대해서는 이미 412년경에 생각하고 있었던 것 같다.[2] 이 작품은 427년에 완성되었다.[3] 이 작품은 어거스틴이 자신의 이전 작품들 가운데 중요한 것이 무엇인지를 강조하고 부적절하거나 잘못된 것으로 발견된 것을 수정하기 위한 것이었다. 어거스틴은 『보정록』 서론에서 다음과 같이 말한다. "나는 책, 편지, 논고 등 내 작품들을 매우 엄밀하게 고찰하며 마음에 들지 않는 내용을 비평가의 입장에서 분명히 밝히고자 한다." 보정록은 또한 어거스틴 사상이 발전하는 여정도 보여 주는 중요한 작품이다.

『어거스틴의 생애』는 카라마(Calama)의 감독(397년 이후)이며 어거스틴의 제자인 포시디우스가 어거스틴이 죽은 지 일 년 후에 저술한 것이다. 여기서 어거스틴은 성인, 금욕주의자, 감독으로서 기적을 행하고 악마들과 싸우는 자로 묘사되어 있다. 이 책은 어거스틴의 일상생활을 보여 주고 감독과 교회의 목회자로서 행한 사역에 대해 말하고 있다. 이 책의 구성은 다음과 같다.
1) 생애(1-18). 2) 행적(19-27, 5). 3) 죽음(27, 6-31).

어거스틴은 354년 11월 13일 누미디아(Numidia)주의 타가스테(Thagaste)에서 태어났다. 젊은 어거스틴은 기독교 종교와는 아직 단절되지 않은 관계를 가질 수밖에 없는 시기에 살았다. 이런 사실은 그의 부모의 신앙에도 나타난다.

어거스틴 출생 당시 이교도였던 아버지 파트리치우스(Patricius)는[4] 비록 가난했지만 시(市)의 쿠리아(Curia) 구성원이었다. 어거스틴이 16살 때, 파트리치우스는 세례지망자(Katechumen)가 되었다.[5] 동정심이 없는 아버지와는 달리, 어머니 모니카(Monica)는 어거스틴에게 중요한 영향을 끼쳤다. 그녀는 어거스틴 출생 당시 23세였고[6] 어거스틴은 고백록에서 그녀를

---
1) *Retr.* 2, 51; *De doctrina christiana* 4, 26, 53.
2) *Ep.* 143, 2.
3) Cf. *Ep.* 224.
4) *Conf.* IX, 19.
5) *Conf.* II, 6.
6) *Conf.* IX, 28.

위한 기념비를 세운다. 어거스틴이 고백록에서 어머니와의 관계를 가깝거나 먼 것으로 서술한 것은, 자신과 교회와의 관계를 나타내는 것이다. 어거스틴은 남동생 나비기우스(Navigius)와 이름이 알려지지 않은 여동생이 있었는데, 여동생은 과부가 된 후 여자수도원을 이끌었다.[7]

어거스틴은 타가스테에서 문법에 대한 기본적인 공부를 했고, 이어서 마다우라(Madaura)에서 계속 배웠는데 아마 이교도 문법가 막시무스(Maximus)로부터였을 것이다.[8] 16세가 되었을 때 어거스틴은 돈이 없어서 배움을 중단해야만 했다. 370년 그는 다시 카르타고(Carthago)에서 수사학을 공부할 수 있었다.

이런 배움의 과정에서 그는 19세에 (지금은 전해지지 않는) 키케로의 작품 『호르텐시우스』(Hortensius)를 알게 되었다. 이 작품은 철학에 의해 인도되는 삶으로 향할 것을 추천하는 권고(Protreptikos)였는데, 이 작품을 읽음으로써 어거스틴은 지혜에 대한 사랑이 일깨워졌다.[9]

키케로의 작품은 철학에의 권고이며 고대에 잘 알려진 문학양식에 속한다. 『호르텐시우스』는 철학을, 참된 덕과 지혜를 습득하기 위한 전제조건이 되는 자기숙고의 지침으로 옹호한다. 키케로의 권고는 어거스틴의 비옥한 마음의 밭에 떨어졌다. 어거스틴은 처음으로 자신의 인생 방향을 고려하게 되었으며 자신의 삶을 새롭게 설계하는 정신적인 변혁의 상태에 이르렀다. 그래서 이 지적인 경험은 흔히 어거스틴의 '첫 회심'으로 간주된다.[10] 실제 어거스틴은 키케로의 책을 읽음으로 받은 영향을 개종으로 서술했다. "그 책은 내 생각을 변화시켰으니, 주여, 내 기도를 당신 자신께로 변화시켰으며 내 소원과 희망을 전혀 새로운 것으로 바꾸어 주었나이다. 갑자기 나의 헛된 욕망은 모두 사라지고 영원한 지혜를 뜨겁게 사모하는 마음이 믿기지 않을 정도로 일어나,

---

7) *Vita* 26, 1.
8) *Ep.* 16, 1.
9) *Conf.* III, 7; *De beata vita* 4; *Soliloquia* 1, 17.
10) *Cf.* Peter Brown, *Augustine of Hippo. A Biography*, 28.

나는 자리를 떨치고 당신께로 돌아가고자 하는 소원을 가지게 되었나이다."[11] 어거스틴은 회고하면서 지혜에 대한 사랑을 욥기 12:13-14("지혜가 당신께만 있고")에 근거하여 하나님에 대한 사랑으로 해석하였다. 어거스틴 전체의 삶 속에서 보았을 때, 하나님을 떠난 한 인간(이것은 아동기로부터 확인된 사실이다)이 키케로의 책을 통하여 이젠 돌아서서 하나님을 향한 '귀로의 행동'이 시작되었다고 볼 수 있다.[12]

어거스틴은 자신이 받은 교육을 바탕으로 새로 발견한 지혜에 대한 사랑을 그리스도에 대한 문제와 연결시켜 성경을 읽어 나갔다. 하지만 성서는 키케로의 우아함과 비교하여 수준이 낮게 보였기 때문에 적잖이 실망하였다. 『호르텐시우스』로부터 받은 자극은 어거스틴을 '며칠 지나지 않아' 마니교로 넘어가게 만들었다. 그는 후에 이런 과정을 다음과 같은 이유를 제시하면서 자신을 합리화하며 변호했다.[13] 즉 마니교도들은 보다 진지한 그리스도인으로서의 모습을 드러냈고, 그들의 가르침은 '권위'뿐만 아니라, 이성에 기초하고 있는 것으로 보였기 때문이다.[14] 그리고 그들의 구약에 대한 비판은 어거스틴 자신이 의심스럽게 보았던 족장들을 정죄했다.[15] 또한 그에게 결정적으로 감명을 준 것은 그들의 급진적인 금욕주의였다. 어거스틴은 오래 고민하던 "악은 어디에서 오는가?"(Unde malum?)라는 질문에 대한 마니교의 이론에 매료되었다.

일신론적 세계관에서 악의 기원에 대한 질문은 답하기 쉽지 않다. 하늘과 땅을 창조한 유일한, 지혜로운, 선한, 전능하신 하나님만이 계시다는 명제와 악의 실재가 어떻게 일치해야 하는가라는 문제가 생기기 때문이다. 하나님이 이런 모든 본질을 실제로 소유하고 계시다면, 왜 악을 막지 않으시는가?

---

11) *Conf*. III, 7.
12) J. Brachtendorf, *Augustins 'Confessiones'*, 71-2.
13) *Conf*. III, 8-9.
14) *De utilitate credendi* 2.
15) *Conf*. III, 12-13.

이 문제는 이원론적 세계관에서는 대답하기 어렵지 않은데, 악은 우주의 원칙으로서의 어둠의 지배자에게로 소급이 가능하기 때문이다. 마니교는 선하신 하나님으로부터 전능을 박탈하고 악의 가능성에 대답해야 한다고 주장했다. 즉 선과 악은 빛과 어둠의 끝없는 두 적대적인 원리들로 존재하고, 창조 후 영원한 두 제국인 선과 악이 투쟁한다는 것이다.

어거스틴이 마니교로 넘어간 것은 미래의 경력에 대한 소망도 한 몫을 차지했다.[16] 또한 어거스틴은 마니교도 가운데 '듣는 자들'(auditores)의 신분이 허락되어, 바로 전에 맺어진 여인과의 결합을 유지할 수 있었다(371년 이전). 어거스틴이 마니교로 회심한 것은 무엇보다도 그에게 집의 출입을 금지시킨 어머니와의 단절을 의미했다.

> 그렇지 않고서야 당신이 어머니를 위로해 주신 그 꿈이 어디로 좇아 왔겠나이까? 이는 그 꿈을 꾼 다음에야 비로소 어머니가 나와 한 집에서 함께 살고, 나와 한 상에서 같이 식사를 하였음이니이다. 이전에 어머니는 그렇게 하지 않았사오니, 내가 하나님을 모욕하는 이단의 오류에 빠진 것을 어머니가 싫어하고 혐오하였기 때문이니이다.[17]

374년경 어거스틴은 문법을 가르치기 위해 타가스테로 되돌아왔으나, 한 친구의 죽음 때문에 수사학을 강의했던 카르타고로 다시 돌아갔다.[18]

380/81년경 어거스틴은 카르타고에서 현재는 잃어버린 작품『아름다움과 조화에 관하여』(De pulchro et apto)를 저술했다. 미학에 관한 질문들을 다루는 이 작품은 자신의 경력에 도움이 되도록 로마의 수사학자 히에리우스(Hierius)에게 헌정되었다.[19]

---

16) *De utilitate credendi* 2.
17) *Conf.* III, 19.
18) Cf. *Conf.* IV, 7-12.
19) *Conf.* IV, 20.

그러는 사이 마니교에 대한 그의 열정은 뚜렷하게 식어졌고, 383년경 격찬받는 마니교의 감독 파우스트(Faustus)가 현안문제들을 풀지 못함을 인정했을 때 마니교의 교리에 대한 어거스틴의 회의는 증가했다.[20] 어거스틴은 환멸을 느끼며 카르타고를 떠나 로마로 이주하는데,[21] 여기서 마니교 공동체에 참여하게 된다. 어거스틴은 중병에 걸리게 되는데,[22] 이를 계기로 그는 밀라노의 궁정으로 이주할 것을 결정한다. 거기서 이교도 로마의 시(市)지사 심마쿠스(Symmachus)의 덕택으로 수사학자 자리를 얻기로 되어 있었다.[23] 밀라노에서 그는 직업적인 관심으로 감독 암브로시우스의 설교를 듣게 되고, 여기서 구약에 대한 알레고리 해석이 마니교들에 의해 제시된 어려움들을 푼다는 사실을 배우게 되었다.[24]

어거스틴에게 믿음의 문을 열어준 사람이 암브로시우스라는 것은 의심의 여지가 없다. 이것은 무엇보다도 암브로시우스의 설교를 통해서 일어났다. 믿음에 대한 암브로시우스의 설교는 처음으로 어거스틴에게 가톨릭 신앙의 가르침이 사리분별이 없고 비이성적인 것으로 더 이상 보이지 않게 하였다. 특히 암브로시우스의 구약성서해석은 어거스틴이 고민하던 여러 문제들에 대해 답을 주었다. 암브로시우스는 피안의 세계에 역점을 두었으며 인간의 영혼에 관해 집중적으로 설교했고, 인간은 영혼의 존재임을 강조했다. 어거스틴은 성서를 문자적으로만 해석하려던 자신의 태도가 잘못된 것임을 깨닫게 되었다. 문자주의를 탈피하는 은유적(알레고리적) 해석은 어거스틴에게 성서의 깊은 신비적인 차원을 열어 주었다. 그래서 어거스틴은 암브로시우스가 즐겨 인용한 성경구절 "문자는 죽이는 것이나 영은 살리는 것이니라"(고후 3:6)를 좋아했다.[25]

---

20) *Conf.* V, 10.
21) *Conf.* V, 14.
22) *Conf.* V, 16.
23) *Conf.* V, 23.
24) *Conf.* V, 24.
25) *Conf.* VI, 6.

알레고리적 해석방법에, 밀라노 사제 심플리키안에 의해 어거스틴에게 알려진 신플라톤 철학이 더해진다. 이 '밀라노 플라톤주의'의 발견은 어거스틴의 지적인 발전에 있어서 가장 중요한 사건에 속한다. 이것과 함께 그는 동시에 플라톤적인 형태의 기독교를 알게 되었고, 이 기독교에 어거스틴 자신은 라틴 기독교의 특징적인 형태를 부여했다. 『고백록』 7권에서 어거스틴은 하나님께서 자신에게 변하지 않는 빛으로 나타났다고 기록하고 있다.[26] 여기서 (오스티아의 경험에서처럼[27]) 신비주의 경험이 중요한 것인가 하는 것은 논란거리이다. 그는 온 마음을 집중하여 자신을 하나님께로 이끈 상승의 경험에 대해 분명하게 서술한다. 그는 플라톤주의자들의 책들을 읽음으로『호르텐시우스』의 경험과 비교될 만한 발전을 이루었다.

이미 쿠르셀(P. Courcelle)이 연구한 것처럼, 암브로시우스는 신플라톤철학자들, 특히 플로틴(Plotin)의 헬라어, 라틴어 본문을 알고 있었다. 암브로시우스는 이런 것들을 기독교적으로 변용하여 자신의 설교에 첨가하였으며, 이런 설교를 어거스틴이 들은 것이다. 어거스틴이 암브로시우스와 밀라노의 다른 사람들에 의해 신플라톤철학에 관심을 갖게 되었음은 분명해 보인다. 그래서 학계에서는 386년 회심의 시기와 관련하여, 어거스틴에게 신플라톤철학과 기독교 신앙이 갖는 위치에 대해 수년간 논의가 활발하게 이루어졌다. 즉 어거스틴은 기독교보다는 신플라톤주의로 회심했다는 것이다. 하지만 더 이상 그렇게 주장될 수 없다. 왜냐하면 암브로시우스에게서 어거스틴은, 신플라톤철학을 자세하게 알고 있으며 이것을 확고한 기독교 신앙과 연결시키고 있는 학자를 만났기 때문이다. 그렇다면 어거스틴의 회심은 무엇보다도 이러한 두 힘, 즉 새로 발견된 철학적인 대답과 참된 기독교의 회심체험으로부터 성장했다고 볼 수 있다.[28]

『고백록』 7권은 신앙과 이성, 신학과 철학의 관계를 제시하고 있다. 7권 중심내용에서 어거스틴은 신플라톤철학의 가르침과 기독교 가르침의

---

26) *Conf.* VII, 16.
27) *Conf.* IX, 25.
28) K. Kienzler, *Gott in der Zeit berühren* (Würzburg: Echter, 1998), 164-5.

일치점들을 열거하지만 또한 차이점들을 강조한다. 그런 후 그는 신플라톤주의의 형이상학을 통하여 도달한 통찰의 유익함에 대해 서술한다. 즉 하나님을 영적인 존재로서 해석, 영혼이 가진 영적인 특성에 대한 통찰, 외부로부터 내면과 위를 향하여 하나님을 인식하는 길 등이다. 어거스틴은 다시 플라톤과 바울을 대조시킨다. 그렇게 함으로써 어거스틴은 신플라톤철학이 매우 가치 있으며 또 바른 하나님 이해를 위해 도움이 되는 성찰임에도 불구하고, 그 철학은 스스로 제시한 구원을 중개하는 과제를 이룰 수 없음을 보여 주고 있다. 철학은 거의 목표 가까이까지 인도하지만, 구원에 이르는 마지막 단계는 오직 신앙과 신앙을 통해 역사하는 은총만이 할 수 있는 것이다.[29]

그는 다시 성서를 붙잡았다. 그런데 13년 전과 달리 성서의 언어는 그에게 더 이상 조야하게 보이지 않았고, 알레고리와 플라톤주의 덕택으로 그는 이제 어려움들을 극복할 수 있었다. 386년 8월 15일에 일어난 어거스틴 회심은 그의 발전과정의 종결인데, 이 발전의 정점은 바울과 플라톤주의자들의 영향, 알레고리적인 성서해석방법과 수도사의 모범의 영향(즉 아타나시우스가 쓴 『안토니우스의 생애』[Vita Antonii])에 의해 도달되었다. "들어 읽으라"(tolle lege)라는 정원의 장면을 서술하는 문학적인 작품에서 어거스틴은 회심의 결정적인 경험을 서술한다.

어거스틴의 회심에 대한 보고는 386년 11월(『고백록』을 작성하기 13년 전)에 쓴 대화록 『회의론자들에 관하여』(De Academicis)에 의해 입증된다.[30] 세 권으로 된 『회의론자들에 관하여』에서 어거스틴은 행복이 진리를 알거나 진리를 단지 추구하는 것에 있는 것인지를 논의한다. 그런 후에 회의주의자들의 입장을 논의하고 마지막 권에서는 진리가 또한 어느 정도 필연적으로 확실성을 내포하고 있음을 보여 주고자 했다.

---

29) Cf. J. Brachtendorf, *Augustins 'Confessiones'*, 122-8.
30) *Conf.* VIII, 25이하; *Contra Academicos* 2, 5.

어거스틴은 수사학 강의를 끝낸 후 강의활동을 중지하고 친구들, 어머니, 아들 아데오다투스와 함께 밀라노 근처에 있는 농장 카시키아쿰(Cassiciacum) 으로 갔다(386년 8-11월). 휴가가 끝난 후 어거스틴은 자신의 수사학 자리를 아주 포기하고 아데오다투스와 함께 밀라노에서 387년 부활절 세례지망자 로 신청하였다.

어거스틴은 카시키아쿰에서 초기의 대화록 『회의론자들에 관하여』, 『행복한 삶에 관하여』(De beata vita), 『질서론』(De ordine)을 저술했다. 그 후 밀라노에서 그는 카시키아쿰의 대화록을 완성하기 위해서 (미완성의) 『독백론』(Soliloquiae)과 『자유학예에 관한 책들』을 썼다. 후자는 『문법론』(De grammatica)을 제하고는 전해지지 않는다. 이 작품들은 세례 후에 시작되었고 부분적으로 아프리카에서 완성되었다.

어거스틴은 387년 부활절 저녁(4월 24/25일) 암브로시우스에 의해 세례를 받았다.[31] 이것으로 회심과정은 끝이 났고 어거스틴은 아프리카로 되돌아갈 것을 결정한다. 아프리카로 출항하는 항구 오스티아(Ostia)에서 어거스틴과 모니카는 하나님을 체험하는 환상을 보게 된다.[32] 그 후 모니카는 곧 열병으로 세상을 떠난다.[33] 모니카의 죽음과 왕위찬탈자 막시무스(Maximus)의 이탈리아 공격으로 출항은 이루어지지 못했다. 겨울이라 어거스틴은 로마로 되돌아간다.

이 기간에 어거스틴은 『가톨릭교회의 윤리와 마니교들의 윤리에 관하여』(De moribus ecclesiae catholicae et de moribus Manichaeorum), 『영혼의 위대함에 관하여』(De animae quantitate), 『자유의지에 관하여』(De libero arbitrio)를 저술한다. 이 작품들로 어거스틴은 마니교에 대한 투쟁을 시작한다.

---

31) *Conf.* IX, 14; *Ep.* 36, 32; Possidius, *Vita* 1, 6.
32) *Conf.* IX, 23-26.
33) *Conf.* IX, 27-33.

『가톨릭교회의 윤리와 마니교들의 윤리에 관하여』 1권의 주제는 하나님이 최고의 선으로서 사랑되어져야 한다는 것, 신약과 구약의 일치, 그리고 기독교 금욕주의의 탁월성인 반면, 2권은 세 인침에 관한 가르침과 악의 문제를 다룬다. 『영혼의 위대함에 관하여』에서 영혼은 어떤 공간적인 확장을 하는 것이 아니라, 부분적인 인식과 토의에서 확장된다고 간주된다.

『자유의지에 관하여』에서 어거스틴은 악의 기원에 관한 문제를 다룬다. 우선 자유의지에 근거하여 선택의 자유가 다루어진다. 하나님을 최고의 선으로 고찰하는 것이 이어지는데, 하나님은 자유로운 의지를 만드셨기 때문에 크게 찬양을 받으실 만하며, 비록 죄가 하나님이 창조하신 질서를 방해할지라도 그렇다.

어거스틴은 로마에서 수도원의 경건과 훈련에 매우 감명을 받았는데,[34] 이것은 아프리카에서 금욕적으로 살고자 하는 그의 결정을 더욱 굳건하게 했다. 388년 7월 막시무스가 패배함으로 항해가 가능해졌고, 어거스틴은 가을에 카르타고를 통해 타가스테로 되돌아갔다.[35] 여기서 그는 기도, 연구, 작품 저술을 하는 종교적 공동체를 세운다.[36]

이 시기에 『마니교도들에 반대해 창세기에 관하여』(De Genesi adversus Manichaeos)가 나오고 『음악론』(De musica)이 완성되고 대화록 『교사론』(De magistro)이 저술되었다. 이 작품들로 어거스틴은 작가로서의 명성을 떨치게 되었고 아프리카의 기독교 세계에서 영향력 있는 인물이 되었다. 390년 그는 『참된 종교론』(De vera religione)을 써서 마니교도들에 대항하는 포괄적인 종교철학을 전했다. 『마니교도들에 반대해 창세기에 관하여』 1권은 성경의 첫 번째 창조기사를(창 1:1-2:4a), 2권은 두 번째 창조기사(창 2:4b-3:24)를 다룬다. 우선 역사에 따라(secundum historiam), 그런 후에 예언에 따라(secundum prophetiam) 주석된다.

---

34) De moribus ecclesiae catholicae et de moribus Manichaeorum 1, 70.
35) Contra litteras Petiliani 3, 20; De civitate dei 22, 8; De cura pro mortuis gerenda 13.
36) Possidius, Vita 3, 2.

『교사론』에서 어거스틴은 플라톤적으로 고쳐진 학습이론을 묘사하는데, 즉 이해는 유일하게 참된 교사 그리스도의 도움으로 가능하다는 것이다. 하나님이 영혼 안에 거하시고 영혼을 조명하기 때문이다.

『참된 종교론』은 플라톤주의에 대한 경계설정이지만 또한 플라톤주의자들만큼 그리스도인들에게 가까운 사람은 없다는 승인이기도 하다. 기독교 철학/신학에 대한 전체 체계를 제시하고자 한 어거스틴의 첫 시도이다.

여행을 할 때면 어거스틴은 감독자리가 비어 있는 도시들은 모두 피했는데, 이는 감독의 자리를 떠 맡는 일이 생기지 않도록 하기 위함이었다. 391년 타가스테에서의 수도사 삶을 살도록 권고차 한 친구를 만나기 위해 히포(Hippo von Regius)로 갔을 때 우연히 예배에 참석하게 되었다. 나이 들고 헬라어를 말하는 감독 발레리우스(Valerius)가 라틴어에 능통한 사제의 도움을 원했고, 교회는 어거스틴에게 이 직무를 맡도록 요청했다.[37] 어거스틴은 짧은 기간 성서를 학습한 후[38] 사제가 되었고, 세례지망생을 가르치는 것을 시작으로 사제의 임무를 떠맡았다.[39] 그가 수도사 삶의 형태를 계속해 나갈 수 있도록 발레리우스는 가톨릭교회 옆에 있는 집과 정원을 주선해 주었다.[40]

어거스틴이 아직 사제이었을 때, 아프리카에서 그의 교회 정치적 영향력은 이미 시작된다. 새로 뽑힌 카르타고의 수석 대감독 아우렐리우스(Aurelius von Karthago, 392)에게 보낸 축하편지에서 어거스틴은 폐해들(무덤에서 순교자들을 숭배하는 것)을 시정할 것을 촉구했다. 아우렐리우스는 어거스틴의 탁월한 능력과 중요성을 인식하고, 그로 하여금 393년 10월 8일 히포 공의회에서 개회연설을 하도록 했고, 이 연설은 『신앙과 신앙고백론』(*De fide et symbolo*)으로 출판되었다. 이 설교로 인해 이제 사제도 때때로 설교할 수 있게 되었다.

---

37) Possidius, *Vita* 3, 4.
38) *Ep.* 21, 1-3.
39) *Sermo* 216, 1.
40) *Sermo* 355, 2; Possidius, *Vita* 5, 1.

설교를 제외한 어거스틴의 주요과제는 마니교를 글로 억누르는 것이었다.

391/392년에 『믿음의 유용성에 대하여』(De utilitate credendi), 『두 영혼에 대하여』(De duabus animabus), 『마니교도 포르투나투스를 반대하는 연설』(Acta contra Fortunatum Manichaeum)이라는 세 개의 논문이 나왔다.
『믿음의 유용성에 대하여』는 믿음의 내용이 아니라 믿음의 행위를 분석하며, 믿음-이성의 대조를 날카롭게 부각시킨다.
『두 영혼에 대하여』에서 어거스틴은 마니교의 잘못된 가르침, 즉 인간은 두 영혼을 갖고 있다는 것을 공격한다.
『마니교도 포르투나투스를 반대하는 연설』은 마니교 사제 포르투나투스가 율법에 관하여 어거스틴과 토론하는 내용이다. 어거스틴은 가톨릭 사제로서 처음으로 공적인 논쟁을 떠맡았다.

393/394년 어거스틴은 창세기의 주석 『창세기에 대한 문자적 해석에 관하여 미완성의 책』(De Genesi ad litteram inperfectus)을 쓰기 시작했으며 『산상설교주석』(De sermone domini in monte)을 완성했다.[41]

『창세기에 대한 문자적 해석에 관하여 미완성의 책』은 창세기 1:26까지 간략하게 단어의 의미에 초점을 둔 강해이다.
『산상설교』는 일곱 숫자에 근거(일곱 상승단계, 성령의 일곱 가지 선물)한 정교한, 마태복음 5-7장에 대한 강해로서 주로 문자적 의미를 다룬다.

목회활동을 시작하면서 어거스틴은 도나투스주의에 주목했다. 깊은 성서 연구를 바탕으로 어거스틴은 이제 마니교도들이 주장하는 명제와 날카롭게 논쟁할 수 있는 위치가 되었다. 이런 연구의 열매가 394년과 395년 사이에 나온 바울의 로마서와 갈라디아서에 대한 주석이다. 여기서 이미 은총의 박사의 조짐이 보인다.

---

41) *Retr.* 1, 19.

어거스틴은 393년 쓴 시『도나투스주의자에 반대한 시』(Psalmus contra partem Donati)에서 도나투스주의의 기원에 대해 교인들에게 전했다. 동시에 이에 대해 더욱 신학적으로 논증하면서 그는『이단 도나투스주의의 편지에 반대하여』(Contra epistulam Donati heretici)를 썼고,[42] 논문『마니교도 제자 아디만투스에 반대하여』(Contra Adimantum Manichaei discipulum)로써[43] 그의 저술활동을 완성하였다.

『도나투스주의자에 반대한 시』에서 어거스틴은 머릿글자가 알파벳 순서로 된 시로 도나투스파 분열의 역사에 대해 서술한다. 시는 공동체 찬송을 위한 것이며 바르게 판단하라는 요구를 후렴으로 반복한다.

『마니교도 제자 아디만투스에 반대하여』는 마니교도들이, 서로 모순되는 것으로 여기는 일련의 성서구절들을 다룬다. 어거스틴은 구약과 신약의 성구사전을 보여 주고자 시도했다. 이 작품은 어거스틴의 주석적인 원칙 때문에 중요하다.

감독 발레리우스의 바람과 누미디아의 수석 대감독 메갈리우스(Megalius von Calama)[44]의 동의로 어거스틴은 발레리우스가 아직 살아있던 395년 중반에 감독이 되었다.

어거스틴은 이 임명이 니케아의 조항 8과 다르게 이루어진 것임을 후에 알았고, 후계자 에라클리우스(Eraclius)는 자신이 죽은 후에야 비로소 감독으로 임명된다는 사실을 주목했다.[45]

어거스틴이 암브로시우스의 후계자 심플리키아누스의 다양한 질문에『몇 가지 질문에 관하여 심플리키안에게 보내는 편지』(De diversis quaestionibus ad Simplicianum)로 대답했을 때, 우리는 그가 은총론으로 분명하게 향하게 된 것

---

42) *Retr*. 1, 21.
43) *Retr*. 1, 22.
44) Possidius, *Vita* 8.
45) *Ep*. 213, 4. Cf. R. Kany, "Der vermeintliche Makel von Augustins Bischofsweihe", in *ZAC* 1 (1987) 166-125(125): "어거스틴의 임명은 (아타나시우스의 후계자처럼) 동일하게 이례적인 것이었으나, 형식상 비정상적인 것은 아니었다."

이 이 시기인 것으로 확언할 수 있다.

밀라노 시절 영적인 멘토였던 심플리키안[46]이 몇몇 성서구절에 대한 설명을 어거스틴에게 부탁했다. 이에 대한 어거스틴의 답변은 감독으로서의 첫 번째 작품이었다. 이 작품은 2권으로 되어 있고, 각각 2부분과 6부분으로 나뉘어져 있다. 1권 첫째 부분은 로마서 7:7-25, 둘째 부분은 9:10-29을 다루었고, 2권 6부분은 열왕기서와 사무엘서에 대한 여섯 가지 질문에 대해 대답을 하고 있다. 이 작품은 바울서신에 대한 어거스틴의 이해에 있어서 뿐만 아니라 하나님의 은총, 인간의 자유와 하나님의 의에 대한 어거스틴 신학의 발전 측면에서 분명한 전환점을 보여 주고 있어 주목을 받고 있다.[47]

감독으로서의 어거스틴 생애는 그 밖의 임무들로 가득차 있다.[48] 여기서 세 과제 영역이 히포의 감독에게 주어졌는데, 자기 교회의 목회자로서 그 밖의 의무, 즉 감독재판의 범위 내에서 이루어지는 민법적인 소송의 중재와 공중 외에 포괄적인, 카르타고에서도 행해진 설교행위, 그리고 아프리카 교회의 공의회 활동에 참여하는 것, 마지막으로 이단들과의 논쟁을 위한 문학적 서술을 하는 것으로, 또한 이를 위해 당연히 많은 편지왕래가 이루어졌다.

그의 감독직 초기단계에(396/397) 여전히 그는 마니교도들에 대하여 다시 『소위 마니교도의 기초편지에 대하여』(Contra epistulam Manichaei quam vocant fundamenti)를 썼고, 기독교적인 삶에 관한 일반적인 논문 『기독교인의 투쟁에 관하여』(De agone christiano)를 썼다. 『마니교도의 편지』(Epistula Manichaei)는 당시 북아프리카에 널리 퍼져 있던, 마니교 가르침의 핸드북이었던 것처럼 보인다. 『소위 마니교도의 기초편지에 대하여』는 어거스틴이 스스로 마니교로 이끌었던 친구 호노라투스를 다시금 되찾고자

---

[46] Cf. *Conf.* VIII, 3-10.
[47] Cf. P. Frederiksen, "Die frühe Paulusexegese", in *Augustin Handbuch*, ed. V. H. Drecoll (Tübingen: Mohr Siebeck, 2007), 279-294(293).
[48] Possidius, *Vita* 19, 2-5.

마니교도의 편지에 반대하여 쓴 것이다. 여기서 마니교도가 마니를 의미하는 것인지는 논란거리이다. 『기독교인의 투쟁에 관하여』에서 어거스틴은 그리스도인의 삶을, 이 세상 세력과 영적인 싸움을 하는 것으로 묘사한다.

그러나 이제 도나투스주의가 그의 신학적, 교회 정치적 관심사의 전면으로 부각된다. 사회적인 긴장으로 인하여 평화로운 관계가 유지될 수 없었기 때문에, 논쟁은 점점 국가적인 문제가 되었다. 그래서 논쟁은 글의 창작, 토론, 국가 권력에 호소라는 삼각으로 이루어졌다.

포시디우스에 대한 도나투스주의의 공격 후에(403년 말) 포시디우스와 어거스틴은 테오도시우스 법전(Codex Theodosianus 16, 5, 21)을 내세워 국가 권력에 호소하기로 결정했다. 404년 6월 이미 카르타고 공의회는 이교도들에 대한 황제의 권력을 간청한다.[49] 410년까지 이러한 노력들은 아무런 결과를 얻지 못했다. 그 이후 410년 8월 25일 황제 호노리우스(Honorius)는 모임을 소집하는 칙령을 공포하는데, 재판의 형태로 논란의 문제들을 해명하고자 한 것이었다. 이 카르타고 회의는 411년 3월 1일과 6월 8일 호민관 마르켈리누스(Marcellinus)의 사회로 약 288명의 도나투스 감독들과 286명의 가톨릭 감독들이 모였다. 마르켈리누스의 판결은 기대한 것처럼 가톨릭 감독들에게 이롭게 이루어졌고, 도나투스주의자들은 황제에게 항소했으나 황제는 412년 1월 30일 그들의 이의신청을 기각하였다. 그 후 이루어진, 국가가 단호하게 도나투스주의자들을 복귀시키는 과정에 어거스틴은 참여했는데, 특히 몇몇 도나투스주의자 감독들에게 개인적으로 개입함으로써 그리고 글을 통해서 그렇게 하였다.

도나투스주의자들과 이루어진 논쟁의 마지막 단계에서 이미 펠라기우스주의가 어거스틴의 신학적인 시야에 들어오게 된다. 이것은 410년 로마의 몰락을 통해 단지 잠깐 동안 미루어지고, 로마의 몰락에 대해 어거스틴은 심혈을 기울인 변증론 『신국론』(De civitate dei)으로 대답했다.

---

49) *Reg. ecc. Carth. exc.* 93.

펠라기우스에 대한 어거스틴의 싸움은 두 국면으로 전개된다. 펠라기우스와 그의 제자 켈레스티우스(Caelestius)에 반대하여 어거스틴은 411년 카르타고 공의회에서 켈레스티우스를 정죄한 아프리카 교회에 활력을 불어넣었다. 펠라기우스 자체에 대한 정죄는 417년에야 비로소 이노센트 1세에 의해서 이루어진다. 조시무스(Zosimus)를 통해 펠라기우스가 복권됨으로써, 어거스틴과 아프리카 교회는 다시 항변을 하였고 라벤나(Ravenna) 궁정의 도움으로 펠라기우스와 켈레스티우스에 대한 황제의 정죄가 이루어졌다(418년 4월 30일).

어거스틴은 418년부터 죽을 때까지 전적으로 펠라기우스주의와 벌이는 논쟁에 참여했다. 펠라기우스는 정죄를 당한 후 사라졌으나, 그 대신에 처음으로 나이든 어거스틴에 필적하는 적수 율리안(Julian von Aeclanum)이 등장했다. 율리안에 대한 어거스틴의 전체 작품은 또한 남프랑스에서 반대를 야기했으며, 어거스틴의 예정론은 강한 저항에 부딪혔다. 이런 움직임은 카시안(Johannes Cassian)의 인도하에 이루어졌다.

게르만 민족들이 이탈리아, 그리고 그 후 또한 아프리카로 밀고 들어옴으로 어거스틴은 펠라기우스주의 외에 아리우스파와도 논쟁해야 했다.[50]

어거스틴은 아리우스주의와 크지 않은 논쟁을 벌여야 했다. 사실 그는 이미 밀라노에서 암브로시우스의 교회정치를 통해 이 아리우스주의와 대결했었다. 고트족의 이동과정에 많은 아리우스의 평신도들과 성직자들이 아프리카로 온 이후, 418년에서 427/8년 사이에 나온 작품으로는 여러 번 아리우스주의의 가르침을 지시한 『삼위일체론』(De trinitate) 외에 세 가지 분명한 반(反)아리우스주의작품이 있다. 『아리우스주의자들의 설교에 반대하여』(Contra Sermonem Arrianorum), 『아리우스주의자들의 주교 막시미누스와의 논쟁』(Conlatio cum Maximino Arrianorum Episcopo), 『아리우스주의자 막시미누스에 반대하여』(Contra Maximinum Arrianum).[51]

---

50) Possidius, *Vita* 17, 1-6.
51) Therese Fuhrer, *Augustinus* (Wissenschaftliche Buchgesellschaft, 2004), 38.

429년 5월 가이세리히(Geiserich)가 지휘하는 반달족이 아프리카로 침입하였고,[52] 히포는 14개월 동안 포위되었다. 3개월이 지났을 때 어거스틴은 열병에 걸렸다. 그는 자신의 병실의 벽에 회개시편을 놓도록 했고, 430년 8월 28일 세상을 떠났다. 그의 죽음 직후에 에베소 공의회에 대한 황제의 안내장이 도착했다.

2. 펠라기우스

펠라기우스(418년 이후 사망)의 출생과 약력에 대해서는 정확히 알려지지 않았다.[53] 대부분의 자료들은 그의 고향을 영국으로 언급하고 있다.[54] 380년경 펠라기우스는 고향을 떠나 로마로 왔다. 그는 엄격한 도덕적, 종교적 생활을 통해 그리고 수사학과 성서강해에 타고난 재능을 통해 로마 기독교 공동체의 무리 가운데에서 영혼의 지도자, 영적인 교사, 개혁가로서 높은 명성을 짧은 시간 안에 누리게 되었고, 일종의 수도원 공동체를 주위에 세울 수 있었다. 펠라기우스와 그의 추종자들은 동방교회의 수도원 같은 의미에서의 수도사가 아니라, '하나님의 종'으로서 어떤 특정한 규칙이나 전통에 얽매이지 않고 복음적인 완전을 추구하는 자들이었다.

그는 390년에서 399년 사이에 율리안(Julian von Aeclanum)과 더불어 유명한 펠라기우스주의자들인 시리아인 루피누스(Rufinus)와 켈레스티우스(Caelestius)를 만나게 된다. 펠라기우스는 로마에서 쓴 바울주석(405/6-409)에서 아담의 죄, 세례, 인간의 자유, 그리스도의 은혜에 관한 신학적인 견해를 피력했는데, 이것은 격한 저항을 받았고 후에 이단적인 것으로 정죄된다.

---

52) Possidius, *Vita* 28, 4-13.
53) Cf. Helmut Hoping, "Pelagius", in *Biographisch-Bibliographisches Kirchenlexikon* VII, 168-173; J. Stüben, "Pelagius", in *Lexikon der antiken christlichen Literatur*, 560-3. 펠라기우스 작품들에 관해서는 S. Thier, *Kirche bei Pelagius* (Berlin, 1999), 17-50 참조.
54) 하지만 다음 자료들은 펠라기우스의 출생지를 아일랜드로 언급한다. Augustinus, *Ep.* 186, 1; Orosius, *Apol. c. Pel.* 12, 3; Marius Mercator, *Common.* 1).

펠라기우스는 추측컨대 약 405년경 바울서신에 대한 강해를 시작했다. 주석을 위해 그는 당시 있던 문헌들을 끌어들였는데, 무엇보다도 암브로시아스터 주석, 아퀼레이아의 루핀(Rufin von Aquileia)에 의해 번역된 오리겐의 로마서주석, 제롬의 갈라디아서, 에베소서, 디도서주석, 그리고 어거스틴의 주석작품들(로마서에 관해 제기된 몇몇 질문에 대한 강해, 로마서에 대한 미완성 강해, 몇 가지 질문에 관하여 심플리키안에게 보내는 편지)이다. 펠라기우스는 자신의 바울주석에서 한 번도 어거스틴의 이름을 언급하지 않았고 (자신의 주해하는 주석방법과 일치하게) 당연히 어느 곳에서도 신학적인 적수와의 긴 논쟁을 벌이지 않았다. 하지만 어거스틴 입장에 대해 암시적으로 한계를 짓는 지시가 보인다.[55]

409년 펠라기우스는 로마를 떠나 시실리와 카르타고(그의 제자 켈레스티우스는 여기에서 자리를 잡았고, 이후 411년 감독회의에서 정죄됨)를 거쳐 팔레스타인으로 갔다. 여기서 제롬과 갈등이 생겼는데, 펠라기우스는 제롬의 공격에 대해 414년에 쓴 작품『본성에 관하여』(Liber de natura)[56]로 방어하였다. 어거스틴은 카르타고에서 머물고 있는 스페인의 사제 오로시우스를, 두 개의 편지와 반(反)펠라기우스적인 서류와 함께 예루살렘으로 보냈다. 펠라기우스와 가까운 관계를 유지했던 감독 요하네스(Johannes)는 오로시우스가 부추겨 415년 7월 회의를 소집했다. 그 결과 교황 이노센트 1세(Innozenz 1)에게 이 문제를 보내기로 결의했다. 그러나 동방으로 추방당한 두 명의 갈리아 감독 헤로스(Heros von Arles)와 라자루스(Lazarus von Aix)가『작은 진술』(Libellus)로 다시 펠라기우스를 고소하였다. 수석대감독 오이로기우스(Eulogius von Kaisareia)의 사회로 415년 12월 디오스폴리스(Diospolis/Lydda)에서 열린 14명의 감독회의에서 펠라기우스는 심리를 받았다. 펠라기우스는 자신의 제자 켈레스티우스의 주장과 거리를 두면서 자신의 정당함에 대해 감독들을 설

---

55) Cf. W. Löhr, "Das Verhältnis zwischen Pelagius und Augustin und das theologische Anliegen des Pelagius", in *Augustin Handbuch*, 190-7(193).
56) 이에 대해서는 제4장 2. 3) "본성과 은혜에 관하여"를 참조하시오.

득하여 사면되었다. 그에 반해 밀레브와 카르타고에서 열린 두 번의 아프리카 감독회의(416년)는 펠라기우스를 정죄했고, 411년의 켈레스티우스 정죄를 다시 했다. 동시에 그들은 교황 이노센트 1세에게 펠라기우스의 오류들을 버리도록 요구하였다. 교황은 죽기 두 달 전 417년 3월에 감독회의의 결정을 승인했다. 펠라기우스가 편지와 함께 로마로 보냈던, 그에 의해 작성된 신앙고백서는 더 이상 교황에게 도달되지 못했다. 펠라기우스는 교황 조지무스(Zosimus)에 의해 일단은 복권되었다(417년). 그러나 교황 호노리우스(Honorius)의 칙령(418년 4월 30일)을 통해 그는 로마로부터 추방되었다. 그해 카르타고의 감독회의는 펠라기우스주의자들에 대한 정죄를 새로이 하였고, 8(9)개의 반(反)펠라기우스규범을 만들었다.[57] 교황 조지무스는 『회람서신』(Epistula tractoria)에서 이 감독회의의 결정을 인정하고 펠라기우스를 파문시켰는데, 펠라기우스는 그 후 팔레스타인에서도 추방되었다. 안디옥(여기서 감독회의는 또 한 번 펠라기우스를 정죄함)에서 잠시 머문 후 펠라기우스는 아마도 이집트의 한 수도원에서 죽은 것으로 보인다.

펠라기우스의 작품에 있어서 그가 실제 쓴 작품을 결정하기란 매우 어렵다. 많은 것이 다른 자료들에 부분적으로, 혹은 다른 사람의 이름으로 보존되어 있기 때문이다. 그래서 종종 작품을 분류하는 데 논쟁이 있기도 하다.

펠라기우스의 작품으로 분명하게 간주되는 것은 『13개의 바울서신에 대한 주석』(Expositiones XIII epistolarum Pauli)과 『데메트리아스에게 보내는 편지』(Epistola ad Demetriadem)[58]뿐이다.

주석은 411년 이전의 펠라기우스신학에 대한 그림을 그려주기 때문에 매우 중요하다. 이것은 라틴교회에서 소위 바울르네상스의 시대에 속하는 작품이다. 펠라기우스의 주석은 안디옥 학파의 영향을 받아 역사적이고 문자의 의미에 맞추어져 있다. 즉 그것은 알레고리 해석을 지양하고 모형론적 해석을

---

57) DH 222-230.
58) 『데메트리아스에게 보내는 편지』에 대해서는 아래 펠라기우스논쟁에서의 은총론에서 자세하게 논의된다.

선호하였으며 경건을 위한 작품이고자 하였다. 성경구절들은 짧은 부분으로 나뉘어 간단하지만 함축성 있게 강해되었다. 『데메트리아스에게 보내는 편지』는 펠라기우스의 입장을 간결하게 포함하고 있다.

펠라기우스는 4세기에서 5세기로 넘어가는 과도기에 서방기독교의 가장 급진적이면서도 동시에 모순되는 대표자들 가운데 하나였다. 그는 도덕적, 종교적인 완전을 타협 없이 요구하여, 교회와 사회의 '단절'을 전례가 없을 정도로 강조하였다.[59] 펠라기우스신학의 기초는 목회상담자로서, 그리고 로마귀족층의 영적인 조언가로서의 경험에서 찾을 수 있다. 그의 신학 배경으로 로마의 사제 조비니안(Jovinian)의 논쟁과 주장이 관찰될 수 있는데, 조비니안이 무엇보다도 주장한 것은 세례 후에 완전히 죄 없는 상태가 가능하다는 내용이었다. 펠라기우스신학의 목회상담적 차원은 예를 들어 『데메트리아스에게 보낸 편지』[60]에서 분명하게 드러나는데, 여기서 그는 젊은 로마귀족 처녀에게 금욕적인 동정녀로서의 삶에 대한 충고를 주고 있다.[61]

'보편적인 하나님 은혜의 교육'이라는 사고로 결정되어진 펠라기우스신학은 오늘날 다양하게 판단받고 있다. 그러나 자유와 은혜와 관련되는 한, 펠라기우스신학은 그 이후 엄청난 영향력을 가진 문제를 제기한다. 그의 신학의 의미는 무엇보다도 마니교와 계속적으로 싸우며 악이란 타고난 것이라는 이해와 철저하게 투쟁한 것에 있다. 이런 펠라기우스신학을 비판적으로 다루는 가운데 라틴 서방의 은혜론과 원죄론은 형성되었다.

---

59) P. Brown, *Religion and Society in the Age of Saint Augustine* (London, 1972), 200.
60) 이에 대해서는 아래 제4장 펠라기우스 논쟁에서의 은총론을 참조하시오.
61) 펠라기우스가 자신의 목회상담의 기술에 관해 묘사한 것을 위해서는 『데메트리아스에게 보내는 편지』 2장을 참조. 그의 영혼상담의 방법은 상담을 받는 자로 하여금 완전에 이르는 길 각각의 단계에서 권고를 통해 그때마다 주어진 자유를 구체적으로 기억나게 하는 것이다.

3. 켈레스티우스

어거스틴과 제롬의 의견에 동조하여 사람들은 펠라기우스와 켈레스티우스가 같은 사상을 가진 것으로 간주하는 경향이 있다.[62] 어거스틴 자신은 이 점에 있어서 펠라기우스주의자와 켈레스티우스주의자들('Pelagiani et Coelestiani')이라고 언급했고 그들의 추종자들을 동일한 무리에 속하는 것으로 표현했다. 제롬은 켈레스티우스를 펠라기우스의 제자이며 그 무리의 지도자로 정확히 묘사한다.[63]

귀족 가문 출신이 분명한 켈레스티우스는 어린 시절 수도원에서 생활을 하였고 금욕적인 삶을 살았다. 310년경부터 그는 펠라기우스의 가르침과 삶의 방식에 매료되어 그의 제자가 되었다. 그는 로마에서 루피누스(Rufinus)를 만났는데, 루피누스는 죄의 유전이라는 사상을 거절했다. 켈레스티우스는 죄의 유전을 반대하는 (지금은 전해지지 않는) 글을 썼다.[64] 로마가 무너진 후 (410), 켈레스티우스는 펠라기우스와 함께 아프리카로 갔다. 그는 카르타고 교회에서 사제가 되기를 원했다. 그러나 그의 정통성이 이탈리아 집사 밀라노의 파울리누스(Paulinus)에 의해 의심을 받았다. 파울리누스가 개입한 것은, 그가 켈레스티우스의 사상을 알았기 때문인지, 아니면 아프리카인들이 요구했기 때문인지는 분명치 않다. 아무튼 어거스틴이 참여하지 않은 채 열린 모임, 즉 카르타고에서의 모임(411)의 결정은 심의 중에 있는 신학적 입장이 아프리카인들에 의해 받아들여질 수 없음을 분명히 하였다(아담의 타락, 그리고 그것은 자신과 후손에 영향을 줌, 어린이의 원죄의 존재와 세례의 필요성, 율법의 가치, 죄 없음 등).[65]

---

62) Cf. M. Lamberigts, "Pelagius and Pelagians", in *The Oxford Handbook of Early Christian Studies*, S. A. Harvey et al. ed. (Oxford Uni. Press, 2008), 258-279; B. Windau, "Caelestius. Pelagianer", in *Lexikon der antiken christlichen Literatur*, 135-6; G. Bonner, "Caelestius", in *Augustinus-Lexikon* 1, 690-8.
63) Hieronymus, *Ep.* 133, 5.
64) *Praedestinatus*, 88.
65) 이에 대해서는 아래 제4장 1. 펠라기우스 논쟁, 각주 2/ 이석우, 『아우구스티누스』, 233-4 참조하시오.

카르타고에서 켈레스티우스는, 죄의 유전 사상은 토론이 필요한 문제라 생각한다고 진술했다. 이것과 관련하여 그는 분명하게 루피누스를 언급했다. 그는 유아세례의 필요성을 인정했지만, 그 세례가 원죄의 용서를 위한 것이라는 사실을 거부했다.[66] 아프리카에서 그에게 사제직이 허락되지 않아, 그는 동방으로 가서 에베소에서 사제가 되었다. 예루살렘과 디오스폴리스(Diospolis)의 모임에 제출된 여러 논제들이 켈레스티우스로부터 기인할지라도, 그가 실제로 그런 주장을 했는지 증명하기는 어렵다. 어쨌든 잠시 동안 펠라기우스는 켈레스티우스로부터 거리를 두었다. 그러나 디오스폴리스 모임 바로 후에 화해가 있었음에 틀림없다. 펠라기우스처럼 켈레스티우스는 아프리카(416년 카르타고와 밀레브에서)와 로마(417년)에서 정죄되었다. 조지무스 하에서 켈레스티우스는 다시 로마에서 자신의 문제를 항변한다. 처음에 그는 조건부로 사면을 받았다(아프리카인들은 그와 펠라기우스의 이단성을 증명하도록 요청받았다).

그러나 그는 한편으로는 아프리카와 라벤나(Ravenna) 궁정으로부터의 압력으로, 다른 한편 조지무스 앞에서 자신의 입장을 자세하게 말하기를 거부했기 때문에, 조지무스에 의해 정죄되어 유배를 갔다. 그는 감독 보니파키우스와 켈레스틴(Coelestin)하에서 자신의 문제를 재검토받고자 했으나 실패했다. 아무튼 펠라기우스와 켈레스티우스의 『신앙에 관한 간략한 진술』(Libellus fidei)을 비교해 보면, 이 둘의 사상이 서로 매우 근접해 있음을 알 수 있다. 428-9년 켈레스티우스는 콘스탄티노플로 피난했으나 메르카토르(Marius Mercator)의 선동으로 다시 추방당했고 결국 에베소 공의회에서 율리안과 그의 동료들과 함께 정죄를 받게 된다. 로마는 431년 7월 22일에 쓴 편지에 의해 정죄를 보고 받았다.[67] 그의 대부분의 작품들이 소실되었고 보존된 작품 또는 단편들이 그에게서 기인한다는 것이 의심스럽다는 점을 감안한다면, 그의 입장을 분명하게 고찰하는 것은 어렵다. 그러나 그가 원죄의 유전 사상에 대해 비판적이었음은 분명하다. 이 점에 있어 반복되어야 할 사실은 논쟁이 일어나기 훨씬

---

66) Augustinus, *De gratia Christi et de peccato originali* 2, 3.
67) *Acta Conciliorum Oecumenicorum* 1, 3, 5-9; 1, 2, 85-88.

전에 펠라기우스 자신 또한 어거스틴의 작품에 비판적이었다는 것이다. 켈레스티우스가 펠라기우스보다 더 의지의 자유의 중요성을 강조했고 그래서 죄론과 구원론에 덜 관심을 기울였다고 말하는 것은 타당해 보인다.

그의 작품 가운데 390년 이전에 어머니에게 쓴 세 통의 편지와 조지무스(Zosimus)에게 보낸 『호소하는 글』(Libellus appellationis)은 소실되었다. 그의 가장 중요한 작품은 『규정들』(Definitiones)인데, 인간이 죄 없이 사는 것이 가능하다는 것을 보여 주고 있다. 이 작품의 단편들은 어거스틴의 작품에서 발견된다.[68] 417년에 나온 『신앙에 관한 간략한 진술』(Libellus fidei) 역시 단편으로 어거스틴의 작품에 들어 있고,[69] 411년 심의기간에 정리된 『매우 간결한 진술』(Libellus brevissimus)[70]과 『켈레스티우스의 책』(Liber Caelestii)[71] 역시 그렇다.

4. 율리안

율리안(Iulianus Aeclanensis)은 380년경 아풀리아(Apulia)에서 태어났다.[72] 그는 에클라눔의 감독이었고 율리안의 전임자였던 메모르(Memor, Memorius)의 아들이었다. 그는 좋은 문학적, 수사학적, 신학적 교육을 받았다.

---

68) *De perfectione iustitiae hominis* 2, 1-20, 43.
69) *De gratia Christi et de peccato originali* 2, 5. 6. 26.
70) *De peccatorum meritis et remissione et de baptismo paruulorum* 1, 34, 67. 또한 *Ep.* 157, 3, 22. 175, 6.
71) *De gestis Pelagii* 13, 29-18, 42.
72) Cf. M. Lamberigts, "Pelagius and Pelagians", in S. A. Harvey et al. ed., *The Oxford Handbook of Early Christian Studies* (Oxford Uni. Press, 2008), 258-279; W. Geerlings, "Julian von Eclanum", in *Lexikon der antiken christlichen Literatur*, 405-6. 율리안의 생애, 작품, 사상에 관한 중요한 연구에 대해서는 다음을 참조하시오. Josef Lössl, *Julian von Aeclanum. Studien zu seinem Leben, seinem Werk, seiner Lehre und ihrer Überlieferung* (Leiden, 2001); M. Lamberigts, "Iulianus von Aeclanum", in *Reallexikon für Antike und Christentum* 19 (2001), 483-505; Albert Bruckner, *Julian von Eclanum. Sein Leben und seine Lehre* (Leipzig, 1897).

율리안은 어거스틴과 논쟁하는 동안에, 펠라기우스처럼 어거스틴의 초기 작품들에 정통하고 있음을 보여 주었다. 율리안은 전도유망한 사람이었음이 틀림없는데, 왜냐하면 408/9년 어거스틴이 율리안의 아버지에게 그를 히포로 보내줄 것을 요청했을 정도였기 때문이다.[73] 율리안은 카르타고를 방문하여 마니교도 호노라투스(Honoratus)를 만났는데, 호노라투스는 411/12년 어거스틴에 의해 은총의 적대자들에 대한 경고를 받았다. 그러나 율리안이 어거스틴을 만났는지는 알려지지 않았다. 율리안이 어거스틴과 논쟁하는 작품에서 펠라기우스의 이름을 단지 두 번 언급했다는 것은 주목할 만한 가치가 있다. 두 경우에 있어서 그는 펠라기우스에 대한 동정을 분명히 표현했으나, 펠라기우스 작품에 대한 문자적인 인용은 작품에 나타나 있지 않다.

율리안은 참으로 교회의 사람이었다. 결혼했을 당시 그는 봉독자(lector)였다. 아버지와 어거스틴이 편지로 서로 연락을 주고받은 시기에 그는 집사였고 415/6년경 에클라눔의 감독이 되었다. 기근이 일어났을 때 그는 자신의 소유를 분배함으로써 가난한 자들을 도와주었다.

418년 이후로 율리안은 논쟁에서 주요한 펠라기우스주의자였다. 그는 17명의 동료와 함께 조지무스의 『회람서신』에 서명하기를 거부했는데, 토의도 없이 압력하에 이 편지에 서명하도록 강요받았다는 이유 때문이다. 율리안은 라벤나 황실의 고위관리인 발레리우스(Valerius)에게 보낸 편지에서, 공개적인 토론기간에 조지무스에게 보낸 두 통의 편지에서, 그리고 데살로니가의 감독 루피누스에게 보낸 편지에서 자신의 입장을 변호했으나 소용이 없었다. 왜냐하면 조지무스가 그를 정죄했기 때문이다. 율리안은 자신의 작품에서 교황의 입장 변화에 대한 실망을 표현했다. 펠라기우스주의자들이 황제에 의해 새로이 정죄를 받은 이후(419년 여름), 율리안은 이탈리아를 떠나야만 했다. 그는 어거스틴과의 논쟁을, 이탈리아의 교회를 파괴하고자 하는 카르타고의 침략자들 그리고 마니교 적대자들에 대한 싸움으로 간주하였다.

---

73) *Ep.* 101.

그는 동료 투르반치우스에게 보내는 글에서 어거스틴의 『결혼과 정욕에 관하여』(De nuptiis et concupiscentia) 첫 번째 책을 신랄하게 비판했다.[74] 후에 동료 플로루스에게 쓴 8권의 책에서 율리안은 어거스틴의 『결혼과 정욕에 관하여』두 번째 책에 대답했다. 율리안은 여덟 권의 책 『플로루스에게』(Ad Florum)를 아마도 동방에서, 즉 테오도르(Theodor von Mopsuestia)와 함께 피해 있는 동안에 저술했을 것이다(421/22 추정). 율리안은 또한 동방에 있는 동안 『불변의 선함에 관하여』(De bono constantiae)를 썼을 가능성이 있다. 이 작품 중 단편만이 보존되어 있다. 또한 이 시기에 율리안은 아마 욥과 소선지서에 대한 성경 주석을 저술했는데, 이 작품들은 안디옥의 주석 접근과 일치하는 것이었다. 그리고 그는 시편에 대한 테오도르의 주석을 번역했다.[75]

429년 율리안은 켈레스티우스 및 다른 동료와 함께 콘스탄티노플에 머물렀다. 여기서 그들은 콘스탄티노플의 감독 네스토리우스에게 자신들의 문제를 검토해 줄 것을 요청했다. 네스토리우스가 교황 켈레스틴으로부터 정보를 얻으려고 많은 애를 썼지만 성공하지 못했다. 더구나 메르카토르(Marius Mercator)의 개입으로 율리안과 친구들 그리고 켈레스티우스는 황제에 의해 추방당했다. 에베소 공의회는 펠라기우스주의자들을 명백하게 정죄했다. 전체 논쟁기간 동안에 율리안은 토론에 대한 객관적이고 공개된 포럼을 요구했으나, 그런 기회는 그에게나 동료들에게 주어지지 않았다. 감독 식스투스(Sixtus) 밑에서 율리안은 자신의 문제를 재검토하도록 시도했으나 성공하지 못했다. 그는 455년 이전에 세상을 떠났다.

어거스틴을 반박하는 작품에서 율리안은 훌륭한 고전적 배경을 가진 학자로 나타난다. 그는 날카로운 논쟁자요, 논쟁에서 사용해야만 하는 모든 기술들에 아주 정통해 있었다. 그러나 그가 논쟁에서 전개한 논증은 본질상 주로 신학적으로 보인다. 418년 펠라기우스가 정죄를 받은 후, 성공을 즐기는 어거스틴과 대등한 적수가 처음으로 펠라기우스를 대신하였는데, 그가 바로

---

74) 이 부분에 대해서는 아래 "결혼과 정욕에 관하여"를 참조하시오.
75) Cf. M. Lamberigts, "Julian of Eclanum", in *Augustine through the Ages*, 478-9(479).

젊은 율리안이었던 것이다.

펠라기우스 논쟁의 맥락에서 율리안이 기여한 것 가운데 하나는, 그가 어거스틴으로 하여금 계속적으로 자신의 입장을 변호하고 설명하도록 재촉했다는 사실이다. 어거스틴의 작품들 『결혼과 정욕에 관하여』, 『펠라기우스주의자들의 두 편지에 반박하여』(Contra duas epistulas Pelagianorum), 『율리안 반박론』(Contra Julianum), 『율리안 반박론. 미완성 작품』(Contra Julianum opus imperfectum)은 율리안의 『플로루스에게』(Ad Florum) 1-6권의 인용뿐만 아니라 전체 설명을 포함하고 있다.

어거스틴이 펠라기우스와 가진 논쟁의 첫 단계에서는 의지의 자유에 대해, 그리고 자유의지와 은총이 조화될 수 있는지 설명되었다. 이후 토론의 무게는 인간 본성에 놓이게 되었는데, 즉 인간 본성은 최종 타락한 것인지 아닌지, 이 타락이 개개인에게 어떻게 이르게 되었는지가 토론의 대상이 되었다. 로마서 5:12에 대한 해석이 논쟁의 중심이었다. "그 안에서 모든 이들이 죄를 지었다." 이 구절에 대한 어거스틴의 해석에 따르면, 모든 인간은 아담 안에서 죄를 지어 마치 아담 안에 똑같이 포함되어 있는 것처럼 되었다. 아담이 지은 죄는 펠라기우스가 생각하는 것처럼 단지 영향력이 강한, 죄를 짓는 인습에 불붙이는 예가 아니라, 아담 자신 안에서 모든 이들은 똑같이 포함되어 있는 것이다. 그러므로 아담이 잃어버린 것, 즉 하나님과 같은 모습은 오는 모든 인류에게 다시 가져올 수 없는 것이 되고 말았다. 그 후 인간 본성은 단지 점점 악하게 된 것이 아니라, 완전히 훼손되었다.

율리안은 은총론과 원죄론에 있어서 어거스틴의 가장 중요한 신학적인 적수가 되었다. 율리안은 특히 어거스틴의 마니교사상 때문에 그를 공격했는데, 율리안에 따르면 어거스틴이 원죄론에 있어서 인간의 정욕, 즉 인간 본성에 있는 악을 보았다는 사실에서 마니교주의라는 것이다. 그와 반대로 율리안에게 있어 죄는 인간 의지에 속하는 것인바, 인간의 의지는 죄를 허락하거나 죄를 짓지 않을 자유를 가지고 있다는 것이다.

인간을 무엇보다도 하나님의 형상으로 만드는 이러한 의지의 자유는 죄를 통해서도 잃게 되지 않는데, 죄는 인간의 자연적인 상태를 바꾸지 않고 단지 하나님 앞에서 그의 공로의 상태를 바꾸기 때문이라는 것이다. 어거스틴의 원죄론은 율리안에게 있어 자체가 모순이었다. 왜냐하면 이 가르침으로 하나님은 악의 장본인이 되기 때문이다. 하나님의 은총은 선택과 예정에서 작용하는 것이 아니라 인간의 (육체적, 정신적인) 자질에서 작용한다. 하지만 인간은 자신의 구원에 책임이 있다. 하나님의 구원의지의 도우심으로 그는 모든 계명을 이룰 수 있고 (또한 이방인들도) 자신의 자유의지의 사용을 통해 영원한 구원에 도달할 수 있는 것이다.

율리안과 어거스틴의 논쟁에서 중점이 된 주제는 성(性)의 의미에 관한 것이라는 인상이 지배적이다.[76] 분명 이 주제가 중요한 역할을 하는데, 왜냐하면 율리안이 반응한 어거스틴 작품에서는 사실 주로 결혼(『결혼과 정욕에 관하여』 1권)과 정욕(성욕,『결혼과 정욕에 관하여』 2권)에 관한 것이기 때문이다. 그러나 율리안과 어거스틴의 논쟁은 그것에 한정되지 않았다. 율리안에게 있어 중요한 것은 의의 원칙, 곧 그가 하나님의 의와 결코 근본적으로 다르지 않다고 언급한 인간의 의의 원칙이다. 율리안은 자신이 논리와 이성에 맞는다고 생각했다. 어거스틴이 일종의 마니교를 변호하고 의지의 자유를 부인하는 것처럼 보였던 것이다. 생식행위에서 악이나 육체적인 흠이 한 세대에서 다른 세대로 유전된다는 사상, 그리고 이것은 성욕에서 분명히 드러난다는 사상은 율리안의 눈에는 순전히 마니교였다. 어거스틴이 결혼 내에서의 성적인 행위에 대해 예외로 본 것은, 율리안에게는 차후의 문제였다. 율리안의 눈에 어거스틴은 성욕 자체는 근본적으로 악하다는 기초에서 이것을 한 것이었다. 어거스틴은 결혼 내에서 성적인 행위에 대해서만 용인을 하였다. 반대로 율리안에게 있어 성은 선한 것인 바, 예를 들어 키케로(Cicero)가 갖고 있던 생각과 같았다. 율리안은

---

76) Cf. P. Brown, *Die Keuschheit der Engel. Sexuelle Entsagung, Askese und Körperlichkeit im frühen Christentum* (München, 1994), 417-437.

예수 그리스도 역시 성적인 존재로 간주하는, 당시로서는 매우 도발적인 생각을 하였다. 율리안은, 타락 이후의 인간은 타락 이전의 아담과 달리 자신의 성(性)의 기관을 조절할 수 없다는 어거스틴의 주장을 비웃었다. 그러나 이것과 달리 그는 어거스틴의 가르침이 가진 기독론적, 구원론적 함축에 대해서는 전혀 우습게 여기지 않았다. 그리스도의 감정의 세계가 다른 모든 인간과 다르고 그의 구속사역이 오직 택함을 받은 자에게만 해당된다면, 그리스도는 도대체 어떤 종류의 사람인가, 그는 물었다. 그리고 인간의 완전한 죄성의 기초가 단지 '타락의 무리'에 속해 있다는 사실에 놓여 있다면, 개개의 인간은 자신의 운명에 대해 도대체 어떤 책임을 갖고 있는 것인가? 율리안에 따르면 이것은 단지 운명주의로 끝날 수밖에 없다는 것이다.[77]

율리안의 사상은 어거스틴의 새로운 가르침에 반대하여 고대 철학의 인간상을 방어하려고 시도했다. 율리안의 인간론 대신에 어거스틴의 인간론이 라틴 교회의 영역에서 관철될 수 있었다는 사실은 중세와 근대의 서양 기독교 역사에 계속적인 결과를 가져왔다.

5. 카시안

존 카시안(Johannes Cassianus, 약 360-435)은 국내학계에서 이미 알려져 있고 많은 개론서에서 언급되며 학술논문도 발표되었다.[78] 하지만 사실 그의 생애는 지금까지 완전하게 모순 없이 재구성되지는 않고 있다.[79]

---

77) 어거스틴과 율리안의 주요 논쟁점에 대해서는 J. Lössl, "Die Auseinandersetzung mit Julian ab 418", in *Augustin Handbuch*, 197-203(201-2) 참조.
78) Cf. 이은재, "카시안-수도원적 공동체의 이상주의자",「신학과 세계」44 (2002), 134-148; 김진하, "존 카시안은 에바그리우스의 제자인가?",「역사신학논총」9 (2005), 10-36; 크리스토퍼 브룩/ 이한우,『수도원의 탄생』(청년사, 2005), 40-49.
79) 존 카시안에 대해서는 다음을 참조하시오. Karl Suso Frank, "Johannes Cassianus", in *Reallexikon für Antike und Christentum* 18, 414-426; O. Chadwick, "Cassianus", in *TRE* 7, 650-7; M. Skeb, "Johannes Cassian", in *Lexikon der antiken christlichen Literatur*, 376-8.

그는 흔히 '서방 수도원의 창시자'로 불린다. 그는 360년경 도브루드샤(Dobrudscha)에서 부유한 기독교 가문에서 태어났으며 고전 학교교육을 받아 헬라어와 라틴어를 유창하게 말할 수 있었다. 친구 게르마누스(Germanus)와 함께 베들레헴에 있는 수도원에 들어간 후(378-80년) 두 사람은 이집트의 은둔주의자들을 연구할 수 있는 여행을 허락받게 된다. 이 은둔주의자들 사이에서 당시 에바그리우스 폰티쿠스(Evagrius Ponticus)가 큰 영향력을 끼쳤다. 399년 카시안과 게르마누스는 오리겐 논쟁으로 말미암아 이집트를 떠나 콘스탄티노플로 갔는데, 요한 크리소스톰이 카시안을 집사로 안수하여 카시안과 게르마누스는 함께 성당재무에 관한 감독을 맡았다. 요한이 실각된 후(404년)에 카시안은 요한을 변호하기 위해 이노센트 1세에게 보내는 편지를 가지고 로마로 갔다. 여기서 그는 후에 교황이 되는 레오 1세와 친분을 맺게 되지만 게르마누스는 세상을 떠나게 된다. 이곳에서 그는 사제로 안수를 받았다. 카시안은 로마에서 마르세이유로 와서 성 빅토(St. Victor) 수도원과 성 살바토르(St. Salvator) 수녀원을 세웠다.

카시안은 성 빅토 수도원에 있는 동안 3작품을 저술했다.

첫째, 감독 카스토르(Castor von Apt)의 부탁으로 419년과 426년 사이에 그에게 헌정된 일명 제도집이라 불리는 『수도원의 제도와 여덟 가지 주요 악덕의 치료에 관하여』(*De institutis coenobiorum et de octo principalium vitiorum remediis*)가 나왔다. 이 작품은 많은 필사본에서 두 부분으로(1-4, 5-12) 전승되었다. 제도집 1-4권은 외적인 삶의 형태, 곧 수도사 복장, 밤기도, 시편찬송 등을 다루고, 제도집 5-12권은 에바그리우스 폰티쿠스를 따라 여덟 가지 대죄(폭식, 음난, 탐욕, 분노, 우울, 태만, 허영, 교만)[80]를 다룬다.

둘째, 『24 교부 담화집』(*24 Conlationes patrum*)에는 금욕적, 수도원적인 가르

---

[80] 에바그리우스 폰티쿠스의 영향을 받은 카시안의 여덟 가지 죽을 죄(대죄) 항목은, 교황 그레고리 1세에 의해 일곱 가지 대죄로 변형되어 중세 시대에 큰 영향을 주었다. 카시안에 따르면 도덕적 완성은 이 여덟 가지 대죄를 극복하는 데 있다. Cf. Wolf-Dieter Hauschild, *Lehrbuch der Kirchen- und Dogmengeschichte*. vol. 1: *Alte Kirche und Mittelalter* (Gütersloh, 2007), 298-9.

침이 이집트 수도사 교부들과의 대화 형태로 제시되어 있다. 이 작품은 3부분(conl. 1-10, 11-17, 18-24)으로 나뉘어져 있다. 3부분이 조직적인 체제를 갖고 있는 것은 아니나, 수도사 생활의 완전이라는 주제를 완벽하게 다루고 있다.

셋째, 『네스토리우스에 반대하여 성육신에 관하여』(De incarnatione Domini contra Nestorium)는 네스토리우스 논쟁(431년 여름 전)이 시작할 때 작성된 것으로 라틴교회에서 네스토리우스를 논박한 유일한 시도였다.

카시안은 『제도집』과 『교부 담화집』을 통해 서방교회에서 수도사의 삶에 대해 가장 먼저 가르침을 전해주었다. 카시안은 수도원 제도와 역사에서 빼놓을 수 없는 중요한 인물이다. 카시안이 수도원 제도에 영향을 준 사실은 특히 레랭(Lérins)의 수도원 규정과 리옹의 오이헤리우스(Eucherius von Lyon)에게서 입증될 수 있다. 누르시아의 베네딕트는 카시안의 『제도집』과 『교부 담화집』을 수도원에서 필수적으로 읽어야 할 책으로 간주하였으며,[81] 카시안의 작품은 베네딕트 수도원 제도가 전파될 때 함께하였다.

카시안이 교회의 역사에서 간과되어서는 안 될 영역이 또 하나 있다. 바로 어거스틴의 은총론과 관련하여 그는 소위 절충적 펠라기우스주의의 대표자로 여겨진다. 카시안은 절충적 펠라기우스주의자였는가? 전통적인 견해는 이에 동조하지만, 오늘날 학계에서는 이에 동조하지 않는 학자들도 있다. 카시안의 은총론이 나타난 작품은 『제도집』(교만을 다루는) 12번째 책과 『교부 담화집』 제3권, 5권, 그리고 가장 중심이 되는 13권 '하나님의 보호에 관하여'(De protectione Dei)이다.

'하나님의 보호에 관하여'에서 카시안은 어거스틴의 은총론과 예정론에 반대되는 주장을 하였다. 카시안의 은총론에 따르면 아담의 타락 이후 인간의 자유의지는 병들었으나 완전히 없어진 것은 아니다. 인간에게는 하나님의 은혜를 받아들이거나 거절할 자유가 있다. 인간은 자신의 결정으로 믿음을

---

81) 베네딕트 규칙 42장/ 73장.

시작하기 때문에, 하나님의 은총은 인간을 구원하기 위하여 인간의 자유와 반드시 함께 작용해야 한다. 하나님의 예정도 절대적인 것이 아니다. 왜냐하면 예정이란 하나님께서 미래에 누가 구원받을 것인가를 미리 아는 것이기 때문이다(예지예정). 어느 인간이든 하나님의 은혜를 받아들이기만 하면 구원받을 수 있다는 것이다. 이에 대한 그의 주장 몇 가지를 살펴보자.

> 많은 일에 있어서, 심지어 모든 일에서 볼 수 있는 사실은, 인간은 항상 하나님의 도움을 필요로 하며 인간의 약함은 구원과 관련된 어떤 것도 스스로, 즉 하나님의 도움 없이는 이룰 수 없다는 것이다.[82]
> 본성상 모든 영혼에는 창조주의 선함에 의해 심겨진 선의 씨앗들이 있다는 것은 의심할 수 없는 사실이다. 그러나 이것이 하나님의 도우심에 의해 자극되지 않으면 완전함을 얻을 수 없을 것이다.[83]
> [하나님께서] 선한 것을 시작하시고 계속하시고, 그것을 우리 안에서 완성시키신다. 사도가 고린도후서 9:10에서 말씀하신 것처럼…그러나 우리는 우리를 이끄시는 하나님의 은혜를 겸손히 날마다 뒤따라가야 한다.[84]

카시안은 펠라기우스의 입장과 어거스틴의 신학을 동시에 거부하는 전통적 신인협력설을 주장했다. 구원은 모든 사람에게 제공되어졌으며 원죄에도 불구하고 남아 있는 결정의 자유는 회심에 있어 결정적이라는 것이다. 그리고 세례에서 본질적으로 중재되는 은총은 하나님의 도움으로써 계속하여 그리스도인과 동행하고 그리스도인으로 하여금 선한 충동과 행동을 할 수 있는 능력을 준다. 이때 카시안은 어거스틴과 달리 선한 의지가 은총을 통해 비로소 구성되는 것이 아니라 단지 강화된다고 보았다.[85] 카시안은 결국 『겔라시우스 교령』(*Decretum Gelasianum*)에서 정죄되었다.

---

82) *Conl.* 13, 6 (PL 49).
83) *Conl.* 13, 12.
84) *Conl.* 13, 3.
85) *Inst.* 12, 18; *Conl.* 3, 12.16; 4, 5; 13, 3-22.

Augustine's Theology of Grace

제 3 장

어거스틴의 초기 은총론

1. 초기 바울서신 강해에 나타난 은총론[86]

어거스틴이 384-386년 이단적인 마니교로부터 우선 회의주의로, 그 다음 밀라노의 가톨릭교회로 향했을 때, 그는 성경과 씨름하며 새로운 관점으로 성경을 보기 시작했다. 어거스틴이 마니교 시절 배척했던 구약성서는 새로운 신학적 창조성을 전개하는 데 풍부한 기회를 제공해 주었으나, 신약, 특히 바울서신은 어거스틴에게 총체적인 어려움을 제공하였다. 왜냐하면 마니교의 본질적인 가르침 대부분은 바울서신에 대한 이해하기 쉽고 설득력 있는 해석에 근거하고 있었기 때문이다. 수년간 어거스틴의 지적인 성숙과정과 동행한 것은 '마니교적인 바울'이었기에, 마니교의 성서해석과 다른 독립된 위치를 발견하는 것은 어거스틴에게 커다란 도전이었다. 가톨릭교회의 관점에서 바울을 보기 위해 어거스틴은 이미 친숙한 바울서신을 다시 읽어야만 했다. 아프리카로 되돌아간 후 마니교로부터 바울을 되찾는 것은 어거스틴

---

86) Cf. Drecoll, "Gratia", in *Augustinus-Lexikon* 3, 182-242(194-8); P. Frederiksen, "Die frühe Paulusexegese", in *Augustin Handbuch*, 279-294.

초기 주석작품의 분명한 과제가 되었다.[1]

어거스틴은 391년 히포에서 사제로 서임된 이후 성서와 씨름하면서 마니교와의 논쟁을 더욱 격렬하게 벌였다. 사도 바울의 가르침을 보다 집중적으로 연구하게 된 것은 이미『가톨릭교회의 윤리에 관하여 그리고 마니교의 윤리에 관하여』[2]였고, 명확한 주석은『로마서에 관해 제기된 몇몇 질문들에 대한 강해』(394/95)에서 처음으로 이루어졌다.

『로마서에 관해 제기된 몇몇 질문들에 대한 강해』(Expositio quarundam propositionum ex epistula ad Romanos)[3]는 바울의 로마서를 읽으면서 동료 성직자들과의 토론에서 주어진 대답을 적은 것이다. 로마서 1-15장이 의미 있는 단락으로 나뉘어 강해되었고, 서론은 율법과 은총의 관계를 설명한다. 네 단계 은총론으로 역사를 설명한다.

로마서 강해에서 어거스틴은 연속적인 '네 단계의 은총론'을 발전시키는데, '율법 이전에'(ante legem)-'율법 아래에'(sub lege)-'은총 아래에'(sub gratia)-'평화 속에'(in pace)이다. '율법 이전에' 인간은 정욕(concupiscentia)을 쫓고, '율법 아래에서' 인간은 죄를 알지만 정욕에 굴복한다. '은혜 아래에서' 인간은 더 이상 정욕에 순종하지 않고 "하나님의 은혜와 사랑에 고정된 자"로서 죄 짓기를 중단한다.[4] 은총은 올바른 방향설정, 즉 영적인 것에 관심을 가질 수 있도록 한다. 그는 비로소 '영적인 존재'로 '영적인 율법'을 성취할 수 있다[5]. 이것은 종말('평화 속에')에야 비로소 완성된다.

---

1) Cf. P. Frederiksen, "Die frühe Paulusexegese", in *Augustin Handbuch*, 279.
2) *De moribus ecclesiae catholicae, de moribus Manichaeorum* (388).
3) 로마서에 관한 어거스틴의 주석작품(『로마서에 관해 제기된 몇몇 질문들에 대한 강해』, 『미완성 로마서주석』) 원문과 번역으로는 Paula Fredriksen Landes trans., *Augustine on Romans. Propositions from the Epistle to the Romans/ Unfinished Commentary on the Epistle to the Romans* (Chico, 1982) 참조하시오.
4) *Expositio quarundam propositionum ex epistula apostoli ad Romanos* 13-18.
5) *Expositio quarundam propositionum ex epistula apostoli ad Romanos* 41.

4단계 이론[6]은 어거스틴이 로마서 3:20에 대한 해석을 위해 구상한 것이며 로마서에 대한 어거스틴의 전체 해석에 있어 결정적인 것이다. 네 단계는 사람이 '육체의 정욕'에 대해 각각 다르게 태도를 취한다는 사실을 통하여 서로 차이가 난다. '율법 이전에' 단계에서 인간은 죄를 갈망하고, 죄를 짓고, 죄에 찬성한다. 이 상태에서는 어떤 내적인 투쟁도 없다. '율법 아래에' 단계의 상태는 '율법 이전에' 단계와 다르다. 여기서 인간은 싸우지만, 굴복되든지 정복된다. 이 단계에서 행동은 자신의 판단과 반대로 이루어진다. 즉 인간이 고백하는 것은, 자신이 행하는 것은 악하며 원래 자신은 그것을 행하기를 원치 않는다는 것이다. 그러나 인간은 육의 정욕에 굴복되는데, 이는 은혜가 없기 때문이다. 이로부터 로마서 5:20, 3:20이 이해될 수 있다. 율법은 죄를 없애는 것이 아니라(이 일은 은혜만이 한다) 죄를 깨닫게 한다. 율법은 선한데, 금지되어야 할 것을 금하고 명령되어져야 할 것을 명하기 때문이다.

'율법 아래에' 단계의 설명에서 어거스틴은 은총개념을 두 관점에서 사용한다. 1) 은혜는 죄를 없앤다. 2) 은혜는 율법의 성취를 가능하게 하거나, 정욕에 의해 굴복당하거나 이끌려지지 않도록 한다. 이 두 가지 작용과 '은총 아래에'의 묘사가 연결되어진다.

스스로 일어설 수 없음을 인식한 사람은 '자유하게 하는 자의 도움'을 간청한다. 간구에 대하여 은총이 오게 된다. 이생의 삶에서는 아직도 어느 정도의 육체의 욕망, 즉 영에 대해 싸우는 육체의 욕망이 존재한다(참조. 갈 5:17). 영은 이런 육체의 욕망에 동의하지 않는데, 영은 은혜와 사랑으로 굳건하게 있기 때문이다. 이러한 '동의하지 않음'은 인간이 죄짓기를 중단하는 데 이르도록 한다. 죄짓는 것은 바로 이 동의에 달려 있는 것이다. 이에 대한 성경적 근거는 로마서 6:12인데, 여기서 어거스틴은 '지배한다'를 강조한다. 인간들이 아담의 원죄

---

[6] '네 단계 은총론'에 대해서는 다음을 참조하시오. V. H. Drecoll, *Die Entstehung der Gnadenlehre Augustins*, 147 이하; P. Frederiksen, "Die frühe Paulusexegese", in *Augustin Handbuch*, 279-294(284-5); Eugene TeSelle, *Augustine the Theologian* (Eugene, 2002), 160 이하; Carol Harrison, *Rethinking Augustine's early Theology: An Argument for Continuity* (Oxford, 2008), 130 이하; Young Do Kim, "ORDO SALUTIS IN AUGUSTINE'S COMMENTARIES ON ROMANS: CAN A CHRISTIAN BE AT THE SAME TIME BOTH SUB LEGE AND SUB GRATIA?" 「신학과 목회」 17 (2002), 67-97.

때문에 겪게 되는 육체의 죽음에 근거하여, 욕망의 존재는 결코 멈추지 않는다. 인간이 육체의 부활을 통해 변화, 즉 약속된 불변의 상태를 획득하지 않는 한 그렇다. 변화의 상태는 '완전한 평화'로서 네 번째 단계에 해당한다.

'평화 속에' 단계에 어거스틴은 로마서 8:10-11의 성령론적 언급을 관련시킨다. 이것으로 어거스틴은 구속(구원)을 '죽을 수밖에 없는 상태로부터의 해방'으로 묘사하지만, 또한 구속을 '육체의 부활', 그리고 이것으로 이루어지는 '변화'와 관련시킨다.[7]

어거스틴은 택함(선택)이 은혜의 성격을 갖고 있음을 명백히 하기 위해 다음 두 가지 유형의 논증을 한다.

첫째, 어거스틴은 선택이 행위보다는 미래의 믿음에 기초하고 있음을 강조한다. 하나님은 누가 믿게 될 것인지 미리 아시고 그에 상응하게 선택하신다.[8] 이것이 소위 예지이다.

둘째, 어거스틴은 부르심이 믿음을 선행하고, 따라서 믿음이란 하나님에 의해 이루어진 부르심 없이는 불가능하다는 사실을 강조한다.[9]

이러한 두 유형의 논증은 하나님의 행동을 믿음(행위와 반대로)과 관련시키지만 인간 스스로 믿음에 대해 결정한다는 사실을 문제삼지 않으며, 하나님의 은혜로운 행동이 인간의 태도에 대해 시간적으로 앞선다는 사실을 통하여 선택이 은혜에 근거한 것임을 확실하게 하고 있다.

이후에 어거스틴은 무엇보다도 두 번째 모델과 관련하여 논증한다. 하나님의 의는 회개할 준비가 되어 있는 자와 그렇지 않은 자 사이의 구분과 관련된다. 오직 첫 번째 사람에게만 은혜, 즉 '공로' 및 '빚'과 반대되는 은혜가 선사된다. 하지만 그것이 공정한 이유는 은혜가 받는 자의 회개에 상응하기 때문이다. 이런 상응의 관점에서 그것은 공정하고, 용서의 측면에서 그것은 은혜이다. 그러므로 "하나님의 은혜는 공정하고 (하나님의) 의는 감사한 것이

---

7) Cf. V. H. Drecoll, *Die Entstehung der Gnadenlehre Augustins*, 151-2.
8) *Expositio quarundam propositionum ex epistula apostoli ad Romanos* 60.
9) *Expositio quarundam propositionum ex epistula apostoli ad Romanos* 62.

다"라는 말은 타당하다.[10]

은혜는 『갈라디아서에 대한 강해』(Expositio epistulae ad Galatas. 395)에서도 빛, 즉 '공로'를 근거로 한 의무를 나타내는 '빚'과 상반되는 것으로 이해된다. 여기서 은혜는 우선적으로 자기 자신의 힘에 대한 신뢰 대신에, 자신의 행위 없이 외부로부터 다가오는, 하나님을 통한 도움을 뜻한다. 이것이 바로 '믿음의 은혜'로서 '영적인 일'을 가능하게 한다.[11] '믿음의 은혜'라는 표현은 『갈라디아서에 대한 강해』에서 믿음 자체가 은총의 작용임을 나타내지 않고, 오히려 '믿음의 은혜'는 인간의 올바른 방향설정에 해당한다. '믿음의 은혜'는 '육적인 두려움'과 상반되는 '영적인 사랑'이고, 영 안에서 바르게 이해된 율법의 성취와 관련된다. 어거스틴은 이러한 바른 방향설정의 모델을, 갈라디아서 5:17을 강해할 때 깊이 다룬 네 단계설과 연결시킨다.[12]

네 단계설은 『83개의 다양한 질문에 관하여』(66)에서도 중심적인 뼈대로 반마니교적인 경향을 명료하게 띤다. 자유의지는 보존되고 어떤 실체도 결코 '악'으로 간주되지 않는다.[13]

> 『83개의 다양한 질문에 관하여』(De diversis quaestionibus octoginta tribus, 388-397) 작품은 철학적, 신학적, 주석적인 주제들에 관한 83개의 개별적인 질문들과 대답을 담고 있다. 대답은 몇몇 단어로 되어 있는 것부터 긴 글에 이르기까지 다양하다.

어거스틴의 초기 은총론이 지닌 이러한 반마니교적 경향은 『몇 가지 질문에 관하여 심플리키안에게 보내는 편지』(I, 1)에서도 보이는데, 여기서 어거스틴은 심플리키안의 질문에 대해 로마서 7장을 해설한다. 논증의 목표는 율법을 나쁘지 않은 것으로 해석하는 것이다. 즉 율법은 죄가 아니라, 죄를 밝

---

10) *Epistula ad Romanos inchoata expositio* 9. - 로마서에 대한 미완성 강해로서 롬 1:1-7에 대한 주석이다. 롬 1:7에 대한 자세한 주석이 가장 많은 부분을 차지한다.
11) *Expositio epistulae ad Galatas* 15.
12) *Expositio epistulae ad Galatas* 46 이하.
13) *De diversis quaestionibus octoginta tribus* 66, 7.

히고 은혜로 전향하도록 사람의 마음을 움직이는 것이다.[14] '율법 아래에 있는' 사람은 앎에도 불구하고 나쁘게 행하는데, 왜냐하면 양심 혹은 정욕이 그를 이기기 때문이다.[15] 그럼에도 인간은 자유의지를 갖고 있는데, 로마서 7:18이 바로 인간의 '원함'을 입증하고 있기 때문이다. 이 '원함'은 결정적인 것이 아닌데, 두 번째 본성으로서의 원죄의 대가가 인간이 깨닫고 원하는 것을 또한 실현하지 못하게 하기 때문이다.[16] 은총이 비로소 사람을 영적인 존재로 만들어 영적인 율법을 성취할 수 있게 하는데, 여기서 은총은 죄를 용서하고 '사랑의 영'을 붓는 것이다.[17] 따라서 은총은 인식 및 원함과 행동 사이의 불일치를 해결하는 것으로 간주된다. 율법은 죄를 증대시키지만, '거룩하고 의롭고 좋은 것'이다.

로마서 7장에 대한 강해에 곧바로 이어서 어거스틴은 『몇 가지 질문에 관하여 심플리키안에게 보내는 편지』(I, 2)에서 로마서 9장에 대한 강해와 씨름했다. 『83개의 다양한 질문에 관하여』(68)에서 어거스틴은 아직 시간적으로 앞선다는 해결모델에 매여 있었으며 선택의 근거를 '매우 비밀스러운 공로'에서 찾았다.[18] 자비는 사람의 (나쁘거나 좋은) 공로에 선행하나, 하나님에게는 '한 무리 안에서' 이미 차이가 보인다.[19] 하나님은 원함을 갖게 하시는데, 왜냐하면 그의 부르심은 선택된 자들에게는 또한 '원함'이 되기 때문이다.[20]

어거스틴은 이런 모델을 『몇 가지 질문에 관하여 심플리키안에게 보내는 편지』(I, 2)에서 검토하며 거절한다. 어거스틴은 여기서도 처음에 은혜와 믿음의 유사점에서 출발하고 은혜를 공로 없이 주어진 것으로서 의로운 삶을 가능하게 하는 것으로 서술하나,[21] 그 후 야곱과 에서의 예를 통해 왜 한 사람은

---

14) *Ad Simpl*. I, 1, 2 이하.
15) *Ad Simpl*. I, 1, 3.9.
16) *Ad Simpl*. I, 1, 10 이하.
17) *Ad Simpl*. I, 1, 7.
18) *De diversis quaestionibus octoginta tribus* 68, 4.
19) *De diversis quaestionibus octoginta tribus* 68, 4 이하.
20) *De diversis quaestionibus octoginta tribus* 68, 5.
21) *Ad Simpl*. I, 2, 2 이하.

선택되고 다른 한 사람은 선택되지 못했는지를 묻는다.[22] 여기서 어거스틴은 반마니교적인 면에서 본성에서의 차이를 근거로 한 선택뿐만 아니라,[23] 예지를 근거로 한 선택을 배격한다.[24] 왜냐하면 미래의 '신앙'을 근거로 한 부르심조차도 선택을 인간의 태도에 의존한 것으로 만들기 때문이다. 그렇게 되면 선택은 '믿음의 공로'에 상응하게 된다. 하지만 은혜의 특징은 바로 고린도전서 4:7이 입증하는 것처럼[25] 아무 공로없이 주어진다는 것에 있다.[26]

하나님은 인간의 차이(즉 공로)에 따라 반응하시지 않고, 오히려 선택은 '하나님의 계획'에 근거한다. 하나님의 계획이 사람을 의롭게 만들며, 사람의 의로운, 하나님의 계획에 근거한 행위가 택함을 받는 것이다.[27] 선한 행위는 믿음을 근거로 하는데, 이 믿음은 동시에 '원함'이고 부르심에 의해 생기는 것이다.[28] 여기서 하나님 자신이 불쌍히 여기시는 자들을 부르심으로, 이들은 또한 원하고 믿고 하나님의 도우심으로 선하게 행동하게 된다. 부르심은 하나님의 자비가 유효한 자들에게 영향을 미친다. 이에 대한 최고의 증거는 마태복음 22:14, "부름을 받은 자는 많으나 택함을 받은 자는 적다"는 말씀이다.[29] 택함을 받지 못했으나 부름을 받은 자들은 '하나의 죄덩어리'로 머물며 그래서 이들이 처벌을 받는 것은 정당하다.[30] 어거스틴은 이점을 '진노의 그릇'과 '자비의 그릇'의 차이라고 보았다. 사람은 하나님에 의해서 사람으로서 미움을 받는 것이 아니라 '불경건한 자'로서 미움을 받는 것이요, 그래서 처벌은 정당한 것이다.[31] 어거스틴은 버림을 은혜로부터 벗어나는 것으로, 그리고 '아담으로부터 죄인들과 불경건한 자들의 한 무리'로 방치되는 것으로

---

22) *Ad Simpl.* I, 2, 4.
23) *Ad Simpl.* I, 2, 4.
24) *Ad Simpl.* I, 2, 5.
25) *Ad Simpl.* I, 2, 9.
26) *Ad Simpl.* I, 2, 7.
27) *Ad Simpl.* I, 2, 6.
28) *Ad Simpl.* I, 2, 10.
29) *Ad Simpl.* I, 2, 13.
30) *Ad Simpl.* I, 2, 16.
31) *Ad Simpl.* I, 2, 18.

해석한다.[32] 부르심이라는 생각은 의지란 무엇인가를 기쁘게 하는 것을 통해 움직여진다는 의미로 설명되어진다. 이 작품(I, 2)의 처음과 달리 끝부분에서 어거스틴은 '선택'이라는 개념을 자비와 관련시키는데, 이 자비는 부르심의 기초가 된다. 어거스틴은 '은혜를 위해' 택하는 '감춰진 선택'에 대해 말한다.

여기서 어거스틴은 전에 알지 못한 날카로움으로 은총론과 선택론을 연결시켰다. 은총이란 하나님의 택하시는 은혜로운 행동인바, 택하신 자를 부르심으로 이들의 영혼 또는 생각은 의지나 믿음으로 향하게 된다. 『몇 가지 질문에 관하여 심플리키안에게 보내는 편지』(I, 2)에 따르면 어거스틴은 예지를 다시 다루지 않는다. '믿음'은 인간의 행위들과 나란히 다루어진다. 여기서 눈에 띄는 사실은 어거스틴이 『몇 가지 질문에 관하여 심플리키안에게 보내는 편지』(I, 2)에서 성령론적, 혹은 기독론적인 관련성을 강조하지 않았다는 것이다. 그가 고려한 문제는 받을 만한 자격이나 가치가 없음에도 주어진 은총과 선택의 관련성에 관한 것이다. 은총에 대한 이런 성격을 분명히 밝히는 것은 하나님에 대한 바른 상(像)을 보존하는 데 본질적이다. 왜냐하면 그럴 때만이 구속이 하나님에 의해 조종되는 사건이라고 할지라도, 하나님은 모든 것을 결정하는 존재로서 생각되어질 수 있기 때문이다. 어거스틴은 로마서 9장을 강해하는 동안 은총과 선택의 새로운 관계설정에 도달하였는데, 이것은 바로 믿음의 시작에 관련된다. 원죄론은 논증을 위한 출발점이 아니라, 은총개념에 대한 안전장치이다. 여기서 어거스틴은 인간의 의지가 하나님에 의해 어떻게 조종되는지에 대한 설명을 통하여, 『몇 가지 질문에 관하여 심플리키안에게 보내는 편지』(I, 1)에서처럼 인간의 원함에 대한 반마니교적인 주장을 붙들고자 했다. '본성'의 차이를 근거로 한 선택을 거부하는 것도 반마니교적이다. 이러한 내용 그리고 앞선 바울주석과의 연속성은 『몇 가지 질문에 관하여 심플리키안에게 보내는 편지』(I, 2)의 은총론을 '마니교로의 복귀'[33]나 '단절'[34]로 보는 것을 허용하지 않는다. 또한 어거스틴은 『몇 가지 질문에 관하여

---

32) *Ad Simpl.* I, 2, 19.
33) K. Flasch, *Logik des Schreckens*, 29.
34) K. Flasch, *Logik des Schreckens*, 46, 61.

심플리키안에게 보내는 편지』(I, 2)를 통해 장차 그의 사상의 기초에 속하는 은총론에 대한 새로운 중요성과 표현을 발견했다.[35]

2. 몇 가지 질문에 관하여 심플리키안에게 보내는 편지(1, 2)

1) 서론[36]

어거스틴이 암브로시우스의 후계자 심플리키안에게 헌정한 이 작품은 문학적인 형태와 내용에서 보면 '질문들과 대답들'(Quaestiones et Responsiones)에 속하지만, 엄밀하게 말하면 성서를 주석하는 형태이다. 일반적으로 주석적인 질문들의 작품은 해석이 분분하거나 어려운, 또는 모순되어 보이는 성서구절을 다루고 있다.

『몇 가지 질문에 관하여 심플리키안에게 보내는 편지』라는 작품의 계기가 된 심플리키안의 질문들은 우리에게 전해져 있지 않다. 하지만 어거스틴의 서술을 근거로 하여 그것에 대하여 상상해 볼 수 있다. 이 작품의 각 부분이 다루는 성경구절은 다음과 같다.

Quaestio I, 1 - 로마서 7:7-25.
Quaestio I, 2 - 로마서 9:9-29.
Quaestio II, 1 - 사무엘상 10:10, 16:14.
Quaestio II, 2 - 사무엘상 15:11.
Quaestio II, 3 - 사무엘상 28:7-19.
Quaestio II, 4 - 사무엘하 7:18.

---

35) Drecoll, "Gratia", in *Augustinus-Lexikon* 3, 198.
36) Cf. James Wetzel, "Ad Simplicianum", in *Augustine through the Ages*, 798-9; A. Mutzenbecher, "Einleitung", in *De diversis quaestionibus ad Simplicianum*. Corpus Christianorum, Series Latina 44 (Turnhout, 1970), IX-LXXIV; K. Flasch, *Logik des Schreckens*.

Quaestio II, 5 - 열왕기상 17:20.
Quaestio II, 6 - 열왕기상 22:19, 23.

2) 번역 및 해설[37]

(1) 은혜란 선행하는 공로에 근거하지 않은 부르심이다. 부르시는 은혜에 인간은 믿음으로 상응한다.

1. 이제 다른 질문을 다룰 차례이다. 당신은 다음 구절들에 관해 설명해 달라고 질문했다. 즉 "사라뿐만 아니라 리브가 또한 우리의 조상 이삭 한 사람으로 말미암아 잉태하였는데, 그들이 아직 나지도 아니하고 무슨 선이나 악을 행하지도 아니한 때에"라는 구절부터 "만일 만군의 주께서 우리에게 씨를 남겨 두지 아니하셨다면 우리가 소돔과 같이 되고 고모라와 같았으리라"까지의 말씀이다. 이 부분은 사실 상당히 불분명하다. 그러나 나는 당신이 나를 존경하고 있음을 알고 있으며, 내가 그것을 할 수 있는 능력을 갖도록 당신이 주님께 기도하면서 내게 그 구절을 설명해 달라고 청했다고 나는 확신한다. 주님의 도우심을 확신하면서 나는 이 일을 시작하고자 한다.

2. 첫째로 나는 서신 전체의 주요사상을 관통하는 사도의 의도를 설명하며 개관하고자 한다. 사도의 의도는 바로 어느 누구도 자신이 행한 일의 공로를 자랑해서는 안 된다는 것이다. 이스라엘 백성들은 자신들에게 주어진 율법을 쫓았기 때문에 자신들의 공로를 감히 자랑하고자 했다. 그들은 자신의 공로 때문에 복음적인 은혜(evangelica gratia)를 받았다고 생각했다. 그러므로 그들은 이 은혜가 또한 자격이 없는 자들, 즉 유대종교의 의

---

37) 『몇 가지 질문에 관하여 심플리키안에게 보내는 편지』 번역 본문으로 K. Flasch ed., *Logik des Schreckens*, 148-239를 주로 사용했고 영어번역 J. H. S. Burleigh ed., *Augustine: Earlier Writings* (SCM Press, 1953), 385-406을 참조하였다. 그리고 본문 해설을 위해 V. H. Drecoll, *Die Entstehung der Gnadenlehre Augustins* (Mohr Siebeck, 1999)에 주로 의존했음을 밝힌다.

식들(Iudaica sacramenta)을 받지 않는 이방인들에게 주어지는 것을 원치 않았다. 이 문제는 사도행전에서 발생하여 해결되었다. 그들은 복음적인 은혜란 본질상 행위에 대한 적절한 보상으로서 주어지는 것이 아님[행위를 필요로 하지 않는 것이 복음적 은혜의 본질임]을 이해하지 못했다. 그렇게 된다면 은혜는 더 이상 은혜가 아닌 것이다(롬 11:6).

어거스틴은 어느 누구도 행위의 공로를 자랑해서는 안 된다는 것이 로마서 전체를 결정짓고 있는 바울의 의도라고 언급한다. 이러한 바울의 의도의 배경으로 이스라엘 백성이 언급된다. 이스라엘 백성들은 자신들에게 주어진 율법에 봉사함으로써 복음적 은혜를 빚, 곧 자신들의 공로에 대한 대가로 받았음을 자랑하려고 하였다. 이런 입장에서 그들은 이방인들이 유대의 종교의식을 받지 않는 한, 은혜를 이들에게 허락하고자 하지 않았다. 이스라엘 사람들은 복음적 은혜의 본질이란 은혜가 행위에 대한 보상으로서 주어지는 것이 아니라는 사실을 이해하지 못하였다. 여기서 어거스틴은 이미 로마서 11:6에 관심을 가지고 다루는데, 이 구절에 따르면 은혜는 행위에 기초하지 않는다. 만일 그렇지 않다면, 은혜는 더 이상 은혜가 아니기 때문이다.

여기서 어거스틴은 은혜라는 개념을 두 가지 의미로 사용한다.

첫째, 은총은 그리스도를 통해 이루어진 구원의 가능성을 의미하는데, '복음적 은혜'가 여기에 해당한다. 이러한 은총의 의미에 두 번째 개념, 곧 공로 없이 주어지는 것으로 이해되는 은총이 더해진다. 어거스틴은 이 두 용법을 서로 연결시킨다. 그리스도를 통한 구원의 가능성, 즉 복음적인 은혜는 공로 없이, 다시 말해서 실제 선물로(값없이) 주어진다는 것이다. 이어서 어거스틴은 행위의 공로에 관해 자랑하는 것을 부정하는 것이 본질적인 의도라고 언급한다. 바울의 의도에 대한 설명에 나타난 은혜의 개념에서 볼 때, 은총은 공로의 개념에 대한 대립으로부터 구상된 것이다.[38]

---

38) V. H. Drecoll, *Die Entstehung der Gnadenlehre Augustins*, 218-9.

사도가 많은 구절들에서 자주 증언하는 것은, 믿음의 은혜(fidei gratia)가 행위들을 앞선다는 사실이다. 사도는 이것으로 행위를 가치 없는 것으로 만들고자 한 것이 아니라, 행위는 은총의 전제조건이 아닌 결과임을 보여주고자 한 것이다. 어느 누구도 자신이 행한 선한 행위 때문에 은혜를 받았다고 생각해서는 안 된다. 사실 그는 믿음을 통하여 은총을 받지 않고서는 선한 일을 행할 수 없는 것이다. 사람은 (믿음에 대한 내적 혹은 외적인 권고에 감동되어) 하나님을 믿기 시작하는 순간에 은혜를 받기 시작한다. 그러나 여기에 차이점들이 있다. 특정한 시점과 성례의 예식에서 은혜는 보다 더 풍부하고 분명하게 주어진다는 것이다. 문답자(세례준비자)도 분명 믿음을 갖고 있고, 고넬료조차도 자선과 기도를 통해 천사가 보내질 만큼 자격이 있는 것으로 증명되었을 때 그는 이미 하나님을 믿고 있었다. 만일 그가 전에 이미 믿지 않았다면, 그는 자선을 베풀거나 기도를 할 수 없었을 것이다. 그리고 만일 그가 훈계에 의해-영적인 또는 정신적인 감춰진 훈계를 통해 또는 육체적인 것을 통해 느끼는 분명한 훈계를 통해-부르심을 받지 않았다면, 그는 결코 믿을 수 없었을 것이다. 그러나 몇몇 믿는 자들에게서 하늘나라를 얻기에 충분하지 못한 믿음의 은혜가 있는데, 문답자의 경우, 그리고 성례를 통하여 교회에 받아들여지기 전의 고넬료와 같은 경우이다. 이와 반대로 다른 이들의 경우에는 이미 그리스도의 몸과 하나님의 거룩한 성전에 포함될 정도로 많은 은혜를 받고 있다. "왜냐하면 하나님의 성전이 거룩하니 너희도 그러하니라"(고전 3:17)라고 사도가 말하고, 주님도 "사람이 물과 성령으로 나지 아니하면 하나님 나라에 들어갈 수 없느니라"(요 3:5)고 말씀하시기 때문이다. 믿음의 시작단계들은 어느 정도 잉태와 상응한다. 사람은 잉태뿐만 아니라 태어남으로 영원한 생명에 도달할 수 있게 된다. 이런 것들 모두 하나님의 자비, 은총 없이는 불가능한데, 이미 말했듯이 선행이 은총을 뒤따르는 것이지, 선행이 은총을 앞서는 것은 아니기 때문이다.

은총과 공로의 대립은 은총과 행위의 관계 규정을 통해 보다 자세하게 해석된다. 어거스틴에 따르면 바울은 믿음의 은혜를 행위 앞에 놓는다. 행위는 은총을 앞서지 않고 뒤따른다. 이것으로 행위가 전적으로 말소되는 것이 아니라, 각자가 은총을 받는 것은 선한 행위를 근거로 해서가 아니고 오히려 선한 행위의 전제, 즉 믿음을 통하여 은혜를 받지 않고는 어느 누구도 선하게 행할 수 없다는 것이다. 은총을 받는다는 말이 무엇을 의미하는지는, 인간이 하나님을 믿기 시작하는 시점부터 은혜를 받기 시작한다는 설명에서 분명해진다. 은혜와 믿음을 나란히 놓는 것은 어거스틴이 이전에 사용했던 '믿음의 은혜'라는 개념에 이미 드러나 있다. 갈라디아서 강해에서처럼 『몇 가지 질문에 관하여 심플리키안에게 보내는 편지』(I, 2)의 첫 부분에서 이 개념은 믿음이 은총의 산물로 여겨지는 것을 아직 의미하지는 않는다. 은총과 믿음의 맥락이 이루어지는 것은 오히려, 믿기 시작하는 사람은 권고를 통해 믿음으로 자극되어진다는 사실을 통해서이다. 이로써 은총이란 믿음을 향해 자극하는 것으로 묘사된다. 은혜는 부르시는 은혜로 이해되는바, 이 은혜에 인간은 믿음으로 상응한다.

부르심의 사상은 '과정'으로 이해된다. 은혜는 구속되지 못한 상태에서 구원된 상태로의 이행과 관련된다. 하지만 이 이행은 보다 긴 사건인데, 이 사건에 점점 더 은혜가, 그리고 이와 상응하는 믿음이 점점 더 함께한다. 이러한 과정의 전제조건은 내적인 것과 외적인 것으로 구분되는 권고이다. 어거스틴은 얼마 지나지 않아 이런 생각을 다시 다루며 '감춰진 권고'와 감각을 통해 일어나는 '분명한 권고'로 구분한다. 어거스틴은 은총이란 점점 더 충만하고 분명하게 부어지는 사건이라는 사실을, 문답자와 고넬료를 통해 설명한다. 문답자조차도 믿음을 갖고 있으며, 행위(자선과 기도)를 통해 천사가 보내질 정도의 자격이 있는 고넬료 역시 그렇다. 고넬료가 자선과 기도를 한 것은 오직 자신의 믿음을 근거로 해서 행한 것이다. 그러나 문답자나 고넬료의 경우 하늘나라를 얻을 만큼 은혜가 충분한 것은 아니다. 성례에 참여함으로 비로소 이것은 바뀌게 된다. 이 본문에서 고넬료의 예는 은총이 교회의 성례와 관련된 것을 보여주기 위하여 사용되었지만, 중심 내용은 은총이 과정적인 성격임을 보여 주는 데 초점을 맞추고 있다.

이와 반대로 많은 그리스도인의 경우 그리스도의 몸에 속하거나 거룩한 성전(고전 3:17)으로 간주될 정도로 이미 많은 은혜를 가지고 있다. 하늘나라로 들어가는 것은 태어남(요 3:5)과 상응하는 반면, 신앙의 시작(즉 문답자와 고넬료의 경우처럼)은 임신과 상응한다. 하지만 전체 과정은 하나님 자비의 은혜에 근거하여 일어난다.[39]

> 3. 사도는 이것에 관해 납득시키고자 했는데, 다른 구절에서 "(너희가 그 은혜를 인하여 믿음으로 말미암아 구원을 얻었나니) 이것이 너희에게서 난 것이 아니요 하나님의 선물이라 행위에서 난 것이 아니니 이는 누구든지 자랑치 못하게 함이니라"(엡 2:8-9)라고 말한다. 여기서 사도는 아직 태어나지 않은 두 아이의 예를 통해 증명했다. 왜냐하면 아직 태어나지 않은 야곱이 행위를 통해 하나님에게서 호의를 얻어서, 하나님께서 그에 대해 "큰 자가 작은 자를 섬길 것이라"고 말씀하신 것이라고 어느 누구도 주장할 수 없기 때문이다. 사도는 이삭이 약속되었을 뿐만 아니라 "명년 이때에 내가 이르리니 사라에게 아들이 있으리라"(롬 9:9)고 선포되어졌다고 말한다. 여기서 이삭은 어떤 행위를 통해 하나님에게서 호의를 얻어 출생의 약속, 곧 "이삭에게서 나는 자라야 아브라함의 씨라 칭할 것임이니라"(창 21:12)라는 약속을 받은 것이 결코 아니다. 이것이 의미하는 것은, 자신의 공로를 자랑하지 않고 약속의 아들임을 인식하는 자들, 그리고 자신들이 그리스도의 공동상속인인 것을 부르심의 은혜 덕택으로 간주하는 자들은 그리스도 안에 있는 성도의 무리에 속한다는 사실이다. 왜냐하면 그들이 이런 자가 되리라는 약속이 주어졌을 때, 그들은 아직 나지도 않은 자로서 당연히 어떤 공로도 없었기 때문이다. "리브가 또한 우리의 조상 이삭 한 사람으로 말미암아 잉태하였다."

---

39) V. H. Drecoll, *Die Entstehung der Gnadenlehre Augustins*, 219-20.

어거스틴은 부르심이라는 은혜(이것에 인간의 편에서 믿음이 상응한다)를 행위와 대립시킨다. 어거스틴은 선행이 은총을 앞서는 것이 아니라 뒤따른다는 사실을, 에베소서 2:8-9[40]과 로마서 9:7-11 상반절에 대한 해석을 통해 증명한다. 이 구절들에는 아브라함과 이삭과 그리스도인들에 대한 약속이 있는데, 이 약속들 모두 이들이 아직 태어나지 않은 시점에 행해졌다. 따라서 이들이 행위를 통해 하나님께 그런 약속에 대한 의무를 갖게 했다고 말할 수 없다. 하나님으로부터 큰 자가 작은 자를 섬기게 될 것이라는 약속, 이삭이 아브라함의 씨로 부름을 받는다는 약속은 그리스도인들, 즉 그리스도 안에 있고 성도들의 상태와 관련된 자들에게도 적용된다. 중요한 것은 자신이 약속의 아들들(참고. 롬 9:8)임을 아는 자들인데, 이들은 자신들의 공로를 자랑하는 것이 아니라 자신들이 그리스도의 상속자(롬 8:17)인 것을 부르심의 은혜 덕택으로 돌리는 자들이다. 그리스도인들과 관련된 약속조차도 이들이 아직 존재하지 않은 시점, 즉 아직 공로를 얻지 않은 시점에서 이루어진 것이다.[41]

사도는 매우 조심스럽게 '한 번의 성행위에 의해'라고 말한다.[42] 쌍둥이가 잉태된 것은 결코 아버지의 공로로 간주되지 않는다. 중요한 아들이 태어난 것은, 그 아버지가 어머니의 뱃속에서 그 아들을 잉태하는 순간에 그것과 상응하는 상태에 있었기 때문이거나, 어머니가 잉태할 때 그것에 상응하는 상태에 있었기 때문이라고 주장해서는 안 된다. 왜냐하면 아버지는 한 순간에 동시에 둘을 잉태케 했고, 어머니는 둘을 같은 순간에 임신했기 때문이다. 이것을 가리키기 위해 사도는 '한 성행위에 의해'라고 말한다. 사도는 이것을 재삼 확인하여 점성술사들, 더 자세하게 말하면 출생

---

40) 어거스틴이 엡 2:8을 '믿음으로 말미암아'(per fidem)라는 구절 없이 인용했다는 사실이, 이미 *Ad Simpl.*(I, 2) 서론부분에서 믿음이 은혜의 작용으로서 서술되고 있음을 의미하는 것은 아니다. 왜냐하면 여기서 은총과 믿음은 병행하여 있기 때문이다. Cf. A. F. N. Lekkerkerker, *Römer 7 und Römer 9 bei Augustin* (Amsterdam, 1942), 107: "[*Ad Simpl.* (I, 2)의 서론부분에서] 믿음이 부르심에 대해 어느 정도로 인간의 자유로운 결정인가라는 질문은 미해결로 남아 있다."
41) V. H. Drecoll, *Die Entstehung der Gnadenlehre Augustins*, 220.
42) 개역성경에는 구체적으로 언급되어 있지 않다. "ex uno concubitu."

날짜로 성격과 운명을 예언하는 소위 점성가들에게 어떤 여지도 전혀 주지 않았다. 이 쌍둥이에게서 (이 둘은 정확히 같은 시간에 동일한 하늘자리와 별자리를 가졌기 때문에 차이란 전연 있을 수 없다) 그런 차이가 있게 된 이유에 대해 그들이 무엇을 말할 수 있겠는가? 그들은 아무것도 찾지 못한다. 그들은 원하기만 하면, 돈을 주고 불행한 사람들에게 파는 정보들이 학문의 적용으로부터가 아니라 우연한 추측으로부터 나온 것이라는 사실을 손쉽게 알 수 있다.

그러나 보다 문제가 되는 사안에 대해 직접 말해 보자. 하나님의 은혜에 대해 감사하지 않고 자신의 공로를 감히 자랑하고자 하는 인간의 교만을 깨뜨리고 때려 부수기 위해 다음 사실이 기억 속에 되새겨진다. "그 자식들이 아직 나지도 아니하고 무슨 선이나 악을 행하지 아니한 때에 택하심을 따라 되는 하나님의 뜻이 행위로 말미암지 않고 오직 부르시는 이에게로 말미암아 이루어지도록 '큰 자가 어린 자를 섬기리라' 하셨다." 은혜는 부르시는 자로부터 온다. 그러나 선행(善行)은 은혜를 받는 자로부터 결국 오는데, 이 선행은 은혜를 만들어 낼 수 없고 오히려 은혜에 근거하여 행해져야 한다. 왜냐하면 불은 태우기 위해서가 아니라, 타기 때문에 따뜻하게 한다. 또한 바퀴는 둥글기 위해서가 아니라, 둥글기 때문에 잘 굴러간다. 마찬가지로 누군가 은혜를 받기 위해서가 아니라 은혜를 받았기 때문에 선한 일을 행하는 것이다. 의롭게 되지 않은 자가 어떻게 의롭게 살 수 있는가? 거룩하게 되지 않은 자가 어떻게 거룩하게 살고, 살아 있지 않은 자가 어떻게 살 수 있는가? 의롭게 된 자가 의롭게 살 수 있도록 하기 위해, 의롭게 만드는 것이 바로 은혜이다. 첫 번째가 은혜요 그 은혜에 선행이 뒤따르는데, 사도가 "일하는 자에게는 그 삯을 은혜로 여기지 아니하고 빚으로 여기거니와"(롬 4:4)라고 말한 바와 같다. 이 사실은 (선행에 뒤따르는 불멸[immortalitas]이 이따금 빚진 것[갚아져야 할 것]처럼 요구된다고 할지라도) 불멸에 적용되는데, 바울은 "내가 선한 싸움을 싸우고 나의 달려갈 길을 마치고 믿음을 지켰으니 이제 후로는 나를 위하여 의의 면류관이 예비 되었으므로 주 곧 의로우신 재판장이 그 날에 내

> 게 주실 것이니 내게만 아니라 주의 나타나심을 사모하는 모든 자에게니라" (딤후 4:7-8)라고 말한다. 사도가 '보답하다'(갚다)라는 말을 사용했기 때문에, 아마도 빚진 것에 관련된 것처럼 보일 수도 있다. 그러나 주님이 높이 오르고 포로를 사로잡으셨을 때, 주님은 어떤 것을 보답하신 것이 아니라 사람들에게 선물을 주신 것이다. 만약 그가 의롭게 되어 선한 싸움을 싸우도록 빚지지 않은(받을 자격이 없는) 은혜를 미리 받지 않았다면, 어떻게 사도는 승리의 관을 자신에게 빚진 것(갚아져야 할 것)으로 감히 간주할 수 있겠는가? 그는 비방자, 박해자, 불의한 자였다. 그러나 그는 스스로 증언하듯이 의로운 자를 의롭게 하시는 것이 아니라, 불의한 자를 칭의를 통해 의롭게 만드시기 위해 의롭게 하시는 분을 믿었기 때문에 자비를 얻었던 것이다.

『몇 가지 질문에 관하여 심플리키안에게 보내는 편지』(I, 2) 시작부분에서 어거스틴은 부르심의 시간적인 선행(先行)을 재고하지만, 믿음도 마찬가지로 부르심에 의해 이루어진다는 사실을 아직 강조하지는 않는다. 은총이 공로 없이 주어진다는 사실은, 믿음의 개념을 더 상세하게 서술함을 통해서가 아니라, 부르심은 인간이 아직 공로를 획득하지 않았을 때 실제 일어난다는 것을 통해 표현된다. 이와 동일한 견해는 바로 야곱과 에서가 생기게 된 한 번의 동침에 대한 강조이다. 이를 통해 아버지와 어머니의 모든 공로는 제외된다. 이 둘의 생식과 임신은 동일한 시점에 이루어졌다. 결국 야곱과 에서의 서로 다른 운명을 별자리와 관련짓는 것도 중지된다.

로마서 9장에서 전개된 야곱과 에서의 예는 인간의 교만, 즉 하나님의 은혜에 대해 감사치 않고 자신의 공로를 자랑하려고 하는 것을 부순다. 여기서 은혜는 부르는 자의 것이요, 은혜를 받는 자의 것은 은혜를 통하여 이루어지는 선한 행위이지만 선한 행위가 은혜를 가져오지는 않는다. 이것으로 '부르심의 은혜'라는 표현이 사용되며, 이것에 인간 편에서는 믿음이 상응한다. 따라서 자신의 공로를 자랑하는 것은 전적으로 행위들과 관련되어진다. 은혜는 선한 행위에 대한 전제조건이지 결과가 아닌데, 바퀴의 경우처럼 둥근

본질은 바퀴가 잘 굴러가는 것의 전제요, 불의 경우 작열하는 것은 덥게 하는 것의 전제조건인 것과 같다. 의롭게 사는 것(iuste vivere)은 칭의(iustificari), 거룩하게 사는 것(sancte vivere)은 성화(sanctificari), 사는 것은 생생하게 만듦(vivificari)에 기인한다. 칭의는 은총에 의해 이루어지는데, 이것이 정확히 의미하는 것은 은혜는 의롭게 된 자를 의롭게 살 수 있는 상태로 이끈다는 사실이다. 첫 번째 위치에 은혜가, 두 번째 위치에 선한 행위가 있다. 이것은 은총을 '부르시는 은혜'로 서술하는 것과 연결지을 수 있는데, 이 은혜에 인간의 편에서는 믿음이 상응하며 이 은혜를 통해 인간은 구속되지 않은 상태에서 구원된 상태로 이행한다. 은총은 의로운 삶에 대한 전제조건으로 이해되지만, 의로운 삶은 인간의 자주적인 행동으로 나타난다.

　이런 경향을 입증하기 위해 로마서 4:4과 디모데후서 4:7-8 또한 인용된다. 로마서 4:4에 따르면 행하는 자에게 급료는 은혜에 따른 것이 아니라 빚에 따른 것으로 간주되며, 디모데후서 4:7-8은 하나님께서 의로운 태도에 의의 면류관으로 상 주실 것이라고 말한다. 여기서 사용된 동사 '갚는다'(reddere)가 이미 가리키고 있는 핵심은 빚을 갚는 것이라는 사실이다. 바울조차도 자신이 (받을) 자격이 없는 은혜를 미리 받지 않았다면, 자신에게 어떤 것이 빚처럼 갚게 된다고 주장할 수 없었을 것이다. 그는 이런 받은 은총을 근거로 하여 의롭게 된 자로서 선한 싸움을 싸울 수 있는 상태에 있는 것이다(딤후 4:7에서 말하듯이). 바울에게서 이것이 의미하는 것은, 그가 회심 이전에 비방자, 박해자, 불의한 자였지만 하나님의 자비를 얻었다는 사실이다. 이러한 자비를 얻는 것은 믿음과 동시에 일어난다. 바울은 불경건한 자신을 의롭게, 즉 의로운 자로 만드신 분을 믿었다.[43]

---

43) V. H. Drecoll, *Die Entstehung der Gnadenlehre Augustins*, 220-2.

(2) 선택개념의 제시와 예지 사상의 거부: 믿음과 행위의 병행

4. 사도는 "행위를 근거로 하지 않고 부르시는 이의 뜻에 따라 리브가에게 이르시되 '큰 자가 어린 자를 섬기리라'"고 말한다. 이 구절의 핵심은 앞에 나오는 "그 자식들이 아직 나지도 아니하고 무슨 선이나 악을 행하지 아니한 때에"라는 말씀에 의해 분명해진다. 그러므로 이것은 "행위를 따라서가 아니라 부르는 자의 뜻에 따라서"라고 말할 수 있다. 그러나 여기서 왜 그가 "택하심을 따라 하나님의 뜻이 서게 하도록"이라고 말했는지 질문이 생긴다. 사소한 차이가 전혀 없는데, 어떻게 올바른 택함 또는 단지 하나의 택함이 있는 것인가? 즉 아직 태어나지 않고 아무것도 행하지 않은 야곱이 공로 없이 선택되었다면, 그는 선택되지 않을 수도 있었을 것이다. 왜냐하면 그가 선택될 수 있었던 근거에 어떤 차이도 없었기 때문이다. 마찬가지로 에서가 어떤 책임에 근거하여 버림을 받은 것이 아니라면 (왜냐하면 그 또한 아직 태어나지 않았고 아무것도 행하지 않았기 때문에), "큰 자가 어린 자를 섬기리라"고 말해졌을 때 어떻게 그의 버림받음은 올바르다고 말할 수 있는가? 우리는 어떤 차이로, 의로움에 대한 어떤 고려에서 "내가 야곱은 사랑하고 에서는 미워했다"는 말씀을 이해하는가? 이 말씀은 야곱과 에서가 이미 태어나 죽은 훨씬 후에 예언했던 선지자의 글 (말 1:2-3)에 쓰여 있다. 그러나 여기서 분명 그들이 태어나 무슨 일을 하기 이전에 말해진, 즉 "큰 자가 작은 자를 섬기리라"는 문장이 생각나게 된다. 만약 태어나지 않은 자가 아직 아무것도 하지 않았고 어떤 공로의 흔적도 가질 수 없다면, 그런 택함은 어디에서 오는 것이고 어떤 종류의 택함인가? 또는 본성으로부터의 차이가 있는가? 누가 여기 동일한 아버지, 동일한 어머니, 동일한 성행위, 동일한 창조주에게서 그것을 분간할 수 있겠는가? 또는 동일한 창조주가 마치 동일한 땅에서 다른 생명체와 피조물을 만들었듯이 또한 동일한 한 인간의 결합과 포옹으로부터 쌍둥이에게서 다양한 후손을 가져와, 하나는 사랑하고 다른 하나는 미워하게 된

> 것인가? 그렇게 되면 선택될 수 있는 것이 있기 전에는 택함이란 없었던 것이다. 왜냐하면 야곱이 사랑받게 되도록 선하게 창조되었다면, 그는 선하게 창조되도록 만들어지기 전에 어떻게 사랑받게 되었는가? 따라서 그는 선하게 창조되기 위해 선택된 것이 아니라, 선하게 창조되었고 그렇게 하여 선택받을 수 있었던 것이다.

앞의 2-3장에서 자세하게 서술된 내용과 로마서 9:11 하반절은 우선 모순되는 것처럼 보인다. 왜냐하면 이 구절은 하나님의 계획(뜻)이 이루어지는 기준이 되는 선택에 관해 말하기 때문이다. 어거스틴은 선택(의로운 선택)을 '차이'에 근거한 선택으로 이해한다. 뒤집어 말하면 선택은 그러한 차이가 존재하지 않는 곳에서는 일어날 수 없다. 선택의 근거가 될 수 있는 차이를 어거스틴은 또한 공로라고 언급한다. 야곱과 에서에게 있어서 한 사람은 선택되고 다른 한 사람은 버림받은 근거가 되는 공로는 없었다. 구분 또는 동일함에 대한 검토는 로마서 9:13에 언급된 선지자 말라기 1:2-3과 같은 문장에 대한 전제조건이다. 만약 우리가 이 문장을 아직 '사건 이후의 예언'으로 상대화할 수 있다고 해도, 어거스틴에 따르면 이것은 창세기 25:23에는 해당되지 않는다. 말라기 1:2-3과 달리 창세기 25:23은 야곱과 에서의 출생 및 행동 이전에 말해졌기 때문이다.

공로 없이 주어진 부르심의 은혜와 로마서 9:11 하반절에 포함되어 있는 선택개념은 서로 대립된다. 구원이 인간의 행동에 의존한다는 사실은 『몇 가지 질문에 관하여 심플리키안에게 보내는 편지』(I, 2, 4)에서 바로 공로라는 개념으로 나타난다. 이리하여 로마서 9:11 하반절에서 전개되는 질문은, 앞서 전개된 은총의 이해가 공로를 전제로 하는 선택의 개념과 어느 정도 일치될 수 있는가 하는 것이다. 선택의 근거가 되는 공로의 흔적에 대한 질문은 앞서 구상된 은총개념을 보다 확실하게 하는 데 기여한다. 그럼에도 불구하고 은총의 개념은 선택에 대한 상론(詳論)들 가운데서 단지 산발적으로 나타난다. 여기에서는 『사도 바울의 로마서의 몇몇 주제에 대한 강해』에서 나타난, 은총론과 선택론의 공존이 나타난다. 이 은총론과 선택론은 『몇 가지 질문에 관하여 심플리키안에게 보내는 편지』(I, 2)에서 우선 공로라는 개념을 통하여 서로 연결되어진다.

어거스틴은 이제 선택(택함)의 표준이 될 수 있는 공로의 흔적에 관한 질문을 위해 세 가지 가능한 답을 구상한다. 첫째 가능성은 본성영역에서 공로의 흔적을 가리키는데, 하지만 이것은 한 번의 동침과 한 창조주로부터 나온 쌍둥이 야곱과 에서에게는 적용되지 않는다. 여기서 좀 더 정확히 질문되어야 할 것은, 동일한 창조주가 또한 쌍둥이에게서 상이한 후손을 만들어낼 수 있는가 하는 점이다. 그러나 선택이라는 개념이 여기에 적용될 수 없다. 왜냐하면 선택은 선택되는 자의 존재를 전제하기 때문이다. 따라서 야곱이 마음에 들었다는 상황이 그가 선하게 만들어졌다는 사실에 기인한 것일 수 있다면, 마음에 드는 것이 선택의 범위에서 선하게 만들어지는 것의 전제조건이어야 한다고 해도, 그가 존재하기 전에 왜 마음에 들었는지에 대한 문제가 남는다. 선하게 만들어지는 것은 선택의 조건일 뿐, 결과일 수는 없다.[44]

> 5. 또는 하나님께서는 모든 것을 미리 아시고 또한 아직 태어나지 않은 야곱에게서 미래의 믿음을 보셨기 때문에, '택하심을 따라'라고 한 것인가? 어느 누구도 자신의 행위를 근거로 하여 의롭게 되었음을 자랑할 수 없다. 단지 의롭게 된 자만이 선한 행위를 할 뿐이다. 하나님은 믿음을 통하여 이방인을 의롭게 하시고, 어느 누구도 자유의지 없이는 믿지 못한다. 믿음에 대한 이런 미래의 의지를 미리 보신 하나님이 아직 태어나지도 않은 자를, 그를 의롭게 하기 위해 자신의 예지를 근거로 하여 택하셨는가? 택함이 예지로부터 이루어졌고 하나님께서 야곱의 믿음을 미리 아셨다면, 하나님이 행위를 근거로 해서 그를 택하신 것이 아니라는 것을 어떻게 증명하겠는가? 쌍둥이가 아직 태어나지도 않았고 아직 선하거나 악한 일을 행하지 않았음을 통해 그것을 증명한다면, 그들 중 어느 누구도 아

---

44) V. H. Drecoll, *Die Entstehung der Gnadenlehre Augustins*, 222-3.

직 믿지 않았다는 사실 역시 동일하게 유효하다. 하나님은 미래의 믿음을 미리 보셨다. 또한 그는 미래의 행위를 보실 수 있었다. 그리고 누군가 자신은 하나님이 미리 아신 미래의 믿음 때문에 선택되었다고 주장한다면, 다른 이가 자신은 하나님이 미리 아신 미래의 행위 때문에 선택되었다고 주장하는 것 역시 타당한 일이 된다. 사도는 이러한 논증에서 "큰 자가 작은 자를 섬기리라"는 말이 행위를 근거로 하지 않음을 의미하는 것이라고 어떻게 증명할 수 있는가? 그들이 아직 태어나지 않았다면, 선택은 그들의 행위뿐만 아니라 그들의 믿음에도 근거하지 않은 것이 된다. 왜냐하면 태어나지 않은 자들에게 두 가지 모두 결여되었기 때문이다. 따라서 그는 큰 자가 섬겨야 할 작은 자의 선택을 예지로 이해되기를 바라지 않았다. 그는 선택이 행위를 근거로 해서 일어난 것이 아님을 보여 주고자 하여 "그 자식들이 아직 나지도 아니하고 무슨 선이나 악을 행하지 아니한 때에"라고 상술했다. 원하기만 하면 그는 하나님께서 누가 무엇을 미래에 행하게 될지 이미 알고 계시다고 말할 수 있었을 것이다. 그러므로 이 선택의 근거는 무엇인가 하는 질문이 남는다. 선택은 태어나지도 않은 자들에게서 존재하지도 않은 행위를 근거로 해서도 아니고, 또한 있지도 않은 믿음을 근거로 해서도 아니다. 그러면 무엇 때문인가?

두 번째 가능성은 예지이다.[45] 이 가능성은 선택의 근거를 하나님이 모든 것을 미리 아시며 비록 야곱이 아직 태어나지 않았을지라도 미래 야곱의 믿음을 미리 보셨다는 사실에서 찾는다. 그렇게 되면 선택의 근거는 누군가 칭의를 얻는 행위가 아니라, 하나님이 미리 보시는 미래의 믿음의 의지이다. 하나님은 이방인을 믿음으로 의롭게 하시고, 믿음에는 자유로운 의지가 참여해야 한다. 그러면 하나님은 아직 태어나지 않은 사람, 의롭게 할 자를 예지에 근거하여 뽑으시는 것이 된다.

---

45) 이것은 어거스틴 스스로 『로마서에 관해 제기된 몇몇 질문에 대한 강해』에서 유사하게 주장했고, 암브로시아스터(Ambrosiaster) 주석과 티코니우스(Tyconius)에게서 발견된다.

이런 가능성에 반대하여, 어거스틴은 그렇게 되면 선택이 행위에 기초하지 않는다는 전제조건은 이제 더 이상 제시될 수 없다고 숙고한다. 야곱과 에서가 아직 태어나지 않은 시점에 그들은 아직 믿지 않았다. 그럼에도 불구하고 하나님은 믿음을 미리 보셨다. 동일하게 그는 또한 예지를 가지고 미래의 행동을 미리 보실 수 있었다. 미래의 믿음이 선택의 근거가 될 수 있듯이, 미래의 행위도 또한 근거가 될 수 있는 것이다. 그러면 왜 선택이 행위를 근거로 해서 생기는 것이 아닌지 더 이상 제시가 불가능하다. 따라서 행위뿐만 아니라 믿음도 선택의 근거가 될 수 없다. 왜냐하면 야곱과 에서는 태어나기 전에 이 두 가지를 결여하고 있었기 때문이다. 결국 예지라는 사상조차도 선택을 인간 행동에 의존케 만드는 것이고, 그것은 바로 로마서 9:11 상반절의 의도에 모순된다.

이러한 논증에서 흥미로운 사실은 믿음과 행위의 병행이다. 믿음 자체는 행위로 선포되지는 않으나, 광범위하게 행위와 나란히 서 있다. 둘 다 예지의 대상이다. 하나가 선택의 근거가 될 수 있다면, 다른 하나도 역시 될 수 있다. 믿음과 행위의 이러한 병행은 이전에 사용되었던 믿음의 개념과 비교해 볼 때 새로운 것이다. 『몇 가지 질문에 관하여 심플리키안에게 보내는 편지』(I, 2)의 처음 부분에서 어거스틴은 아직 은총과 믿음을 나란히 놓으며 이 둘을, 공로와 함께 행위와 대립시켰다. 여기서 공로의 흔적으로서의 믿음은 배제되어진다. 믿음의 개념에 대한 이러한 새로운 규정이 가능하게 된 것은, 어거스틴이 믿음을 성령론에 따라 하나님에 대한 밀접한 의존으로 더 이상 묘사하지 않고, 인간의 편에서 은총에 상응하는 어떤 것으로 그리고 있기 때문이다. 그러나 어거스틴은 또한 여기서 믿음 자체가 은총의 선물임을 아직 강조하지 않고, 오히려 부르심의 시간적인 선행(先行)과 관련짓는다.[46]

> 6. 아니면 어머니의 뱃속에서는 믿음이나 행위에 있어서 또는 그 어떤 공로에 있어서 전연 차이가 없기 때문에, 택함은 전혀 없었다고 말해야 하는가? 그러나 사도는 "택하심을 따라 되는 하나님의 뜻이 되도록 하기 위

---

[46] V. H. Drecoll, *Die Entstehung der Gnadenlehre Augustins*, 223-4.

해"라고 말한다. 왜 그렇게 말해졌는지 생각해 보고자 한다. 아마도 우리는 여기서 구별이 가능한데, "택하심을 따라 되는 하나님의 뜻이 되도록 하기위해"라는 것은 그것을 뒤따르는 구절보다는 앞에 나오는 구절과 연결되어져야 **한다**. 큰 자가 작은 자를 섬기는 것은 하나님의 뜻이 택하심을 따라 되도록 하기 위해서라는 의미가 아니라, 아직 태어나지 않고 아무것도 하지 않은 자녀들의 예는 여기서[행위에 근거한] 어떤 종류의 택함과도 관련되지 않음을 알도록 하기 위한 것이라는 사실이다. "왜냐하면 그 자식들이 아직 나지도 아니하고 무슨 선이나 악을 행하지도 아니한 때에 택하심을 따라 되는 하나님의 뜻이 서게 하려 하기 때문이다." 즉 그들은 선하거나 악한 어떤 것도 행하지 않았기에 선을 행한 자의 선행을 근거로 한 택함은 있을 수 없었다. 하나님의 뜻이 서도록 하는 기준이 되는, 선을 행한 자의 택함이 없기 때문에, '행위로 말미암지 않고 오직 부르시는 이에게로 말미암아'—곧 믿음으로 부르시고 이를 통해 불의한 자를 은혜로 의롭게 하시는 자의 뜻에 따라—그녀에게 "큰 자가 어린 자를 섬기리라"고 말씀하셨다. 즉 하나님의 뜻(propositum Dei, 하나님의 계획)은 택함을 근거로 하여 서는 것이 아니라, 뜻에 따라 택함이 이루어진다. 다르게 말하면 하나님께서 택하신 사람에게서 선한 행위를 발견하시기 때문에 하나님 자신의 칭의 계획이 이루어지는 것이 아니라, 하나님께서 믿는 자를 의롭게 하시는 자신의 뜻을 관철하시기 때문에 하늘나라를 위해 선택할 수 있는 행위를 발견하시는 것이다. 왜냐하면 택함이 없다면 또한 택함을 받은 자도 없고 "누가 능히 하나님의 택하신 자들을 송사하리요"(롬 8:33)라고 말하는 것은 옳을 수 없기 때문이다. 그러나 택함이 칭의를 앞서는 것이 아니라, 칭의가 택함을 선행한다. 왜냐하면 버림받은 자와 구분되지 않는 사람은 누구도 택함을 받지 못하기 때문이다. "창세 전에 하나님께서 우리를 택하사"(엡 1:4)라고 했을 때, 이것은 단지 예지를 근거로 해서만 설명될 수 있다. 그러나 사도가 "행위로 말미암지 않고 오직 부르시는 이에게로 말미암아 리브가에게 이르시되 큰 자가 작은 자를 섬기

> 리라"고 말할 때, 그는 이 말을 은총의 칭의 후에[칭의 후에 은총으로] 생기는 공로에 근거한 택함으로서가 아니라, 아무도 자신의 행위를 자랑하지 않도록 하기 위해 값없이 주시는 하나님의 선물로부터 이해하고자 했던 것이다. "왜냐하면 너희가 그 은혜를 인하여 믿음으로 말미암아 구원을 얻었나니 이것이 너희에게서 난 것이 아니요 하나님의 선물이라 행위에서 난 것이 아니니 이는 누구든지 자랑치 못하게 하려함이니라"(엡 2:8-9).

세 번째 가능성으로 선택은 결코 일어나지 않는다는 것이다. 신앙, 행위 또는 어떠한 공로의 다양성도 엄마의 태속에서는 아직 있지 않았다는 사실이 이것과 일치한다. 그러나 로마서 9:11 하반절의 말씀에는 선택이 있다고 말한다. 단지 그 구절에 대한 왜곡된 이해만이 선택의 존재를 부인할 수 있을 것이다. 그러한 잘못된 이해는 로마서 9:11 하반절을, 하나님의 계획이 선택에 따라 머물도록 하기 위해 큰 자가 작은 자를 섬기리라고 말해졌다는 의미가 아니라, 아직 태어나지 않고 아직 행하지 않은 쌍둥이의 예는 선택이 전혀 없다는 사실을 보여주기 위한 것으로 해석할 수 있을 것이다. 하지만 로마서 9:11-12의 말씀이 의미하는 것은, 그것은 선하게 행동하는 자의 선택이 목표로 삼았던, 그리고 선택에 따라 하나님의 계획이 머무는 그런 행동이 아니라는 사실이다. 큰 자가 작은 자를 섬긴다는 택함에 관한 문장은 행위에 기초하는 것이 아니라, 부르는 자로부터 기인한다. 여기서 '믿음으로의 부르심'은 '은혜로 불경건한 자를 의롭게 함'과 결합되지 않은 채 병행하여 서 있는 바, 이것은 이전에 서술된 은총의 이해와 맞아떨어진다.

하나님의 계획은 인간의 행동을 전제로 하는 선택을 근거로 하지 않는다. 오히려 선택은 하나님의 의도로부터 기인한다. 하나님께서 선택한 인간에게서 선한 행동을 발견하시는 것은, 칭의를 위한 의도가 지속되는 전제조건이 아니다. 오히려 하나님께서 믿는 자들을 칭의하시는 하나님의 의도가 지속되고, 그것 때문에 칭의 후에 하나님께서는 하늘나라로 선택한 행위들을 발견하신다. 따라서 (롬 8:33에도 언급되는) 선택은 있으나, 칭의가 선택을 앞서는 것이지 거꾸로는 아니다. 따라서 선택은 의롭게 행동하는 자들이 행하는 선한 행위의 택함을 의미하는데, 여기서 선한 행동은 그 편에서 믿음의 결과인 것이다.[47] 『몇 가지 질문에 관하여 심플리키안에게 보내는 편지』(I, 2, 6)에서 선택은 시간의 처음에 인간을 미리 결정하는 것을 의미하는 것이 아니라, 하나님께서 인간의 선한 행동을 하늘나라로 택하는 것의 계기로 받아들이거나, 반대로 선하게 행동하지 않는 자들을 버리시는 조치를 말한다. 에베소서 1:4은 이제 분명히 하나님의 선택이 세상이 만들어지기 전에 있었다는 것을 말한다는 사실을, 어거스틴은 다시 예지의 사상을 제시함으로써 상대화시킨다. 하나님은 미리 선택할 것을 아셨으나, 선택은 신앙이나 행위의 예지에 근거하지 않고 부르심의 은혜를 통해 의롭게 된 자들의 선행을 따른다. 로마서 9:12은 다시금 은총의 칭의 후에 비로소 오는 여하한 공로의 선택과 관련되는 것이 아니라, 하나님의 선물들의 관대함과 관련된다. 이것은 결론적으로 에베소서 2:8-9로 입증되는, 곧 어느 누구도 자신의 행위를 자랑하지 않도록 하는 안전장치의 역할을 한다.[48]

7. 계속되는 질문은, 믿음이 최소한 칭의를 얻을 가치가 있는가 하는 것이다. 또는 믿음의 공로가 하나님의 자비를 선행하는 것이 아니라, 믿음 자체가 은총의 선물에 포함되는 것은 아닌가? 왜냐하면 사도가 "행위를 근거로 해서가 아니라"라고 말하는 곳에서조차 믿음을 근거로 그녀[리브가]에게 "큰 자가 작은 자를 섬기리라"라고 **말해졌기 때문이다.** 그는 오히려 "부르시는 자의 뜻에 따라"라고 말한다. 왜냐하면 부름을 받지 않은 자는 누구도 믿지 않기 때문이다. 자비로우신 하나님은 부르시는데, 이것은 믿음의 공로를 고려하지 않은 하나님의 선물이다. 왜냐하면 믿음의 공로는 부르심을 뒤따르지, 그것을 선행(先行)하는 것이 아니기 때문이다. 왜냐하면 "듣지도 못한 이를 어찌 믿으리요 전파하는 자가 없이 어찌 들으리요"(롬 10:14)이

---

47) Lekkerkerker(*Römer 7 und Römer 9 bei Augustin*, 110)는 구원의 여정을 다른 순서로 서술한다: 1. 의도. 2. 부르심. 3. 믿음. 4. 칭의. 5. 선행. 6. 하늘나라의 영광으로 선택됨.
48) V. H. Drecoll, *Die Entstehung der Gnadenlehre Augustins*, 225-6.

> 기 때문이다. 하나님의 자비하심이 부르심과 함께 선행(先行)하지 않는다면, 누구도 믿을 수 없다. 믿음을 통하여 칭의가 시작되고 선하게 행할 능력이 있었을 것이다. 따라서 모든 공로 앞에 은혜가 서 있다. 또한 그리스도는 불의한 자를 위해서 죽으셨다. 부르시는 자의 뜻에 따라 어린 자는 큰 자의 섬김을 받는데, 이것은 그의 어떠한 행위의 공로에 근거한 것이 아니다. 그리고 "내가 야곱을 사랑했다"는 말씀처럼 그것은 그를 부르시는 하나님으로부터 온 것이지, 야곱의 행위로부터 온 것이 아니다.

계속하여, 인간이 믿음을 통하여 칭의를 얻을 수 있는지, 또는 반대로 신앙의 공로조차 하나님의 자비를 선행하는 것이 아니라 오히려 믿음이 은총의 선물로 여겨져야 하는지에 대한 질문이 제기된다. 로마서 9:12은 선택이 행위와 믿음에서 기인하는 것이 아니라, 부르는 자에게서 기인하는 것으로 말한다. 이러한 소급은 여기서 시간적인 연속의 의미에서 이해되어져야 한다. 부름을 받지 못한 자는 누구도 믿지 않는다. 하나님은 부르심을 뒤따르는 어떠한 신앙의 공로들에 대해서도 부르심으로 보답하지 않으신다. 부르심을 받아야 할 자에게 자비가 앞서게 될 때에, 그는 비로소 믿게 된다. 믿음을 통하여 인간은 의롭게 되고 선하게 행할 능력을 얻기 시작한다. 따라서 은총은 모든 공로 앞에 있는데, 여기서 모든 인간의 행동은 공로로 이해된다. 따라서 단지 행위뿐만 아니라 믿음도 그렇다. 다시 말해 어거스틴은 "인간이 믿음과 행위에 책임적으로 관여하고 있는 한, 믿음과 행위를 공로로 포함시켰다."[49]

이러한 믿음개념의 새로운 규정을 통해 어거스틴은 지금까지의 믿음개념에 대한 이해를 넘어선다. 『몇 가지 질문에 관하여 심플리키안에게 보내는 편지』(I, 2)의 첫 부분에서 그는 아직 은총과 믿음을 단순히 나란히 놓고 이 둘을 행위 및 공로와 대조해 놓았다. 이로써 『몇 가지 질문에 관하여 심플리키안에게 보내는 편지』(I, 2)에 발전이 있음을 확인할 수 있다. 흥미롭게도 어

---

49) Ring, *ALG. Prol. III*, 265 각주 336(V. H. Drecoll, *Die Entstehung der Gnadenlehre Augustins*, 224 각주 186 재인용.)

거스틴은 예지를 거부할 때 즉시로 믿음을 은혜의 선물로 본 것이 아니라, 부르심이 믿음을 앞선다고 강조했다. 은총과 믿음의 관계는, 믿음은 은총을 전제하지 않는다는 의미로 규정되지만, 반대로 은총이 믿음에 참여하는 것에 대해서는 아직 더 정확하게 묘사되지는 않는다.[50)[51)

(3) 적절한 부르심에 있어서 홀로 역사하시는 하나님의 자비

8. 그럼 에서는 어떠한가? 그 또한 아직 태어나지 않았고 "큰 자가 작은 자를 섬기리라"고 말해졌을 때 선이나 악 어떤 것도 행하지 않았는데, 그가 어린 자를 섬기고 "나는 에서를 미워했다"라고 쓰여 있다. 어떻게 그는 자신이 행한 어떤 악에 근거하여 그런 처분을 받게 될 수 있었는가? 또는 야곱이 선한 행위를 통한 어떤 공로도 없이 사랑받게 되었다고 말해진 것처럼, 에서도 어떤 악한 행위의 잘못 없이 미워함을 받게 된 것인가? 하나님께서 에서가 작은 자를 섬기도록 정하신 것이 에서의 미래 악한 행위를 미리 보셨기 때문이라고 한다면, 큰 자가 야곱을 섬기도록 야곱에게 결정하신 것도 야곱의 미래 선한 행위를 미리 보셨기 때문이 된다. 그러나 그렇게 되면, 사도의 '행위에 근거하는 것이 아니라'는 말씀은 당연히 틀린 것이 된다. 만약 '행위에 근거하는 것이 아니라'는 말씀이 사실이라면, 즉 그것이 아직 태어나지도 않은 사람, 아직 아무것도 하지 않은 사람에 관해 말해진 것 때문에 그렇다면, 아직 태어나지 않은 자들에게서 아직 없는 '믿음에 근거하는 것이 아니라'는 말도 맞는 것이 된다. 에서는 태어나기 전에 어떤 잘못으로 미움을 받았는가? 하나님께서 어느 것을 사랑하기 위해 만드셨다는 것은 당연하다. 하지만 그것을 미워하기 위하여 만

---

50) 어거스틴은 은총 또는 자비와 믿음의 관계를 단지 시간적인 순서로 정한다. 이런 점에서 어거스틴은 아직 『83개의 다양한 질문에 관하여』(68)와 *Ad Simpl.* (I, 1)의 언급을 넘어서지 못하고 있다. Cf. A. F. N. Lekkerkerker, *Römer 7 und Römer 9 bei Augustin*, 111: "여기서 우리는 아직 초기 바울의 주석을 벗어나지 않았다."

51) V. H. Drecoll, *Die Entstehung der Gnadenlehre Augustins*, 224-5.

드셨다고 주장한다면, 그것은 불합리하고 "당신은 어떤 것을 미워함으로 만든 것이 아니라, 당신은 스스로 만든 것을 결코 미워하지 않으신다"(지혜 11:24)는 성경구절과도 모순된다. 태양은 무슨 공로로 태양으로 만들어졌는가? 또는 달은 어떤 불쾌한 일을 행해 태양보다 훨씬 경미하게 만들어졌는가? 또는 그것은 그 밖의 별보다 더 환하게 만들어지기 위하여 어떤 공로를 획득했는가? 그것들 모두 각자의 형태로 선하게 창조되었다. 하나님께서는 "내가 야곱은 사랑하고 에서는 미워했다"고 말씀하신 것처럼, 태양을 사랑하고 달은 미워했다거나, 달을 사랑했지만 별은 미워했다고는 결코 말씀하시지 않을 것이다. 하나님은 모든 것을 다양한 계급으로 정하였을지라도 모든 것을 사랑하셨다. 왜냐하면 하나님은 그것들을 말씀으로 창조하였을 때 선함을 보셨기 때문이다. 그러나 에서가 어떤 불의를 통해 그것에 합당한 일을 저지르지 않았음에도 하나님께서 에서를 미워한 것은 불의하다. 만일 우리가 그것을 용인한다면, 하나님께서는 야곱이 의를 얻을 만한 가치가 있은 후에야 그를 사랑하기 시작한 것이 된다. 이것이 사실이라면, "행위를 근거로 한 것이 아니라"는 말은 틀린 것이 된다. 혹 그것은 믿음의 의를 근거로 한 것인가? "그들이 태어나기도 전에"라는 말씀을 당신은 어떻게 이해하는가? 왜냐하면 태어나지 않은 자에게서 믿음의 의는 자리잡을 수 없기 때문이다.

어거스틴은 로마서 9:12 하반절에 근거하여 배척에 관한 질문과 유사하게 선택에 관한 질문을 제기한다. 여기서 그는 에서가 어떤 악을 행했기에, 큰 자가 작은 자를 섬기게 되었는지 묻는다. 큰 자가 작은 자를 섬기게 되었다는 사실이 야곱에게 어떤 선한 행위의 공로도 없이 적용된다면, 에서에게도 유사하게 적용되는가, 즉 에서는 어떤 악한 행위의 공로도 없이 미움을 받게 되었는가, 질문하게 된다. 이 질문은 예지라는 사상을 거부하는 결과를 의미한다. 하나님께서 미래의 에서의 악한 행위를 미리 보시고 그것에 상응하게 그를 예정하셨다면, 우리는 유사한 것을 야곱에 대해서도 받아들여야 한다. 그렇게 된다면 야곱조차도 미래의 선한 행위에 대해 미리 앎을 근거로 하여 예정된 것이 되고, 그러면 선택은 행위에 근거하는 것이 된다. 그렇게 되면 결국 이것은 로마서 9:12 상반절과 모순된다. 따라서 야곱과 에서의 선택 혹은 버림에 대해 행위가 받아들여져서는 안 된다면(둘은 아직 태어나지 않았고 아무것도 행하지 않았기 때문), 그리고 이것이 유사하게 믿음에 적용된다면, 에서가 미움을 받게 된 근거인 공로에 대한 질문이 제기된다. 우리가 우선 에서가 불의(不義)의 공로와는 다른 어떤 것을 근거로 미움을 받은 사실을 부당하다고 시인하면, 다른 한편에서 야곱 또한 단지 의(義)의 공로를 근거로 하여 사랑을 받게 되었다는 생각이 동시에 떠오르게 된다. 그러나 그러한 공로는 거부되어야 하는데, 왜냐하면 그것은 로마서 9:12 상반절에서 말하는 '행위로부터 나오지 않음'과 모순되기 때문이다. 이와 같은 것은 또한 신앙의 의에도 적용된다.[52]

9. 따라서 사도는 이 말씀에서 어떤 이의가 듣는 자들이나 독자들 마음속에서 제기될 수 있는지를 보았고, 즉시로 "그런즉 우리가 무슨 말하리요 하나님께 불의가 있느뇨 그럴 수 없느니라"라고 덧붙였다. 그것이 얼마나 가능성이 없는가를 보여주기 위해 바울은 계속 말한다. "모세에게 이르시되 내가 긍휼히 여길 자를 긍휼히 여기고 불쌍히 여길 자를 불쌍히 여기리라." 이 말씀으로 바울은 문제를 해결했거나, 보다 낫게 얘기하면 문제를 축소시켰다. 대부분 동요케 하는 점은 이것이다. 곧 하나님께서 긍휼히 여길 자를 긍휼히 여기시고 불쌍히 여길 자를 불쌍히 여기신다면, 왜 에서는 이러한 긍휼에서 거절되었는가? 그렇지 않았다면 에서도 야곱처럼 하나님의 긍휼하심을 통하여 선하게 되었을 것이다. 아니면 "내가 긍휼히 여길 자를 긍휼히 여기고 불쌍히 여길 자를 불쌍히 여기리라"고 진술된 것은, 하나님께서 긍휼히 여기신 사람이 믿도록 그를 부르시면서 긍휼히 여기셨기 때문인가, 그리고 그가 불쌍히 여기신 자가 믿도록 그

---

[52] V. H. Drecoll, *Die Entstehung der Gnadenlehre Augustins*, 227.

> 를 불쌍히 여기시되 그가 선을 행하도록 그를 자비롭게 여기셨기 때문인가? 이것으로부터 우리는 어느 누구도 자비로운 자신의 행위를 자랑해서는 안 되고, 또한 자신의 행위를 통해 하나님께 가치를 얻을 만하게 된 것처럼 교만해서도 안 된다고 경고를 받는다. 왜냐하면 여기서 인간이 이러한 자비를 갖는 것은 다만 불쌍히 여긴 자를 불쌍히 여기시는 자가 그에게 자비를 주셨기 때문이다. 그러므로 누군가 자신이 믿음을 통해 이러한 불쌍히 여김을 받게 되었다고 뽐낸다면, 그가 알아야만 하는 사실은, 그에게 믿음을 선사한 분이 그에게 믿음을 주면서 불쌍히 여기신 것이고, 하나님께서 그가 아직 믿지 않았을 때 그를 부르심에 참여하도록 하기 위해 그를 불쌍히 여기셨다는 것이다. 이것에서 비로소 신앙인과 불신앙인의 차이가 생겨난다. 사도는 "왜냐하면 네게 있는 것 중에 받지 아니한 것이 무엇이뇨 네가 받았은즉 어찌하여 받지 아니한 것같이 자랑하느뇨"(고전 4:7)라고 말한다.

에서가 미움을 받게 된 근거가 되는 공로에 대한 질문은, 하나님의 의에 관한 질문으로 나타난다. 이 질문은 로마서 9:14에서 발견되고, 로마서 9:15을 통해 대답되거나 더 정확히 면밀하게 이해된다. 하나님이 불쌍히 여길 자를 불쌍히 여긴다면, 왜 이 자비가 에서에게는 결여되었는가 하는 질문이 생긴다. 야곱이 자비를 통하여 선하게 만들어졌다면, 왜 똑같은 것이 에서에게는 적용되지 않는가 하는 질문이 생긴다. 로마서 9:15은 이제 비로소 불쌍히 여기는 것 또는 자비가 보다 포괄적인 사건을 뜻하는 것으로 이해될 수 있다. 우선 하나님은 불쌍히 여겨 누군가를 부르신다. 하나님은 불쌍히 여기는 이 사람을 불쌍히 여기심으로 그가 믿도록 하신다. 결국 그가 선하게 행동하게 된다는 의미로 하나님은 그에게 자비를 제공하신다. 따라서 자비는 부르심—믿음—선하게 행동함이라는 연속성을 포함한다. 인간은 이러한 자비의 일을 자랑하지 말아야 하며, 게다가 하나님의 자비하심을 자신의 믿음을 통해 가져오게 했다고 생각해서도 안 된다. 왜냐하면 하나님의 자비하심이 비로소 믿음의 전제가 되기 때문이다. 어거스틴은 이런 사상을 여기서 (롬 5:5을 인용함으로써) 아직 자세하게 설명하지 않지만, 불쌍히 여기는 것을 믿음의 부여와 연결시킨다. 자비는 인간을 철저하게 받는 자로 묘사하는 바, 이것은 고린도전서 4:7과 일치한다.[53]

10. 그것은 분명 옳다. 그러나 왜 이러한 불쌍히 여김이 에서에게는 거부되었는가? 그 안에서도 믿음이 시작되고, 경건하고 자비롭게 선을 행하도록 왜 그는 부르심을 받지 않았는가? 그가 원하지 않았기 때문인가? 야곱은 자신이 원했기 때문에 믿었다면, 하나님께서 그에게 믿음을 선물로 주신 것이 아니라 야곱이 믿음을 원하면서 믿음을 자신에게 준 것이 되고, 그렇게 하여 자신이 받지 않은 것을 갖게 된 것이 된다. 또는 그가 원하지 않으면 누구도 믿을 수 없고 부르심을 받지 않은 자는 누구도 원할 수 없고 누구도 스스로 부르심을 제공할 수 없기 때문에, 하나님께서 부르심을 통해 믿음을 제공하시는가? 어느 누구도 자신의 의지에 거슬려 믿지 못한다고 할지라도, 누구도 부르심 없이는 믿을 수 없다. "저희가 듣지도 못한 이를 어찌 믿으리요 전파하는 자가 없이 어찌 들으리요"(롬 10:14). 따라서 어느 누구도 부르심 없이는 믿지 못하나, 부르심을 받은 모든 자가 믿는 것은 아니다. 왜냐하면 많이 부르심을 받았으나 적게 선택받았는 바 (마 22:14), 이들이 바로 부르시는 자를 업신여기지 않고 그를 믿음으로 따른 자들인 것이다. 그들은 의심할 바 없이 또한 믿고자 했다.
"원하는 자로 말미암음도 아니요 달음박질하는 자로 말미암음도 아니요 오직 긍휼히 여기시는 하나님으로 말미암음이니라"는 말씀은 무슨 뜻인가? 이것은 우리가 부르심을 받지 않고는 원할 수 없다는 사실, 또는 우리의 원함은 하나님께서 성취하도록 도우시지 않으면 아무 유익도 없다는 것을 의미하는 것이 아닌가? 따라서 원함과 달리는 것이 필요하다. "땅에서는 기뻐하심을 입은 사람들 중의 평화로다"(눅 2:14)와 "너희도 상을 얻

---
53) V. H. Drecoll, *Die Entstehung der Gnadenlehre Augustins*, 227-8.

도록 달음질하라"(고전 9:24)는 말씀은 결코 헛되이 말해진 것이 아니다. 그럼에도 우리가 원하는 것을 획득하고 우리가 원하는 방향으로 운이 좋게 도달하기 위해서는, 원하는 자나 달음질하는 자에게 달려 있는 것이 아니라 불쌍히 여기시는 하나님께 달려 있는 것이다. 따라서 에서는 원하지 않았고 달리지 않았다. 그 역시 원했고 달렸다면, 하나님의 도우심으로 행복하게 목적지에 도달했을 것이다. 에서가 부르심을 무시하여 배척되지 않았다면, 부르심을 통해 하나님은 그에게도 원함과 달음질을 베푸셨을 것이다. 왜냐하면 하나님이 우리가 원하도록 허락하시는 것과 우리가 원하는 것을 제공하시는 것은 서로 다른 사항이기 때문이다. 우리가 원하게 되는 것은 그 의지에 따르면 하나님의 일인 동시에 우리의 일인 바, 부르시는 것은 그의 일이요, 따르는 것은 우리의 일이다. 우리가 원하는 대상은 하나님만이 홀로 제공하시는데, 즉 선한 일을 행할 수 있고 항상 행복하게 사는 것이다. 그럼에도 불구하고 에서는 아직 태어나지 않았을 때, 이것들 중 어떤 것도 원할 수도, 원하지 않을 수도 없었다. 그가 아직 어머니 모태에 있었을 때, 왜 그는 버림을 받았는가? 나는 항상 다시금 이 어려움으로 되돌아간다. 이 어려운 문제는 매우 불투명할 뿐만 아니라, 내가 자주 반복했기 때문에 나에게 더욱 부담이 된다.

에서에 관한 질문은 아직 해결되지 않았다. 왜냐하면 왜 에서는 믿음이 주어져 믿는 자로서 선한 행위를 하도록 부르심을 받지 않았는가 하는 질문이 제기되기 때문이다. 어거스틴은 가능한 해결로서 에서의 원치 않음을 그 근거로 숙고한다. 그러나 배척의 근거로서 에서의 원치 않음은 제외되는데, 왜냐하면 만약 그렇게 되면 야곱에게서도 유사하게 원함이 선택의 근거가 되어야 하기 때문이다. 다시 말하면 그는 자신의 원함을 통해 스스로 믿음을 갖게 되는 것이 되기 때문이다. 그럼에도 불구하고 믿는 것은 원하는 것을, 원하는 것은 부름 받는 것을 전제하여, 부름을 받는 것—믿는 것—선하게 행동하는 것의 순서에 그 외의 한 요소가 첨가된다. 원하는 것과 직접적으로 연결되어 있는 의도조차 하나님의 부르심에 근거하지만, 그것 자체가 선택에 대한 근거는 아니다. 반대로 마태복음 22:14에 의하면 부름을 받은 모든 사람이 선택된 것이 아니며, 오히려 부르시는 자를 무시하지 않고 믿음을 통하여 부르심을 따르는 자만이 선택된 것이다.

부르심을 받음(vocari)—원하는 것(velle)+믿는 것(credere)—선하게 행하는 것(bene operari)이라는 순서에 어거스틴은 이제 로마서 9:16, "원하는 자로 말미암음도 아니요 달음박질하는 자로 말미암음도 아니요 오직 긍휼히 여기시는 하나님으로 말미암음이라"를 관련시킨다. 사람은 오직 부르심을 근거로 해서 원할 수 있으나, 원함은 성취하는 데 충분치 못하다. 성취를 위해서는 하나님의 도우심이 필요하다. 원하고 달리는 것이 필요하지만, 목표가 성취되는 것은 불쌍히 여기시는 하나님께 달려 있는 것이다. 에서가 아무리 원하고 달렸다 해도(그는 하지 않았다), 그는 오직 하나님의 도우심을 근거로 하여 도달했을 것이다. 부르심을 통하여 (사람이 그 부르심을 거부하여 버림을 당하지 않는 한) 하나님은 또한 원하는 것과 달리는 것을 부여하신다. 여기서 하나님의 제공하심은, 우리가 원하도록 제공하심과 우리가 원한 것을 제공하시는 것으로 구분되어져야 한다. 후자는 하나님만이 제공하시는 것으로 선하게 행할 수 있고 항상 행복하게 살 수 있는 것을 뜻한다. 전자는 부르심의 맥락에서 원함을 의미하는데, 여기서 부르심은 하나님의 일이요, 뒤따름은 인간의 일이다. 이렇게 의지의 개념을 포함시키는 것으로부터 어거스틴은 예지의 개념에 대한 반박을 표현하는데, 곧 미래에 있을 의지, 즉 야곱에게서 선한, 에서에게서 악한 의지는 선택이나 버림의 근거일 수 없다는 것이다. 왜냐하면 그렇지 않으면, 미래의 행위조차도 결정적인 것일 수 있기 때문이다. 여기서 선한 의지나 악한 의지는 이전에 믿음(credere 또는 fides)이 있던 위치에 있다. 좀 더 정확히 말하면 원함은 믿음으로의 결정, 즉 부르심을 무시하는 것과 반대되는 부르심을 뒤따르는 것을 의미한다.[54]

---

54) V. H. Drecoll, *Die Entstehung der Gnadenlehre Augustins*, 229.

11. 에서, 즉 부르시는 자를 믿지도, 부르심을 버리지도 않은 에서, 선한 것이나 악한 어떤 것도 행할 수 없었던 그는 왜 태어나기 전에 버림을 받았는가? 만약 하나님께서 그의 미래의 악한 의지를 미리 아셨다는 것이 그 근거라고 한다면, 하나님께서 미래 야곱의 선한 의지를 보셨다는 것은 왜 그에 대한 인정의 근거가 되지 않는가? 만약 누군가 선택되거나 버림을 받는 것이 그 안에 있는 것 때문이 아니라 하나님께서 미래에 있을 것을 미리 아셨기 때문이라고 일단 인정하게 되면, 누군가 또한 비록 아직 행해지지 않았을지라도 하나님께서 미리 그에게서 보신 선행을 근거로 해서 의롭게 되는 것이 된다. 그렇게 되면 **만일 당신이** "큰 자가 작은 자를 섬기리라"고 말해졌을 때 쌍둥이가 아직 태어나지 않았다는 사실에 근거하여, 아직 아무것도 행해지지 않았기 때문에 그것은 선행들을 근거로 해서 말해진 것이 아님을 증명하고자 하는 것은 어떤 도움도 되지 못한다.

12. 만약 당신이 또한 "원하는 자로 말미암음도 아니요 달음박질하는 자로 말미암음도 아니요 오직 긍휼히 여기시는 하나님으로 말미암음이니라"라는 말씀을 신중하게 주의한다면, 사도는 우리가 원하는 것에 하나님의 도우심으로 도달할 수 있기 때문에 분명하게 말했을 뿐만 아니라, 또한 그가 다른 구절에서 말한 바 "두렵고 떨림으로 너희 구원을 이루라 너희 안에서 행하시는 이는 하나님이시니 자기의 기쁘신 뜻을 위하여 너희로 소원을 두고 행하게 하시나니"(빌 2:12-13)의 의도로 말했음을 알게 될 것이다. 이것으로 바울은 선한 의지조차 우리 안에서 하나님에 의해 이루어지는 것임을 분명하게 보여 준다. 왜냐하면 인간의 의지만으로는 우리가 바르고 의롭게 사는 데 충분하지 못하고 하나님의 자비가 우리를 도와야 하기 때문에 "원하는 자로 말미암음이 아니라 긍휼히 여기시는 하나님으로 말미암음이니라"라고 말해졌다면, 긍휼히 여기시는 하나님으로 말미암은 것이 아니라 인간의 원함으로부터 말미암은 것이라고도 말할 수 있게 된다. 왜냐하면 만일 우리 의지의 동의가 더해지지 않는다면, 하나님

의 긍휼하심만으로는 충분하지 못한 것이 되기 때문이다. 이와 달리 분명한 것은, 하나님께서 긍휼히 여기지 않으시면 우리의 원함은 헛될 뿐이라는 사실이다. 다른 면에서 우리가 원하지 않는다면, 하나님의 긍휼하심은 헛되다고 말할 수 있는지 나는 잘 모르겠다. 왜냐하면 하나님께서 긍휼히 여기시면 우리는 또한 원하기 때문이다. 우리가 원한다는 것은 동일한 긍휼하심에 속한다. "왜냐하면 너희 안에서 행하시는 이는 하나님이시니 자기의 기쁘신 뜻을 위하여 너희로 소원을 두고 행하게 하시기 때문이다." 우리가 선한 소원이 하나님의 선물인가 물을 때, 누군가 그것을 부인하려고 한다면 놀라운 일일 것이다. 그러나 선한 소원은 부르심을 선행하는 것이 아니라 부르심이 선한 소원을 앞서기 때문에, 우리가 선을 원하는 것은 당연히 부르시는 하나님의 덕택이다. 이와 반대로 우리가 부르심을 받은 것은 우리의 덕택일 수 없다. "원하는 자로 말미암음도 아니요 달음박질하는 자로 말미암음도 아니요 오직 긍휼히 여기시는 하나님으로 말미암음이니라"는 문장은 단순히 우리가 하나님의 도움 없이는 우리가 원하는 것을 얻을 수 없음을 의미하는 것이 아니라, 오히려 우리는 그의 부르심이 없이는 원할 수 없기 때문에 이루어진 것이라고 이해되어야 한다.

부르심에 상응하는 믿음의 결정은 구원에 결정적인 것으로 간주되는 것이 아니라, 로마서 9:16에 근거하여 은혜 자체에서 기인하는 것이 된다. 로마서 9:16은 사람이 하나님의 도우심을 근거로 해서만 원했던 목표에 도달하는 것, 즉 올바르고 의롭게 살 수 있다는 것을 의미할 뿐만 아니라, 선한 의지 자체가 인간 안에서 행하시는 하나님의 행동을 근거로 하여 일어나는 것임을 의미하는데, 빌립보서 2:12-13이 이를 입증한다. 그렇지 않으면 우리는 부르심과 인간 행동의 협력을 받아들여야 하고, 따라서 만일 인간 의지의 동의가 더해지지 않으면 하나님의 자비하심만으로는 충분하지 못한 것이 된다고 뒤집어 말할 수 있게 된다. 하나님의 자비가 결여되면 인간의 의지만으로는 헛되다고 말할 수 있지만, 반대로 인간의 의지가 결여되면 하나님께서 불쌍히 여기시는 것이 헛되게 된다고는 말할 수 없다. 인간이 믿게 되는 것은 하나님의 자비에 속하는 일이다. 선한 의지조차 하나님의 선물로 이해될 수 있다. 이 사상은 다시 부르심이라는 생각에 의해(성령론에 의해서가 아니라) 뒷받침되어지는 바, 곧 부르심을 받음—원함/믿음(—선행)이라는 순서이다. 부르심은 의지에 앞서지만, 거꾸로는 아니다. 그러므로 부르심이 결정적인 것이다. 선한 의지는 부르시는 하나님 때문이나, 부르심을 받는 것은 인간의 책임일 수 없다. 결국 부르심은 '선한 의지의 장본인'으로 이해된다.

어거스틴은 이런 사상으로써 믿음개념의 새로운 규정으로부터, 다시 말해 결국 예지의 거부로부터 결론을 도출한다. 따라서 어거스틴의 논증은 믿음과 의지가 계속하여 나란히 서 있음을 보여 준다. 동시에 부르심에 대한 집중은 시작의 순간, 즉 의지적인 믿음의 결정이 중심을 이룬다는 의미로 작용한다. 『몇 가지 질문에 관하여 심플리키안에게 보내는 편지』(I, 2)의 시작부분과 다르게 어거스틴은 공로 없이 주어지는 은혜의 성격을, 부르심의 시간적인 앞섬으로 소급함으로써 보장하지는 않는다. 이런 생각은 어거스틴이 부르심(vocare)—믿음(credere)—선행(bene operari)의 순서를 원칙상 유지하는 한, 논증에서 분명하게 드러난다. 그러나 그는 부르심과 믿음의 관계를 더 자세하게 묘사한다. 즉 믿음 자체는 하나님의 선물이고, 의지적인 믿음의 결정은 부르심을 통해 불러일으켜질 뿐만 아니라 실제로 야기되어진다는 것이다.[55]

> 13. 그러나 부르심이 부르심을 받은 모든 사람이 그 부르심을 따르는 방식으로 선한 의지를 일으킨다면, "부르심을 받은 자는 많으나 택하심을 받은 자는 적다"는 말씀은 어떻게 진리일 수 있는가? 이것이 진리이고 결과적으로 부르심을 받은 자가 부르심을 쫓지 않는다면, 그리고 부르심에 순종하지 않는 것이 그의 의지의 힘에 놓여 있다면, 또한 긍휼히 여기시는 하나님이 아니라 원하고 달리는 인간에게 모든 것이 달려 있다고 말하는 것은 당연할 수 있다. 왜냐하면 부르심을 받은 자의 순종이 뒤따르지 않

---

[55] V. H. Drecoll, *Die Entstehung der Gnadenlehre Augustins*, 229-30.

는다면, 부르시는 자의 긍휼하심은 충분하지 못하기 때문이다. 또는 아마도 부르심의 한 특정한 방식에 동의하지 않는 자들은 다른 방식의 부르심에서 믿음에 대해 자신의 의지를 열 수도 있을 것이다. 만일 그렇다면 "부르심을 받은 자는 많으나 택하심을 받은 자는 적다"는 말씀 또한 진실이 될 것이다. 왜냐하면 아무리 많은 사람들이 한 특정한 방식으로 부르심을 받았을지라도, 모든 사람이 동일한 방식으로 감동되지는 않기 때문이다. 그 부르심을 받기에 적합하다고 여겨진 자들만이 부르심을 뒤따르게 된다. 그렇다면 긍휼하신 하나님에 달려 있지, 원하거나 달리는 자에게 달려 있는 것이 아니라는 말씀 또한 진실이 될 것이다. 왜냐하면 하나님께서는 자신의 부르심을 뒤따르는 자에게 적절한 방식으로 부르시기 때문이다. 부르심은 또한 다른 사람에게도 일어난다. 그러나 그 부르심은 그들이 그것에 의해 움직여질 수 없고 부르심을 받기에 적절하지 않게 이루어졌기 때문에, 그들은 부르심을 받은 자들이지만 택함을 받은 자는 아닌 것이다. 그렇기 때문에 긍휼히 여기시는 하나님께 달려 있지 않고 원하고 달리는 인간에게 달려 있다는 사실은 더 이상 옳지 않다. 왜냐하면 하나님 자비의 영향은 인간의 능력에 달려 있을 수 없기 때문이다. 그렇지 않다면, 인간이 원하지 않을 경우 하나님은 헛되이 긍휼히 여기시는 것이 되기 때문이다. 왜냐하면 하나님께서 인간들을 긍휼히 여기고자 원하셨다면, 그들을 적절한 방식으로 부르셔서 그들이 깨닫고 따를 수 있도록 자극하셨을 것이기 때문이다. 따라서 "부름을 받은 자는 많으나 택함을 받은 자는 적다"는 말씀은 진실이다. 부르심에 적합한 자들은 선택되었다. 그러나 부르심에 적합하지 않고 뒤따르지 않는 자들은 선택되지 않았다. 그들은 부르심을 받았으나 쫓지 않았다. 따라서 "원하는 자로 말미암음도 아니요 달음박질하는 자로 말미암음도 아니요 오직 긍휼히 여기시는 하나님으로 말미암음이니라"라는 말씀은 진실이다. 그는 많은 이들을 부르셨어도 부르심을 따르도록 적절하게 부르신 이들만을 긍휼히 여기시기 때문이다. 그러나 긍휼히 여기시는 하나님으로 말미암는 것이 아니라 원하는 자나 달음박질하는 자로 말미암는다고 말하는 것은 오류이다. 왜냐하면 하나님께서는 단 한 사람이라도 헛되이 긍휼히 여기시지 않기 때문이다. 사람이 부르시는 자를 거부하지 않도록 하기 위해, 하나님께서는 긍휼히 여기시는 자를 그에게 적절한 방식으로 부르신다.

14. 여기서 누군가 왜 에서는 순종하기를 원하는 방식으로 부르심을 받지 못했는가 이의를 제기할 것이다. 우리는 각 사람들에게 동일한 사건이 제시되고 설명되어진다고 할지라도 각각 서로 다른 방식으로 믿음에로 자극되는 것을 보게 된다. 예를 들어 시몬은 아직 어린아이였던 우리 주 예수 그리스도를 믿었다. 성령께서 시몬에게 그리스도를 드러내었기 때문에, 시몬은 그를 깨달았다. 나다나엘은 주님으로부터 "빌립이 너를 부르기 전에 네가 무화과나무 아래 있을 때에 보았노라"(요 1:48)라는 말씀을 들었고 "랍비여 당신은 하나님의 아들이시요 당신은 이스라엘의 임금이로소이다"(요 1:49)라고 대답하였다. 후에 베드로도 동일하게 고백을 하여 복되며 하늘나라의 열쇠가 주어질 것이라는 말을 들을 수 있었다. 복음서 기자 요한이 표적의 시작으로 소개한 갈릴리의 가나에서 물이 포도주로 변화된 기적 후에, 제자들은 그리스도를 믿었다. 그리스도가 말씀을 통하여 많은 이들을 믿음으로 초대했지만, 많은 이들은 죽은 자들이 살아났음에도 불구하고 믿지 않았다. 그의 십자가와 죽음에 충격받아 제자들은 확신하지 못하게 되었다. 그와 반대로 강도는 그리스도가 기이한 능력에서 그보다 월등하였음을 보았기 때문이 아니라, 그리스도가 자신과 동일하게 십자가에 있었을 때 믿었다. 제자들 중 하나는 부활 후에 그리스도의 육체가 다시 살아났기 때문이 아니라, 그의 최근 상처 때문에 믿었다. 그를 십자가형에 처한 이들 가운데 많은 사람들은 그리스도가 많은 기적을 행했음을 보았지만, 그를 멸시하였다. 그러나 그의 제자들이 그리스도를 설교하고 그리스도의 이름으로 동일한 일을 행했을 때, 그들은 믿었다. 따라서 한 사람은 이렇게 다른 한 사람은 저렇게 믿음으로 결정되고, 자

주 동일한 것이 한 방식으로 말해져 믿음으로 이끌고 다른 방식으로 말해져 믿음으로 이끌지 않거나, 한 사람은 이끌지만 다른 사람은 이끌지 않는다고 할 때, 하나님께서 에서 역시 야곱이 의롭게 되었던 그 동일한 믿음에로 자신의 영혼과 의지를 향하게 하고 연결시키는 그러한 부르심의 방식을 갖고 있지 않다고 누가 감히 말할 수 있겠는가?

그러나 혼란스러운 영혼이 부르심의 모든 방식에 대해 무감각하게 될 정도로 의지가 매우 완고하다면, 완고함 자체가 하나님의 처벌인가 하는 질문이 제기된다. 왜냐하면 하나님께서는 누군가 믿음에 도달할 수 있는 방식대로 부르지 않으면서 그를 떠나시기 때문이다. 그[에서]조차 믿도록 설득되는 방식을 전능자가 갖고 있지 않다고 누가 감히 주장할 수 있겠는가?

15. 그러나 우리가 그것에 관하여 질문하는 것은, 사도 스스로 "성경이 바로에게 이르시되 내가 이 일을 위하여 너를 세웠으니 곧 너로 말미암아 내 능력을 보이고 내 이름이 온 땅에 전파되게 하려 함이로다"라는 말씀을 덧붙였기 때문이다. 사도가 이 예를 덧붙인 것은 그가 이전에 말한 것, 즉 "원하는 자로 말미암음도 아니요 달음박질하는 자로 말미암음도 아니요 오직 긍휼히 여기시는 하나님으로 말미암음이니라"를 증명하기 위함이다. 마치 누군가 그에게 "너는 어디에서 이러한 가르침을 받았는가?"라고 질문하기라도 한 것처럼, 그는 계속해서 말한다. "성경이 바로에게 이르시되 내가 이 일을 위하여 너를 세웠으니 곧 너로 말미암아 내 능력을 보이고 내 이름이 온 땅에 전파되게 하려 함이로다." 어쨌든 그는 원하는 자로 말미암음도 아니요 달음박질하는 자로 말미암음도 아니요 오직 긍휼히 여기시는 하나님으로 말미암는다는 것을 지시하고, 비록 두 가능성이 앞서 언급되지 않았을지라도 "하나님께서는 원하시는 자를 긍휼히 여기시고 원하시는 자를 강퍅하게 하신다"라고 결론짓는다. 왜냐하면 "원하는 자로 말미암음도 아니요 달음박질하는 자로 말미암음도 아니요 오직 긍휼히 여기시는 하나님으로 말미암음이니라"라고 말하지만, "원하지

> 않는 자나 부르심을 무시하는 자들에게 달린 것이 아니라 강퍅케 하시는 하나님으로 말미암는다"라고 되어 있지는 않기 때문이다. 이것으로부터 그가 두 가지, 즉 "그는 하고자 하시는 자를 긍휼히 여기시고 하고자 하시는 자를 강퍅하게 하신다"는 것을 동일하게 주장하고 있다고 이해해야 한다. 이것은 하나님에 의한 강퍅케 함이 그가 긍휼히 여기고자 하지 않으신다는 사실을 의미하는 한, 앞 문장과 일치한다. 이로써 그는 인간이 더 악해지도록 어떤 것을 그 인간에게 판결하는 것이 결코 아니라, 그가 더 나아지도록 하는 어떤 것을 다만 허락하지 않으시는 것이다. 만약 이것이 공로의 어떤 차이도 없이 일어난다면, 사도 스스로 반박하여 내던진 외침, 즉 "네가 내게 말하고자 할 것이다. 그가 어떻게 누군가를 비난할 수 있는가[하나님이 어찌하여 허물하시느뇨], 누가 그의 뜻을 거스를 수 있는가[누가 그 뜻을 대적하느뇨]"라고 하지 않을 사람이 누가 있겠는가? 성경의 수많은 구절들이 보여 주는 것처럼, 하나님께서는 사람들이 믿지 않고 올바르게 살고자 하지 않는 것에 대해 한탄하신다. 믿고 하나님의 뜻을 행하는 자들에 관해서는 흠 없이 살았다고 말해지는데, 왜냐하면 성서는 그들을 비난하지 않기 때문이다. 그러나 사도는 왜 그가 비난하는지 말한다. 하나님은 하고자 하시는 자를 긍휼히 여기시고 하고자 하시는 자를 강퍅케 하시기 때문에, 누가 그의 뜻을 대적하는가? 그러나 그럼에도 앞서 말해진 것을 염두에 두면서 주님 자신이 도우시는 한, 우리의 관심을 그것에로 돌려보자.

지금까지의 논증에 따르면, 구원은 더 이상 인간의 태도(행동)에 의존된 것으로 정해지지 않게 되고, 결정적인 것은 원함/믿음(그리고 또한 선행)을 일으키는 부르심뿐이다. 부르심을 받은 사람은 누구나가 부르심을 따른다. 부르심에 상응하게 순종하지 않는 것이 부르심을 받은 자의 의지에 놓여 있다는 생각은, 마치 하나님의 자비가 부르심을 받은 자의 순종 없이는 충분치 못하다는 버려야 할 생각에 다시금 이른다. 그러나 마태복음 22:14은 선택되지 않은 부르심을 받은 자에 관해 말하기 때문에, 부르심이라는 생각은 한정이 필요하다. 왜냐하면 부르심-따름의 순서는 부르심을 받아들이기에 적합한 자들에게만 해당한다. 부르심은 많은 자들에게 이루어지나, 그 부르심은 다양한 단계에 있는 사람들과 만난다. 부르심에 적합한 자들에게 부르심은 뒤따름을 일으키고, 다른 이들에게도 부르심은 있게 되는데, 이것은 이들이 움직여질 수 없고 이해할 수 없는 방식으로 이루어진다. 이것에 해당되는 것이 마태복음 22:14, "그들은 부르심을 받았으나 선택되지 않았다"는 말씀이다.

분명하게 해야 할 사실은, 하나님의 불쌍히 여기심이 결정적이며 구원은 인간의 원함과 달리는 것에 의존하지 않는다는 것이다. 하나님의 자비하심이 실현되는 것은 인간의 능력에 놓여 있지 않다. 오히려 하나님은 불쌍히 여기는 자들을 부르시는 바, 그것이 그들에게 적절하여 그들은 움직여지고 이해하게 되고 부르심을 뒤따르게 된다. 이들이 바로 적절하게 부르심을 받은 자들, 마태복음 22:14에서 말하는 선택된 자들인 것이다. 반대로 선택되지 못한 자들은 부르심에 적합하지 못한 자들이다. 하나님께서 긍휼히 여기실 자를 부르셔서 그들이 뒤따르는 것은, 다시금 하나님의 아심에 근거한다. 여기서 부르심의 다양한 가능성은 하나님께 열려 있어서, 하나의 부르심을 통해 감동받지 못한 자들은 아마도 다른 부르심을 근거로 하여 믿음에 도달하게 된다. 이러한 내용에 대해 어거스틴은 일련의 예들을 드는데, 이것들은 모두 성육신하신 분의 행위와 관련된다. 다양한 방식으로 진술해 보면, 동일한 것이 부분적으로는 믿음을 향해 움직이게 하고 부분적으로는 그렇게 하지 않는다는 사실이 중요하다.

적절한 부르심의 개념은, 어떻게 하나님의 부르심이 시간적으로 인간의 원함을 앞설 뿐만 아니라 의지적인 믿음의 결정 자체도 일으키는가 하는 것을 명확하게 한다. 따라서 어거스틴에 있어 중요한 것은, 시간적인 규정이라는 해결모델에서처럼 인간이 자유의지의 결정을 갖고 있다는 사실이 아니라 하나님이 부르시는 행동의 영향을 보여 주는 것이다. 그에게 중요한 것은 택함 받은 자를 부르시는 방식이지, 그 이전에 전개된 사상, 즉 믿음의 결정에 결정적인 의지는 하나님의 자비에서 그 기원을 찾아야 한다는 생각에 대한 상대화는 아니다.

적절한 부르심의 개념으로부터 에서와 관련하여 도출되는 분명한 사실은, 하나님께서는 분명히 에서 또한 그의 마음을 믿음으로 바꾸고 의지(여기에서 야곱은 의롭게 되었다)를 더하여 에서를 부르실 가능성을 가지고 계셨다는 것이다. 에서에게는 의지의 완고함이 있는데, 이것을 통해 혼란스러운 정신은 부르심의 모든 방식에 무감각해진 것이다. 그러므로 에서의 배척에 대한 질문은 이러한 무감각이 하나님의 벌인가라는 질문으로 던져질 수 있다. 어거스틴은 로마서 9:17-18에서 답을 찾는다. 로마서 9:17은 여기서 로마서 9:16에 대한 예증으로 구원은 오로지 하나님의 자비에 의존됨을 보여 준다. 로마서 9:18은 불쌍히 여김에 대한 반대로서 강퍅하게 함(완악함)을 언급하는데, 이것은 9:16에는 없다. 따라서 버림은 하나님께서 인간을 더 나쁜 상태로 만드는 하나님의 행동이 아니라, 인간이 더 좋은 상태가 되도록 하는 행동의 결여인 셈이다. 하나님의 강퍅하게 하심(완악하게 하심)은 결국 긍휼히 여기고자 하지 않으심인 것이다.[56]

16. 사도는 바로 앞에서 "우리가 무슨 말 하리요 하나님께 불의가 있느뇨 그럴 수 없느니라"라고 말한다. 하나님께서 불의함이 없다는 사실은 우리의 마음 가운데 확실하고 고정되어 건전한 경건과 흔들리지 않는 믿음 가운데 굳게 서 있어야 한다. 동일하게 우리가 흔들림 없이 확고하게 믿어야 할 내용은, 하나님께서 하고자 하시는 자를 긍휼히 여기시고 하고자 하시는 자를 강퍅하게 하신다면, 다시 말해 하나님께서 하고자 하시는 자를 긍휼히 여기시고 하고자 하시지 않는 자를 긍휼히 여기시지 않는다면, 이것은 감춰진, 인간의 잣대로는 찾을 수 없는 의(aequitas)로부터 기인한 것이라는 사실이다. 이러한 의는 인간사들 자체와 이 세상의 규정들에서 인식될 수 있다. 우리가 이러한 것들에서 보다 높은 의의 흔적을 발견하지 못한다면, 우리의 약한 마음은 가장 거룩하고 순전한 장소와 영적인

---

56) V. H. Drecoll, *Die Entstehung der Gnadenlehre Augustins*, 230-2.

규율들의 근원을 향해 눈을 들거나 갈망하지 못할 것이다. "의에 주리고 목말라하는 자는 복이 있나니, 배부르게 될 것이기 때문이다." 이러한 삶과 우리의 죽을 운명의 황야에서 우리는, 만약 위로부터 의의 매우 부드러운 숨결이 오지 않는다면 목마르기보다는 메말라 시들어 버리게 될 것이다. 인간의 공동체는 상호간의 주고받음을 통해 세워진다. 갚아야 할 것(debita)과 그렇지 않은 것들을 주기도 하고 받기도 한다. 그러나 누구나 아는 사실은, 자신에게 빚진 것을 요구하는 어느 누구도 불의를 저지르는 것이 아니지만, 자신에게 빚진 것을 사해 주고자 하는 어느 누구도 역시 불의를 저지르는 것이 아니라는 것이다. 후자와 같은 결정은 빚진 자의 판단에 놓여 있는 것이 아니라, 채권자의 결정에 놓여 있는 것이다. 영원에 대한 이러한 이미지 또는 내가 위에서 말한 것처럼 이러한 흔적은 최고의 의를 인간들의 거래 행위에 각인시켰다.

이제 "아담 안에서 모든 사람이 죽는다"(고전 15:22)라고 사도가 말하는 것처럼, 즉 근원인 그로부터 모든 인류에 관한 하나님의 모욕이 퍼진 것처럼, 결과적으로 모든 인간은 최고의 의로부터 죽음의 형벌을 받아야 하는 죄덩어리(massa peccati)와 같이 되었다. 빚(대가)이 요구되든 사해지든, 모두 불의하지 않다. 누구로부터 그것이 요구될 수 있고 누구에게 사해질 수 있는지에 관하여 빚진 자가 판단한다면, 이것은 주제넘은 교만에 속하는 일이다. 이것은 마치 포도원에서 일하도록 고용된 일꾼이 다른 사람과 같은 임금을 받게 되었을 때 불의하게 격분한 것과 같다(마 20:11 이하). 그래서 사도는 이 질문의 뻔뻔스러움에 "이 사람아 네가 뉘기에 감히 하나님께 반문하느냐"라고 퇴짜를 놓는다. 하나님께서 누군가를 죄로 강요하신 후 죄인에 대하여 한탄하신다는 사실이 마음에 들지 않는 사람은 하나님과 논쟁하지만, 사실 하나님은 누구도 죄로 강요하시는 것이 아니라 단지 많은 죄인들에게 칭의의 자비를 선사하지 않으실 뿐이다. 그러므로 하나님께서 많은 죄인들을 강퍅하게 하시는 것은, 그가 그들을 죄로 강요하기 때문이 아니라 그들을 긍휼히 여기시지 않기 때문이다. 그리고 하나님

> 께서는 완전히 감추어진, 인간의 이해로부터 멀리 떨어져 있는 의에 근거하여 자비가 주어질 수 없는 자들을 긍휼히 여기시지 않는다. 왜냐하면 "그의 판단은 측량치 못하며 그의 길은 찾지 못할 것이기"(롬 11:33) 때문이다. 따라서 하나님께서는 죄로 강요하지 않으시는 자로서 죄인들에게 정당하게 나무라신다. 동시에 하나님께서 긍휼히 여기시는 자들은 동일한 부름을 듣는데, 이들이 하나님께서 죄인들을 나무라시는 동안 마음속에서 후회하고 하나님의 은혜로 돌아서게 하기 위해서이다. 그는 의롭게, 그리고 또한 자비롭게 나무라신다.

앞서 말한 것처럼 구원이 단지 자비하심에 의존하고 어느 누구도 하나님의 의지에 저항할 수 없다면, 로마서 9:19과 더불어 제기되는 질문은, 성서의 많은 구절에서 증명되는 것처럼 비난하는 것에 어떻게 이를 수 있는가 하는 것이다. 어거스틴은 다시 로마서 9:14에 근거하면서 답을 준다. 우선 하나님께 결코 불의함이 없다는 것은 분명하고 확고한 사실이다. 이 사실과 상응하여 믿어져야 할 것은, 하나님께서 긍휼히 여길 자를 긍휼히 여기시고 강퍅하게 할 자를 강퍅하게 하시는 것은 의(義)에 속한다는 사실이다. 즉 감추어진, 인간의 척도로는 규명할 수 없는 의에 속한다는 것이다. 이 의는 또한 인간적인, 이 세상의 계약들에서도 인식될 수 있지만, 단지 각인된 흔적일 뿐이다. 그러므로 실상은 인간내적인 관계들로부터의 비유를 통하여 분명하게 될 수 있다. 빚 또는 빚이 아닌 것을 주고받는다. 여기서 어느 누구도 빚진 사람으로부터 빚을 요구하는 자를 불의하다고 꾸짖을 수 없고, 빚진 자에게 빚을 사해 주는 자도 불의하다고 꾸짖을 수 없다. 하지만 이것은 빚진 자의 재량에 있는 것이 아니라 채권자의 자유에 달려 있다. 이것을 하나님과 인간 사이의 관계에 적용하면, 모든 인간은 죄의 무리임을 의미한다. 그 이유는 타락 때문인 바, 이 타락이 하나님의 모욕에 대한 근원인 것이다. 그 때문에 죄의 무리인 전체 인류는 하나님의 의의 입장에서 처벌에 합당하다. 여기서 이 벌이 요구되건 사해지건 상관없으며, 두 가지 모두 결코 불의하지 않다. 빚진 자의 입장에서 이것을 판단하는 것은 오히려 포도원 일꾼들의 태도에 상응하는 교만한 판단인 것이다.

로마서 9:20 상반절의 질문이 그러한 파렴치함을 암시한다. 하나님께 대답하는 자는, 하나님께서 죄짓도록 강요하시면서도 죄인들을 비난하신다는 잠재의식 의 생각이 마음에 들지 않는 자라고 볼 수 있다. 그러나 하나님께서는 누구도 죄짓도록 강요하시는 것이 아니라 단지 몇몇에게 칭의의 자비를 주시지 않은 것뿐이며, 이것은 곧 완고함을 의미한다. 하나님께서 몇몇에게 자신의 자비를 제공하지 않는 것을 정당하게 여기시는 이러한 태도는 정의에 근거하는바, 이 정의는 숨겨져 있고 인간의 지각으로부터 전적으로 떨어져 있는 것이며 로마서 11:33이 말하는 것이다. 하나님의 비난과 자비 모두 의로운 것인데, 왜냐하면 하나님께서는 한편으로 죄인들을 죄로 강요하시지 않고, 다른 한편으로 불쌍히 여기시는 자들을 부르셔서 이들이 마음속으로 뉘우치고 은혜를 향해 돌아서게 하시기 때문이다. 죄의 무리라는 생각이 목표하는 것은, 하나님의 의를 부각시키며 동시에 저주란 수동적인 방치요 결코 하나님에 의해 죄로 강요되는 것이 아니라는 생각을 확인하는 것이다.[57]

17. 분명 누구도 그[하나님]의 의지에 거스르지 못한다. 그분은 하고자 하는 자를 도우시고, 하지 않고자 하는 자를 떠나신다. 하나님의 도움을 받는 자, 하나님이 떠나시는 자 모두 죄의 무리에 속한다. 모두 다 처벌받아 마땅한데, 이 처벌은 한 사람으로부터는 요구되고 다른 사람에게는 사해진다. 만약 당신이 "이 사람아 네가 뉘기에 감히 하나님께 반문하느냐"에 의해 어려움을 겪는다면, 나는 여기서 '사람'은 "너희는 사람이며 사람방식에 따라 생활하지 않는가?"에서와 같은 의미라고 생각한다. 이 표현은 앞에서 이 세상적인 존재와 피조물을 나타내는 바, 이들에게 다음과 같이 말해졌다. "내가 신령한 자들을 대함과 같이 너희에게 말할 수 없어서 육신에 속한 자를 대함과 같이 하노라", 계속 이어서 "이는 너희가 감당치

---

[57] V. H. Drecoll, *Die Entstehung der Gnadenlehre Augustins*, 232-3.

못하였음이거니와 지금도 못하리라 이는 너희가 아직 육신에 속한 자이기 때문이다"(고전 3:1-3). 그리고 "육에 속한 사람은 하나님의 성령의 일을 받지 아니하나니"(고전 2:14). 이들에게 계속해서 다음과 같이 말해진다. "이 사람아 네가 뉘기에 감히 하나님께 반문하느냐 지음을 받은 물건이 지은 자에게 어찌 나를 이같이 만들었느냐 말하겠느뇨 토기장이가 진흙 한 덩이로 하나는 귀히 쓸 그릇을 하나는 천히 쓸 그릇을 만드는 권이 없느냐." 이것으로 사도가 육신의 인간에게 말하는 것임을 충분히 보여준다. 첫째 인간이 만들어진 점토가 이미 그것을 가리킨다. 그리고 내가 이미 언급한 것처럼 동일한 사도에 따르면 모든 이들은 아담 안에서 죽었기 때문에 오직 하나의 인간덩어리라는 것이다. 그리고 하나는 귀한 그릇으로, 다른 하나는 천히 쓸 그릇으로 만들어진다고 할지라도, 귀한 그릇으로 만들어진 것이라도 먼저 육신적인 것으로서 시작하고 그것으로부터 영적인 상태로 상승하는 것이 필요하다. 바울이 말하는 고린도 교인들도 이미 귀하게 만들어졌고 그리스도 안에서 이미 태어났으나, 그는 어린아이에게 하듯이 그들에게 말하기 때문에 그들을 육신적이라고 다음과 같이 말한다. "내가 신령한 자들을 대함과 같이 너희에게 말할 수 없어서 육신에 속한 자 곧 그리스도 안에서 어린아이들을 대함과 같이 하노라 내가 너희를 젖으로 먹이고 밥으로 아니하였노니 이는 너희가 감당치 못하였음이거니와 지금도 못하리라 너희가 아직도 육신에 속한 자로다." 그는 고린도 교인들이 아직 육신에 속해 있다고 말할지라도, 그들이 이미 그리스도 안에서 태어난, 그리스도 안에 있는 어린아이들, 우유로 양육되어야 할 존재라고 말하고 있다. 그리고 그가 첨가한 "너희들은 지금 아직은 그것을 할 수 없다"는 말은 그들이 성장하여 미래에는 그것을 할 수 있다는 사실을 가리킨다. 왜냐하면 그들은 이미 영적으로 중생했고 은혜가 그들 안에서 역사하기 시작했기 때문이다. 따라서 그들은 이미 귀하게 만들어진 그릇이었지만, 그럼에도 이들에게 당연히 "이 사람아 네가 뉘기에 감히 하나님께 반문하느냐"라고 말해졌다. 그것이 그들에게 말해지는 것

> 이 정당하다면, 아직 중생하지 못하거나 심지어 천하게 만들어진 자들에게 말해지는 것은 얼마나 더 정당하겠는가! 그러나 하나님께서는 빚을 사해 주시든 요구하시든 불의함이 없으시다는 사실을 흔들리지 않는 믿음으로 굳건히 붙잡아야 한다. 하나님께서 빚을 요구하신 어떤 사람도 하나님의 불의함에 대해 당연히 비난할 수 없고, 하나님께서 빚을 사해 주시는 어떤 사람도 자신의 공로를 자랑할 계기란 전연 없다. 왜냐하면 처벌받은 자는 단지 자신이 빚진 것을 지불하는 것이기 때문이요, 은혜받은 자는 받지 않았다면 어떤 것도 가지고 있지 않기 때문이다.

로마서 9:20-21은 고린도전서 3:1-3, 2:14에서 의미하는 것처럼 육신적이고 피조물적인 것을 말한다. 로마서 9:21에 토기장이라는 표현은 인간이 육신적임을 암시하는데, 왜냐하면 그것은 아담이 형성된 재료인 진흙을 나타내기 때문이다. 고린도전서 15:22(비교. 롬 5:12)에 상응하게 모든 인간은 아담 안에서 죽는데, 그 때문에 바울은 하나의 덩어리에 관해 말한다. 로마서 9:21은 귀한 그릇과 천한 그릇을 구분하지만, 귀한 그릇도 육신적인 것으로부터 시작해야 하고 그 후 영적인 상태로 상승해야 한다. 이것은 곧 귀하게 만들어지는 것과 그리스도 안에서 태어나는 것을 의미한다. 『몇 가지 질문에 관하여 심플리키안에게 보내는 편지』(I, 1)에서처럼 어거스틴은 고린도전서 3:1-2에서 또한 그리스도인들 역시 아직 육신적인 것으로 언급되고 있음을 지시한다. 이 구절이 보여 주는 것은 이 사람들이 성장을 하게 되어 (고전 3:1-2로 언급된) 우유뿐만 아니라 단단한 음식을 먹을 수 있게 된다는 사실이다. 그러므로 이러한 진보는 가능한데, 왜냐하면 영적으로 다시 태어난 자들인 편지 수신자들에게서 은총이 이미 역사하기 시작했기 때문이다. 대답을 거부하는 질문 로마서 9:20 상반절은 귀한 그릇으로 만들어진 그리스도인들에게 해당되며, 또한 아직 중생되지 않았거나 천하게 만들어진 자들에게도 해당된다.[58]

지금까지의 내용을 정리해 보자. 초기 사상과 달리 『몇 가지 질문에 관하여

---

58) V. H. Drecoll, *Die Entstehung der Gnadenlehre Augustins*, 234-5.

『심플리키안에게 보내는 편지』는 하나님이 도우시는 의지가 선한 의지 자체임을 주장한다. 회심의 주도권은 완전히 개인 밖에 놓여 있다. 모든 것이 하나님의 행하심이다. 선한 의지가 부르심을 앞서는 것이 아니라, 부르심이 선한 의지를 앞선다. 우리가 선한 의지를 갖고 있다는 사실은 우리를 부르시는 하나님께로부터 당연히 기인하는 것이다. 따라서 "원하는 자나 달리는 자의 것이 아니라 긍휼히 여기시는 하나님으로 말미암는다"(롬 9:16)[59]는 말씀은 마치 우리가 하나님의 도움 없이는 원한 것을 이룰 수 없는 것으로 이해될 것이 아니라, 우리는 그의 부르심이 없이는 결코 원할 수도 없다는 의미로 이해되어야 한다.

그렇다면 인간의 주도권 관점에서 인간의 자주성은 남아 있는가? 어거스틴에 따르면 매우 적다고 볼 수 있다. 인간은 자발적으로 하나님께 도움을 청하도록 결정할 수 없다. 그 외에도 어거스틴은 주장하기를, 인간은 또한 하나님의 부르심에 어떻게 대답하여야 할지, 즉 하나님의 부르심을 받아들일지, 거부할지를 결정할 수 없다는 것이다. 단지 18개월 전에 마태복음 22:14에 대한 설명에서 어거스틴은 인간이 하나님의 부르심을 거절할 수 있는 가능성을 갖고 있다고 생각했었다.[60] 그리고 절망의 죄에 대한 논의에서 당시 그는 하나님의 용서하심에 인간의 참회가 앞서야 한다고 생각했다.[61] 그러나 이제 어거스틴은 하나님의 주권이 전혀 그러한 여지를 제공하지 않는다고 확신한다. "하나님의 자비가 끼치는 영향은 인간의 힘에 놓여 있을 수 없다."[62] 하나님께서 한 인간을 부르시되 그가 그것에 실제로 따르도록 부르신다면, 그것은 바로 하나님께서 그를 적절하게(효과 있게) 부르셨기 때문에 그가 부르심을 따르게 된 것이다. 그리고 하나님께서 한 인간을 부르시되 그 인간이 그 부르심을 뒤쫓지 않는다면, 하나님께서 상응하게 적절치 않게 그를 부르셨던 것이다. 짧게 말해서 하나님께서는 많은 이들을 부르시나 소수만을 택하신다. 선택되지 않은 많은 이들은 사실 부르심을 받았으나, 그들이 부

---

59) *Ad Simpl*. 1, 2, 12.
60) Cf. *Expositio quarundam propositionum ex epistula apostoli ad Romanos* 47, 5.
61) Cf. *Epistula ad Romanos inchoata expositio* 14, 1-2; 23, 7.
62) *Ad Simpl*. 1, 2, 13.

르심을 따르도록 된 것은 아니다. 따를 것인가, 따르지 않을 것인가에 대한 주도권은 하나님께 머물러야 한다.

이런 견해는 다음과 같은 질문들을 제기한다. 어떤 공로도 한 죄인을 다른 죄인들과 구분하지 않는다면, 하나님은 어떻게 택하실 수 있는가? 왜 하나님은 누군가를 적절하게 부르시는가? 왜 하나님은 에서를 버리시는가? 왜 그는 바로의 마음을 강퍅하게 하시는가? 자율적인 도덕적 본질들에 있어서 어떤 차이도 없다면, 하나님의 행동은 의롭다고 할 수 있는가? 토론 가운데 이 점에서 어거스틴은 로마서 9장에서 계속적으로 중요한 구절에 관심을 기울이는바, 이미 언급된바 있는, 흙 한 덩어리로 하나는 귀한 데 쓸 그릇을 만들고 하나는 천한 데 쓸 그릇을 만드는 토기장이에 대한 구절이다.[63]

(4) 창조주 하나님과 미워하시는 또는 가르치시는 하나님의 일치

18. 여기서 우리는 주님께서 도우신다면, 다음 두 성서구절이 진리임을 이해하도록 노력해야 한다. 즉 "당신은 당신이 창조하신 것 어떤 것도 미워하지 않으신다"와 "나는 야곱을 사랑했고 에서는 미워했다"라는 말씀이다. 하나님께서 에서가 천하게 만들어진 그릇이었기 때문에 미워하셨다면, 그리고 한 토기장이가 한 그릇은 귀하게, 다른 것은 천하게 만드셨다면, 왜 "당신은 당신이 창조하신 것 어떤 것도 미워하지 않으신다"라고 말씀하고 있는가? 왜냐하면 하나님은 (말씀과 다르게) 스스로 천하게 만드신 그릇 에서를 미워하고 계시기 때문이다. 이러한 어려움은 하나님께서 모든 피조물의 근원자이심을 이해하게 되면 해결될 수 있다. 하나님의 모든 피조물은 선한데, 모든 인간은 인간인 한에서는 피조물이지만, 죄인인 한 그렇지 않다. 하나님께서는 인간의 육체와 영혼의 창조주이시다. 두 가지 모두 악하지 않으며, 그 둘 중 어떤 것도 하나님께서 미워하지 않으신다. 왜냐하면 하나님께서는 창조하신 어떤 것도 미워하지 않으시기 때문

---

63) P. Frederiksen, "Die frühe Paulusexegese", 290-1.

이다. 영혼이 육체보다 훌륭하지만, 하나님께서는 이 둘의 창시자요 설립자이기 때문에 영혼과 육체보다 더 훌륭하시다. 하나님께서는 죄를 제외하고는 인간의 어떤 것도 미워하지 않으신다. 죄는 인간의 무질서와 전도(顚倒)인 바, 즉 최고의 위치에 계신 창조주로부터 돌아서는 것(aversio)과 비천한 위치에 있는 피조물에게로 향하는 것(conversio)이다. 따라서 하나님께서는 에서라는 사람을 미워하신 것이 아니라 죄인 에서를 미워하신 것인데, 주님께서 "그가 자기 땅에 오매 자기 백성이 영접치 아니하였으나"(요 1:11)라고 말씀하신 바와 같다. 주님은 다시 그들에게 "너희가 듣지 아니함은 하나님께 속하지 아니하였음이니라"(요 8:47)고 말씀하신다. 왜 그들은 '자기 백성', '하나님께 속하지 않은'이라고 말해지는가? 첫 번째 언급은 그들이 주께서 스스로 창조하신 사람들임을 말하는 것이고, 두 번째는 주께서 스스로 꾸짖으신 죄인들을 말하기 때문이다. 그들 모두 사람인 동시에 죄인인데, 하나님의 창조로부터는 사람, 자기 자신의 의지로부터는 죄인인 것이다.

구속의 과정은 로마서 9:20-21에 따라 구원받은 자와 저주받은 자에 대한 구분으로서 묘사된다. 여기서 전제되는 사실은, 둘 모두 아담에서 기원을 갖는 동일한 상태에서 출발한다는 것이다. 모든 인간은 육신으로 시작되는 바, 이것은 아담이 만들어진 진흙이 의미하는 바이다. 이러한 서술에서 쉽게 이해되는 사실은, 구원과정이 구원받은 자들을 이끌어 내는 원상태란 어쨌든 창조와 관련된다는 것이다. 하나님께서 구원받지 못한 상태에 대해서 역시 책임이 없으신 한, 구원을 하나님에 대한 인간의 순수한 의존으로 서술하는 것은 거꾸로 문제에 봉착한다. 바로 이 질문이 어거스틴이『자유의지론』에서 추구했고 '의지의 자유로운 선택'에 대한 지시를 통해 대답하고자 했던 것이다. 인간이 형이상학적으로 위대한 존재에 의해 나쁜 자가 되고 또 악에 책임이 있는 이 위대한 존재가 창조주 하나님과 같지 않다는 생각은, 여기서 잠재의식 속에서 거절되어진다. 이러한 거부는 반(反)마니교적 맥락에 분명하게 서 있다. 이러한 반마니교적인 논증방향은『몇 가지 질문에 관하여 심플리키안에게 보내는 편지』(I, 2) 이전의 바울주석에서, 심지어『몇 가지 질문에 관하여 심플리키안에게 보내는 편지』(I, 1)에서도 존재했기 때문에, 어거스틴이『몇 가지 질문에 관하여 심플리키안에게 보내는 편지』(I, 2)에서도 에서에 대한 하나님의 미움을 창조주로서의 하나님에게서 기원을 찾고자 하는 것을 거부한 것은 놀랄 일이 아니다. 그러므로 에서에 대한 하나님의 미움은 창조에서 그 기원을 찾을 수 없는데, 하나님께서는 자신이 만드신 것을 사랑하기 때문이다. 그래서 야곱과 에서의 차이를 태양, 달, 별들의 차이와 비교할 수 없는 것이다. 달은 태양 아래에 있으나, 별보다는 더 밝다. 그럼에도 불구하고 이러한 등급은 불행을 당하거나 공로를 얻는 것에서 그 기원을 찾을 수 없고, 오히려 별들은 선한 것으로서 각각 자신의 방식으로 창조되었다. 결국 그것들은 밝기의 다양한 등급으로 규정되어 있고, 이런 규정에 근거하여 선하다. 로마서 9:13에 나오는 말라기 1:2-3과 같은 언급은 태양과 달, 달과 별들에 응용될 수 없다.

어거스틴은 에서에 대한 미움이란 하나님께서 하신 일로 소급될 수 없다는 생각을 다시 다룬다. 여기서 출발점은 지혜서 11:25, 즉 하나님께서는 자신이 만든 것 중 어떤 것도 미워하지 않으신다는 것을 증명하는 구절과 로마서 9:13, 즉 에서는 매우 미움을 받았다는 말씀 사이의 모순이다. 만일 하나님께서 스스로 에서를 천한 그릇으로 만드셨다면, 동시에 지혜서 11:25과 함께 하나님께서 자신의 피조물 어떤 것도 미워하지 않으신다고 주장될 수 없는 것이다. 이런 모순을 해결하기 위해 어거스틴은 하나님께서 모든 피조물을 만드신 분이라는 전제로부터 출발한다. 모든 인간은 인간이라는 측면에서 보면 피조물이지만, 죄인인 한 그렇지 않다. 하나님은 육신과 영혼의 창조주이시다. 인간의 육신과 영혼 둘 다 나쁘지 않으며 하나님으로부터 미움을 받지 않는다. 그렇지만 영혼은 육신보다 상위이다. 하나님이 미워하시는 것은 단지 죄뿐이다. 그러나 죄는 무질서와 부조리, 곧 질서의 뒤바뀜으로 이해될 수 있다. 즉 창조주로부터의 돌아섬과 하위의 피조물로 향함을 뜻한다. 따라서 하나님의 미움은 '인간 에서'를 향한 것이 아니라 '죄인 에서'를 향한 것이다. 인간들은 하나님의 피조물이요 그 자체로서 미움을 받아서는 안 되는 한, 요한복음 1:11에서 '그의 백성'이라고 불린다. 그러나 요한복음 8:47에서는 '하나님으로부터가 아닌'이라고 말하는데, 이것은 죄인으로서의 인간을 의미하는 것이다. 창조를 근거로 하여 인간이고, 본질적인 의지를 근거로 하여 죄인인 사람들과 죄인들이라는 사실이 중요한 점이다.[64]

하나님이 야곱을 사랑하셨기 때문에 야곱은 죄인이 아니었는가? 하나님께서는 그에게서 용서해 주신 잘못을 사랑하신 것이 아니라, 그에게 선사하신 은혜를 사랑하신 것이다. 왜냐하면 그리스도가 또한 불경건한 자들을 위해서 죽으신 것은 그들이 불경건한 자로 머물도록 하기 위함이 아니라, 의로운(의롭게 된) 자로서 그들이 불경건함으로부터 돌아서서 불경건한 자들을 의롭게 하시는 분을 믿도록 하기 위함인 것이다. 하나님께서는 불경건을 미워하신다. 그러므로 그는 어떤 이들에게서는 불경건을 저주로 처벌하시고 다른 이들에게서는 불경건을 칭의로 제거하시는 바, 그분 스스로 (우리가) 이해할 수 없는 방식으로 그것을 결정하신다. 하나님께서는 불경건한 자들의 수 가운데 의롭게 하지 않으시는 자들을 천한 그릇으로 만드신다. 그들이 비록 불경건한 자로서 저주받아 마땅하지만, 하나님은 그들에게서 자신이 만드신 것을 미워하지 않으신다. 그들은 그릇으로 만들어지는 한, 다른 목적으로 만들어진다. 왜냐하면 그들은 자신에게 부과된 처벌을 통해, 귀하게 만들어진 그릇에 유익이 되기 때문이다. 하나님은 그들을 인간으로서나 그릇으로서 결코 미워하지 않으신다. 하나님은 그들에게서 창조주로서 행한 것도, 그들에게서 규정자로서 행한 것도 결코 미워하지 않으신다. 왜냐하면 하나님께서는 창조하신 것 어떤 것도 미워하지 않으시기 때문이다. 그분은 그들을 다른 사람의 훈계 목적으로 파멸의 그릇으로 만드시고, 그들에게서 그분 스스로 만들지 않으신

---

64) V. H. Drecoll, *Die Entstehung der Gnadenlehre Augustins*, 235-6.

> 불경건을 미워하신다. 왜냐하면 재판관이 한 사람에게서 횡령을 미워하지만, 그것 때문에 강제노동으로 판정되는 것(재판관은 도둑이 도둑질의 책임이 있다고 판단한다)을 미워하지는 않듯이, 하나님도 마찬가지이다. 하나님께서 불경건한 무리로부터 파멸의 그릇을 만드신다면, 자신이 행하시는 것, 즉 처벌받아 마땅한 자들이 벌을 받아 멸망당하도록 하는 규정 자체를 미워하지는 않으신다. 그가 긍휼히 여기시는 자들은 이렇게 함으로 구원에 대한 기회를 얻는다. 그래서 바로에게 "내가 이 일을 위하여 너를 세웠으니 곧 너로 말미암아 내 능력을 보이고 내 이름이 온 땅에 전파되게 하려 함이로라"(롬 9:17)고 말해졌다. 하나님 능력에 대한 이러한 증명과 온 땅에 하나님의 이름을 전파하는 것은, 두려워하고 바른 길로 가도록 하기 위하여 부르심이 적절했던 이들에게 유익이 된다.

야곱을 향한 하나님의 사랑은 거꾸로 죄인으로서의 야곱을 향한 것, 즉 하나님께서 깨끗하게 해 주신 잘못을 향한 것이 아니라, 그분이 선사하신 은총을 향한 것이다. 그리스도는 불경건한 자들을 위해 죽으셨는데, 이것은 이들이 의롭게 된 자로서 변화되고 하나님의 미움의 대상인 불경건의 상태에 더 이상 머물지 않도록 하기 위한 것이다. 선택된 자와 버려진 자의 구분은 하나님의 불가해한 판단에 근거하는 바, 그분은 어떤 이들을 저주로 처벌하시고 다른 이들을 칭의로 구원하신다. 하나님께서는 불경건한 자들 중에 의롭게 하시지 않는 자들을 천한 그릇으로 만드신다. 여기에는 하나님께서 불경건한 자들을 (이들이 인간인 한) 창조하셨고 그들 자체는 미워하지 않으셨다는 차원 외에, 또한 하나님께서 그들을 불경건한 자로서 미워하시고 상응하게 규정하면서 처벌하신다는 차원이 있다. 여기서 불경건한 자로서 이들은 실제 저주받아 마땅한 것이다. 이러한 차원들 외에 세 번째 차원이 구별되어야 한다. 그릇으로서 표현하는 것과 연계하여 어거스틴은 버려진 자들의 처벌을 '이용'과 관련시킨다. 규정에 맞게 주어진 처벌을 통하여 귀하게 쓸 그릇은 진보를 한다. 버려진 자들은 다른 이들을 교정하는 데 기여하지만, 하나님께서는 그들 안에 있는, 하나님 자신이 만드시지 않은 불경건을 미워하신다. 어거스틴은 광산에서 강제노동을 통한 도둑질의 처벌이라는 비유로 설명한다. 재판관은 사람이 행한 도둑질을 미워하지만, 그 자신이 규정한 처벌은 미워하지 않는다. 이것과 동일하게 하나님께서는 그가 만드신 인간을 미워하지 않을 뿐만 아니라, 규정의 일로서 간주될 수 있는 처벌도 미워하지 않으신다. 버림받은 자들은 정해진 벌을 근거로 하여 멸망하지만, 하나님께서 긍휼히 여기시는 다른 이들은 구원의 기회를 발견한다. 이미 로마서 9:17이 보여 주는 것처럼 처벌의 목표는, 하나님의 능력이 나타나 그러한 부르심에 적합한 자들이 두려워하여 태도를 바르게 하는 데 있는 것이다.[65]

> 그래서 사도는 "하나님이 그 진노를 보이시고 그 능력을 알게 하고자 하사 멸하기로 준비된 진노의 그릇을 오래 참으심으로 관용하시고"(롬 9:22)라고 말한다. 여기서 우리가 함께 들어야 할 말씀은 "네가 뉘기에 감히 하나님께 반문하느냐"이다. 우리가 이것을 앞서 말해진 것과 관련시키면 다음과 같은 의미가 있다. 즉 하나님께서 진노함을 보이고자 하셨고 진노의 그릇을 참으셨다면, 네가 뉘기에 감히 하나님께 반문하느냐? 그러나 하나님은 진노를 보이고 자신의 능력을 증명하기를 원하셨기 때문만이 아니라, "긍휼의 그릇에 대하여 그 영광의 부요함을 알게 하고자" 파멸로 정해진 진노의 그릇을 오래 참으심으로 관용하셨다. 하나님께서 멸망으로 결정된 그릇들을 규정된 방식으로 파멸시키시고 긍휼히 여기시는 자들의 구원을 위한 도구로서 사용하시기 위해 그들을 관용하심으로 참는 것은, 그들에게 무슨 유익이 있는가? 어쨌든 그것은 하나님께서 구원을 위해 이런 수단을 사용하는-그래서 성경에 나와 있는 것처럼 의인은 죄인의 피에 자신의 손을 씻을 것이다(시 58:10)-대상이 되는 자들에게 유익이 된다. 이것이 뜻하는 것은, 의로운 자는 죄인들에게서 처벌이 행해지는 것을 보면, 하나님에 대한 두려움으로 악한 행위로부터 정결하게 되

---

65) V. H. Drecoll, *Die Entstehung der Gnadenlehre Augustins*, 236-7.

어야 한다는 것이다. 따라서 하나님께서 자신의 진노를 보이시기 위하여 진노의 그릇을 참으신다는 사실은, 다른 사람에게서 유익한 두려움을 불러일으키고, 영광으로 미리 정해 놓으신 자비의 그릇들에게 자신의 영광의 부요함을 보이시는 데 적합하다. 왜냐하면 불경건한 자들의 이러한 완고함은 다음 두 가지를 보여주기 때문이다. 첫째로 그것은 각각의 사람들이 경건함 속에서 하나님께 돌아가기 위해서 누구를 두려워해야 할 것인가를 보여 준다. 둘째로 어떤 사람들의 처벌을 통해 다른 사람들을 사하는 것을 보여 주시는 하나님의 자비하심에 대해 얼마나 많이 감사해야 하는가를 보여 준다. 하나님께서 어떤 이들에게 요구하시는 처벌이 정당하지 않다면, 하나님은 처벌을 요구하지 않으시는 다른 사람들에게서 어떤 것도 사하지 않으실 것이다. 그러나 처벌은 정당한 것이고, 벌하시며 단호한 조치를 취하시는 하나님에게 불의함은 없다. 하나님께서 빚을 요구하고자 하신다면 빚을 지지 않았다고 어느 누구도 정당하게 말할 수 없는 그런 빚을 사하시는 하나님께, 그 누가 충분하게 감사할 수 있겠는가?

하나님께서 진노의 그릇을 가져가면서 자신의 진노를 보이고 능력을 나타내시는 것은, 어거스틴에 따르면 대답을 금하는 로마서 9:20 상반절의 질문 배경에서 이해될 수 있다. 어거스틴은 이런 생각을 더 자세하게 설명하지는 않으나 로마서 9:20 상반절에 관한 해석에서 특히 강조한 사실은, 하나님의 진노는 인간 스스로 행한 죄와 관련되기 때문에 정당하다는 것이다. 이런 생각에 이젠 '이용'이라는 개념이 더해진다. 로마서 9:23 상반절은 9:22을 계속 이어가되, 멸망을 위해 만들어진 진노의 그릇이 주어진 목적은 하나님께서 자비의 그릇에서 일어나는 영광의 풍성함을 알리기 위함이라는 것이다. 하나님께서 그들을 인내로 참으시며, 그 후 규정된 방식으로 그들을 파멸하시고 그들을 다른 이들의 구원을 위한 도구로써 사용하시는 것은, 버림을 받은 자들에게는 아무 유익도 없다. 그러나 하나님께서 구원을 위해 버림받은 자들을 사용하시는 대상이 되는 자들에게는 버림받은 자의 처벌은 매우 유용하다. 그것은 곧 하나님에 대한 두려움을 일으키며 이를 통하여 악한 행위로부터 정화되게 한다. 완악함은 무엇을 무서워해야 하는지를 보여 준다. 이러한 두려움은 누군가 경건 속에서 하나님께로 회심하는 것을 목표로 하며, 게다가 자비의 어떤 은총들이 하나님에 의해서 행해질 수 있는지, 합당한 처벌을 사하는 은혜가 얼마나 큰지를 보여 준다. 어거스틴이 특히 강조한 사실은 합당한 벌에 관련된다는 것, 즉 처벌하시는 하나님에게 불의란 없으시다는 것이다. 왜냐하면 정당한 처벌이 중요하다면, 하나님께서 벌을 사하시는 것은 오직 선물 주시는 것으로서 이해될 수 있기 때문이다.

『몇 가지 질문에 관하여 심플리키안에게 보내는 편지』(I, 2) 첫 부분부터 여기까지, 즉 로마서 9:23까지의 강해에 대해 정리해 보자. 은혜라는 개념은 로마서 9:11 하반절부터 9:23의 강해까지 산발적으로 나오는데, 자비라는 개념, 즉 버리심과 반대되는 모든 구속의 행동을 포함하는 자비가 중심을 이루고 있다. 자비라는 개념은 로마서 9장부터 암시되는데, 그에 상응하여 자비라는 개념은 무엇보다도 로마서 9:15(반대로 완고함은 자비를 제공하지 않는 것으로 나타남)과의 맥락, 그리고 로마서 9:23과의 맥락에서 나온다. 그 외에도 그 개념은 은총과 결합되고(gratia misericordiae) 은총처럼 공로의 반대개념으로 사용되며(박해자 바울은 그럼에도 불구하고 자비를 얻었다) 부르심과 연결된다. 그 외에 자비의 행위들과 자비의 영향에 대해 말한다. 원하게 되는 것은 자비에 근거한다(자비만으로는 충분치 못하다는 가설로 설정된 명제는 거절된다). 은총과의 연결, 공로에 대한 반대, 믿음, 소원, 의로운 행동과의 맥락들은 자비가 『몇 가지 질문에 관하여 심플리키안에게 보내는 편지』(I, 2)에서 은총에 대한 병행적인 개념임을 보여 준다. 이를 통하여 은혜라는 개념을 선택론과 직접적으로 연결시키는 것이 준비되었는 바, 이것은 『몇 가지 질문에 관하여 심플리키안에게 보내는 편지』(I, 2)의 결론부분에서 확인될 수 있다.

은총이라는 개념은 먼저 일반적으로 인간들이 향하는 구원으로, 그리고 그리스도인들에게서 이미 시작된 것으로, 잘못에 대한 반대로, 마지막으로 벌에 대한 반대로 나타난다. 후자 두 가지 사용에서 은총이라는 개념은 동사

'선사하다'와 연결되어 있다. 은총과 '선사하다'는 단어가 사용되는 의미론적 영역은 재판절차이다. 하나님은 잘못을 근거로 하여 본래 벌을 요구하셔야 하는 처벌하시는 재판장이시지만 잘못을 사하시는데, 이것을 은혜라 표현할 수 있다. 광산에서 도둑을 강제노동으로 판정한 재판관의 비유가 이런 사용에 적합하다. 이런 의미론적 영역에 두 번째로 재정제도가 추가된다. 특히 빚이라는 개념의 맥락에 있는 동사 '요구하다-선사하다'는 어거스틴 스스로가 든 예, 곧 몇몇 빚진 자들에게 빚을 사해 주지만 다른 이들에게는 빚을 요구하는 채권자의 예를 가리킨다.

구속은 배척과 대립된 것으로 묘사되나, 배척 자체는 교육도구로서 긍정적인 작용을 갖는다. 배척되는 것은 자기 책임이며 하나님에 의해 정당한 방식으로 처벌로 판결되어진다. 자기의 책임이라는 상태와 하나님에 의해 사용되는 교육도구로서의 작용 사이의 변증법적인 관계에 있는 배척은 『몇 가지 질문에 관하여 심플리키안에게 보내는 편지』(I, 1)의 율법개념에 상응한다. 4단계설이 『몇 가지 질문에 관하여 심플리키안에게 보내는 편지』(I, 2)에 나타난 은총론의 기본적인 구조가 아닌 것처럼, 『몇 가지 질문에 관하여 심플리키안에게 보내는 편지』(I, 2)에는 우연히도 율법이라는 개념이 나와 있지 않다.[66]

19. 사도는 "그가 우리를 유대인 중에서 뿐만 아니라 이방인 중에서도 부르셨다"(롬 9:24)라고 말한다. 즉 하나님께서 영광으로 미리 정하신 자비의 그릇들은 모든 유대인이 아니라 유대인 중 어떤 이들이고, 모든 이방인 역시 아니라 이방인 중 어떤 이들이다. 왜냐하면 아담 이후로 죄인들과 불경건한 자들의 무리가 존재하기 때문이다. 하나님의 은혜를 거부하는 유대인과 이방인들은 하나의 무리에 속한다. 토기장이가 한 덩어리로 하나는 귀하게 쓸 것으로 다른 하나는 천하게 쓸 것으로 만든다면, 분명한 사실은 유대인에게서 귀하게 쓸 그릇과 천하게 쓸 그릇이 있을 뿐만 아니라 이방인들 가운데서도 그렇다는 것이다. 이로부터 모든 사람들은 하나

---

66) V. H. Drecoll, *Die Entstehung der Gnadenlehre Augustins*, 237-9.

의 덩어리에 속한다는 사실을 인식해야 한다는 사실이 도출된다.

이어서 사도는 이 두 무리에 관한 예언을 뒤바뀐 순서로 진술하기 시작한다. 그는 우선 유대인에 관해, 후에 이방인에 관해 말한다. 그러나 그는 우선 이방인에 관한 증언을 하고 나서 유대인에 관해 증언한다. "호세아 글에도 이르기를 내가 내 백성 아닌 자를 내 백성이라 사랑치 아니한 자를 사랑한자라 부르리라 너희는 내 백성이 아니라 한 그곳에서 저희가 살아 계신 하나님의 아들이라 부름을 얻으리라"(롬 9:25-26). 이것은 이방인과 관련되는데, 왜냐하면 이들은 유대인들처럼 예루살렘에 고정된 제사 장소를 갖고 있지 않았기 때문이다. 사도들이 이방인들에게 보내진 것은, 각자가 자신의 장소에서 믿으며 믿음에 이르게 되는 어느 장소에서든지 찬양의 제사를 드리도록 하기 위한 것이다. 하나님께서 그들에게 하나님의 아들이 될 수 있는 능력을 주신 것이다.

사도는 "이사야가 이스라엘에 관하여 외치되"라고 말한다. 그는 모든 이스라엘인들이 저주받게 될 것이라 생각하지 말라고 가르친다. 따라서 귀하게 쓸 그릇과 천하게 쓸 그릇이 있는 것이다. 그는 "이스라엘 뭇 자손의 수가 비록 바다의 모래 같을지라도 남은 자만 구원을 얻으리"라고 말한다. 따라서 그 외의 그릇 무더기는 파멸로 결정되어 있다. 그는 "왜냐하면 주께서 땅 위에서 그 말씀을 이루고 속히 시행하시리라 하셨기 때문"이라고 말한다. 이것이 의미하는 바는, 하나님께서 은혜를 통하여 믿는 자를 구원하시는 방법은 믿음이라는 가장 짧은 길을 통해서이지, 유대 백성을 마치 노예처럼 제압한 셀 수 없이 많은 규칙들과 명령들을 통해서가 아니라는 것이다. 주님은 은혜로써 우리를 위해 말씀을 이루시고 속히 시행하시면서 땅 위에서 행하시는데, "내 멍에는 쉽고 내 짐은 가벼움이니라"(마 11:30)고 말씀하신다. 바울 또한 본문에서 조금 후에 다음과 같이 말한다. "말씀이 네게 가까워 네 입에 있으며 네 마음에 있다 하였으니 곧 우리가 전파하는 믿음의 말씀이니라 네가 만일 입으로 예수를 주로 시인하며 또 하나님께서 그를 죽은 자 가운데서 살리신 것을 네 마음에 믿으면 구원을 받으리라 사람이 마음으로 믿어 의에 이르고 입으로 시인하여 구원에 이르느니라"(롬 10:8-10). 이것이 바로 주님께서 땅 위에서 행하신 것을 성취하고 속히 시행하는 말씀이다. 이러한 성취와 속히 시행함을 통하여 몸 전체가 십자가에 못 박힌 강도는 의롭게 되었던 것이다. 그는 두 부분 모두 자유함을 얻었다. 즉 그는 마음으로 믿어 의에 이르렀고 입으로 시인하여 구원을 받았다. 그리고 즉시 그는 "오늘 네가 나와 함께 낙원에 있으리라"는 말을 합당하게 들었다. 그가 은혜를 받은 후에 사람들 사이에서 오랫동안 살았다면, 선한 행동들이 뒤따랐을 것이다. 그것들은 앞서 행해지지 않았다. 만일 행해졌다면, 그는 강도의 삶으로부터 십자가에 못 박혔고 십자가로부터 낙원으로 옮겨지는 은혜를 실제 받을 만한 자격을 갖게 되었을 것이다.

사도는 "또한 이사야가 미리 말한 바 만일 만군의 주께서 우리에게 씨를 남겨 두지 아니하셨더라면 우리가 소돔과 같이 되고 고모라와 같았으리라"(롬 9:29)라고 말한다. 여기서 그는 "남은 자가 구원받게 될 것이라"는 말씀과 상응하게 "그가 우리에게 씨를 남겨 두지 아니하셨더라면"이라고 말한다. 나머지는 멸망의 그릇으로서 합당한 죽음의 처벌 때문에 멸망했다. 그리고 소돔과 고모라와 같이 모든 사람들이 다 멸망당하지 않은 것은, 그들의 공로 때문이 아니라 다른 수확이 온 땅 위에서 생겨나게 되는 씨를 남겨 두신 하나님의 은혜 덕택인 것이다. 얼마 후 사도는 또한 "이와 같이 지금도 은혜로 택하심을 따라 남은 자가 있느니라 만일 은혜로 된 것이면 행위로 말미암지 않음이니 그렇지 않으면 은혜가 은혜 되지 못하느니라 그런즉 어떠하냐 이스라엘이 구하는 그것을 얻지 못하고 오직 택하심을 입은 자가 얻었고 그 남은 자들은 우둔하여졌느니라"(롬 11:5-7)고 말한다. 자비의 그릇은 (구하는) 그것을 얻었고 진노의 그릇은 우둔하여졌는데, 둘 모두 다수의 이방인에서처럼 동일한 덩어리로부터 나온 것이다.

어거스틴은 로마서 9:24로부터, 유대인과 이방인들은 죄인들 무리와 불경건한 자들의 무리로부터 나왔으며 거절된 은혜는 무리(덩어리)와 관련 있다고 분명히 밝힌다. 그런 후에 로마서 9:25-29에 있는 바울의 성서증거들을 논의하며 집회서 33:10-15을 비교구절로 인용하면서 로마서 9:10-29의 강해를 끝맺는다. 여기서 로마서 9:25-26은 이방인조차 하나님의 아들이 될 가능성이 있음을 증명하는 반면, 로마서 9:27-28은 유대인들과 관련된다. 어거스틴은 로마서 9:28에 나오는 성취하고 속히 이루는 말씀을 믿음의 요약이라고 해석한다. 이 믿음의 요약을 통하여 신자들은 은혜로 말미암아 구원받게 될 가능성을 갖게 된다. 여기서 은혜는 사람들을 노예처럼 괴롭게 한 많은 율법의 규정들과 대립한다. 그것이 하나님께서 은혜를 통하여 성취하고 속히 이루는 말씀을 창조하셨음을 의미한다는 것은, 로마서 10:8-10에서 나온 것이다. 이 말씀은 곧 마음과 입의 고백에 관해 말하고 있다. 십자가에 달린 강도가 예로 설명되는데, 그는 십자가에서 아직 마음과 입만은 자유로웠기에 구원에 대한 고백을 하여 천국에 도달했다. 그가 은총을 받은 후에 오랫동안 사람들 가운데서 살았다면, 이 고백에 선행이 뒤따랐을 것이다. 하지만 그가 그런 행위들을 통해 은혜를 얻을 수 있도록 그러한 행위들이 은총에 앞선 것은 아니었다. 로마서 9:29이 결론적으로 입증하는 것은, 유대인이나 이방인에 있어 파멸의 그릇은 멸망당하고, 나머지는 공로 때문이 아니라 단지 하나님의 은혜를 근거로 하여 남겨진다는 사실이다. 이것은 로마서 11:5-7에 상응한다.[67]

20. 이미 말한 것을 놀라울 정도로 증언하는, 우리가 이제 꼭 다루어야 하는 성서구절들이 있다. 하나는 예수 시락서, 다른 하나는 집회서의 말씀이다. "아담이 흙으로 빚어졌으니 모든 사람은 흙으로 만들어졌다. 주님은 크신 예지로 사람들을 구별하시고 그들의 처지를 각각 다르게 만드셨다. 그래서 어떤 사람들은 축복하시어 높여 주셨고 어떤 사람들은 거룩하게 하시어 당신 곁에 두셨다. 그런가 하면 주님의 저주를 받아 비천하게 되어 차지했던 자리에서 쫓겨난 사람들도 있다. 옹기장이가 제 마음대로 진

---

67) V. H. Drecoll, *Die Entstehung der Gnadenlehre Augustins*, 239.

흙을 빚어서 그릇을 만들듯이 창조주께서는 당신 판단대로 모든 사람들에게 상벌을 내리신다. 악의 반대편에는 선이 있고 죽음의 반대편에는 생명이 있듯이, 죄인의 반대편에는 경건한 사람들이 있다. 지극히 높으신 분의 모든 업적을 살펴보아라. 모든 것은 서로 반대되는 것끼리 짝을 이루고 있다"(집회 33:10-15). 여기서 우선 하나님의 지혜가 찬양되어졌다. 즉 주님은 크신 예지로 사람들을 구별하셨고(낙원의 축복으로부터가 아니라면 무엇으로부터이겠는가?) 그들의 처지를 다르게 만드셨는데, 이것은 그들이 이제 죽을 수밖에 없는 존재로 살도록 하기 위함인 것이다. 당시 모든 이들로부터 한 무리가 생겨났다. 하나님께서 선한 것을 형성하시고 만드셨을지라도, 이 무리는 죄의 유전과 죽음의 벌로부터 나온다. 모든 사람들 안에 육체의 형태와 구조는 구성하고 있는 모든 부분이 일치하는 형태로 되어 있어, 사도는 이 비유를 사랑이 어떻게 얻어지는지에 대한 설명으로 사용했다. 또한 모든 이들 안에는 이생의 구성원들을 생생하게 만드는, 삶을 주시는 영이 거한다. 인간의 전체 본성은 영혼의 지배와 육체의 섬김 아래에 놀라운 조화 가운데 유용하게 규정되어 있다. 그러나 죄에 대한 처벌 결과 지배하는 육체적 정욕은 모든 인류를 하나의 진흙덩어리처럼 함께 합쳤는데, 이는 모든 사람에게 머무는 원래의 잘못[원죄] 때문이다.

그럼에도 불구하고 "어떤 사람들은 축복하시어 높여 주셨고 어떤 사람들은 거룩하게 하시어 당신 곁에 두셨다. 그런가 하면 주님의 저주를 받아 비천하게 되어 차지했던 자리에서 쫓겨난 사람들도 있다"는 말씀이 뒤따른다. 사도는 동일한 것을 말한다. "토기장이가 진흙 한 덩이로 하나는 귀히 쓸 그릇을, 하나는 천히 쓸 그릇을 만들 권한이 없느냐?" 그러므로 계속되는 본문은 동일한 대조를 하고 있다. "토기장이가 제 마음대로 진흙을 빚어서 그릇을 만들듯이 인간은 창조주의 손 안에 있다." 그러나 사도는 "하나님께 불의함이 있는가"라고 묻기 때문에, 예수 시락서가 첨부하는 것을 또한 주목하라. "창조주께서는 당신 판단대로 모든 사람들에게 갚으신다." 그러나 저주받은 자들에게 의로운 처벌이 덧붙여진다고 할지라도, 그것은 자비가 선사되는 이들의 유익을 위해 이루어진다. 따라서 결론에 주목하라. "악의 반대편에 선이 있고 죽음의 반대편에 생명이 있듯이, 죄인의 반대편에는 경건한 사람들이 있다. 지극히 높으신 분의 모든 업적을 살펴보아라. 모든 것은 서로 반대되는 것끼리 짝을 이루고 있다." 어쨌든 더 나은 것은 더 악한 것과의 비교로부터 두드러지게 되고 유익을 얻는다. 그러나 더 나은 것은 은혜를 통하여 생기기 때문에 "남은 자가 구원받게 될 것이다"는 말씀이 뒤따르고, 예수 시락서는 남은 자의 이름으로 다음과 같이 말한다. "나 역시 포도재배자 배후에서 추수를 하는 자처럼 마지막 사람으로 깨어 있었다." 그는 그것이 자신의 공로가 아니라 하나님의 자비하심을 통해서라는 사실을 무엇을 통해 증명하는가? 그는 "나 역시 하나님의 축복을 신뢰하였는 바, 나는 포도재배자처럼 포도압축기를 채웠다"라고 말한다. 그 역시 마지막 사람으로 깨어있었다. 말한 것처럼 나중 된 자들이 처음 된 자들이 되기 때문에, 이스라엘 백성은 주님의 축복에 대한 기대 속에서 남아 있는 포도들과 함께 온 땅 위에 넘치는 포도수확으로부터 포도압축기를 채웠다.

어거스틴은 로마서 9:25-29에 보충하여 집회서 33:10-15을 인용한다. 여기서 그는 출발상황으로 낙원에서 타락한 상황, 즉 죄의 가지와 죽음의 벌로부터 오는 한 무리를 묘사한다. 하나님 자신은 단지 선한 것들을 형성하고 만드셨는데, 이것은 세 측면으로 표현된다. 우선 육체에 있어 모양과 구성은 바울이 심지어 교회에 대한 은유로서 사용할 수 있는 모든 지체들의 일치로 되어 있다. 그리고 모든 이들 안에는 이생의 지체를 살게 하는 생명의 영이 있다. 마지막으로 사람의 모든 본성에는 영혼이 지배하고 육체는 섬긴다는 규정이 있다. 하지만 이런 규정은 죄의 벌을 근거로 하여 방해를 받음으로 육체의 정욕이 인류 전체를 지배하며 한 무리를 뒤죽박죽하게 하는데, 여기서 원래적인 잘못이 근본적으로 지속된다. 어거스틴은 계속되는 집회서 33:11-15을 하나님의 구원행동이 구원받은 자와 버림받은 자를 구분하시는 것에 대한 증거로 해석하는 바, 이것은 두 번 모두 토기장이라는 이미지를 통해 표현된다. 이러한 구분하시는 행동은 하나님의 판단에 근거한다. 버려진 자에게서의 벌은 선택된 자들이 자비를 근거로 하여 성장(진보)하도록 하는 '사용'을 목표로 한다. 결국 처음에 인용된 단락 집회서 33:10-15을 잇는 33:16-7은, 선택된 자는 은혜를 통하여 더 나은 자들이며 구속은 공로가 아니라 하나님의 자비에 근거하고 있음을 보여 주는 데 기여한다.[68]

(5) 은총과 택함의 연결 - 공포의 논리?

21. 우리에게 은혜의 본질에 대한 통찰(intelletus gratiae)을 설명한 사도와 모든 의로운 자들의 의도는, 단지 자랑하는 자는 주님 안에서 자랑하라는 것이다. 동일한 한 덩어리에서 하나는 저주하고 다른 하나는 의롭게 하시는 하나님의 행동을 누가 감히 토의에 부칠 수 있는가? 자유의지는 매우 큰 가치를 가지고 있고 분명 그것은 존재하지만, 그것이 죄 아래에 팔린 자들에게서 어떤 가치가 있겠는가? 사도는 "육체의 소욕은 성령을 거스르고 성령은 육체를 거스르나니 이 둘이 서로 대적함으로 너희가 원하는 것을 하지 못하게 하려 함이니라"(갈 5:17)고 말한다. 우리에게는 도덕적으로 선하게 살도록 명령되어졌다. 이에 대하여 우리는 영원히 복되게 살 수 있게 된다는 보상이 약속되어진다. 그러나 믿음으로써 의롭게 되지 않았다면, 누가 도덕적으로 선하게 살고 선한 행동을 할 수 있는가? 우리는 믿으라는 명령을 받았는데, 이는 우리가 성령을 받음으로 사랑을 통하여 선한 행동을 할 수 있도록 하기 위해서이다. 그러나 부르심을 통해, 즉 사실에 대한 증언증거를 통해 감동되지 않는다면, 누가 믿을 수 있는가? 자신이 보았던 무엇인가에 의해 자신의 의지가 믿음으로 향하는 방식으로 생각이 감동되는 것은 누구의 능력에 놓여 있는가? 누가 자신을 만족시키지 않는 어떤 것에 영혼 전체를 향하는가? 그를 만족시킬 수 있는 것을 만나

---

68) V. H. Drecoll, *Die Entstehung der Gnadenlehre Augustins*, 239-40.

는 것, 또는 그가 만난 것이 그를 만족시키는 것은 누구의 능력에 달려 있는가? 따라서 우리가 하나님께 인도되는 것에 우리 자신이 기뻐하게 된다면, 그것 역시 하나님의 은혜로 주어진 것이며 선물 받은 것이다. 그것은 우리의 의지나 노력을 통해서, 또는 공로로 가득한 행위로 얻어지는 것이 아니다. 왜냐하면 의지의 동의가 있는 것, 끈기 있는 노력이 있는 것, 불타는 사랑으로 가득한 행동이 있는 것, 이것들은 하나님께서 나누어 주시고 선사하시는 것이기 때문이다. 우리는 받기 위해 간구하고, 찾기 위해 구하고, 열리도록 두드리라는 명령을 받았다. 우리의 기도가 때때로 미지근하고 오히려 차갑고 능력이 없지는 않은가? 때때로 우리의 기도가 전무하여 우리 안의 이러한 상태를 고통스럽게 인식하지 못하는 경우는 없는가? 우리가 그런 고통을 느끼기만 해도, 우리는 이미 기도하고 있는 것이다. 이것이 우리에게 보여 주고 있는 것은 다름이 아니라 우리에게 그것을 하도록 명령하시는 분이 간구와 찾음과 두드림을 제공하신다는 사실이다. "원하는 자로 말미암음도 아니요 달음박질하는 자로 말미암음도 아니요 오직 긍휼히 여기시는 하나님으로 말미암음이니라." 왜냐하면 그가 우리를 재촉하거나 움직이지 않으시면, 우리는 원하거나 달릴 수 없기 때문이다.

어거스틴은 지금까지의 생각들을 묶는다. 바울과 모든 의롭게 된 자들의 의도는, 자랑하는 자는 주님 안에서 자랑해야 한다는 것이다. 바울과 의롭게 된 자들을 통해 은총에 대한 이해(intellectus gratiae)[69]가 표현된다. 자유의지(의지의 자유로운 선택)는 매우 중요하며 어쨌든 존재하지만, 이것의 가치는 죄 아래 팔린 자들에게서는 극히 제한적이다. 어거스틴은 이러한 제한을 갈라디아서 5:17, 육신과 영의 싸움에 관한 구절로써 증명한다.

---

69) *Ad Simpl.* 1, 2, 21. '은총에 대한 인식(통찰)'이라는 표현은 뢰슬(Lössl)의 책 *Intellectus grataie*에서 어거스틴의 은총론을 인식론으로 서술하고자 하는 시도의 출발점으로 사용되었다. 은총 사건은 은총 사건에 대한 통찰과 동일하다는 것이다. 하지만 이 표현은 '신앙의 인식'(intellectus fidei)과 유사한 형태로는 이해될 수 없다. Cf. V. H. Drecoll, *Die Entstehung der Gnadenlehre Augustins*, 243 각주 227.

인간은 올바르게 살아야 한다는 명령을 받는데, 그 대가로 얻을 보상은 영원히 행복한 삶이다. 하지만 믿음으로 의롭게 된 자만이 바르게 살고 선하게 행할 수 있다. 그러므로 가장 먼저 추구해야 할 것은 믿는 것이다. 이는 사람이 성령의 선물을 받은 후 사랑을 통하여 선하게 행할 수 있도록 하기 위함이다. 이러한 표현을 통해 어거스틴은 『몇 가지 질문에 관하여 심플리키안에게 보내는 편지』(I, 1)와 갈라디아서 강해에 있는 사상들을 다룬다. 특히 규정(명령)을 언급하는 데 사용된 성경구절들이 이것을 대변한다. 마니교를 반박하는 방향설정은 갈라디아서 5:17과 율법의 작용(명령)에서 알 수 있다. 『몇 가지 질문에 관하여 심플리키안에게 보내는 편지』(I, 2) 전에는 거의 나타나지 않는 성령의 선물에 대한 생각 또한 『몇 가지 질문에 관하여 심플리키안에게 보내는 편지』(I, 2) 작품 이전에 속하는 바울서신주석의 부수적인 영역에 놓여 있다. 어거스틴은 이러한 기본적인 사상들을 『몇 가지 질문에 관하여 심플리키안에게 보내는 편지』(I, 2)에서 발전시킨 부르심의 은혜라는 생각으로 보충한다.

누군가 믿을 수 있는 것은 오직 부르심, 즉 사실의 증언증거에 근거한다. 내적인 믿음의 결정에 결정적인 단계는, 인간에 의해 이루어지는 사건에 의해서 결정되는 것이 아니다. 인간은 자신의 마음이 그러한 모습을 통하여 자신의 의지가 믿음으로 움직여지도록 자극받는 것을 자신의 능력 안에 갖고 있지 않다. 인간 자신의 영혼이 무엇인가를 붙잡는 근거는 그것을 기뻐하기 때문이다. 기쁘게 하는 것을 만나는 것은 이렇게 기뻐하는 것 자체처럼 인간의 능력 안에 있는 것이 아니다. 오히려 우리를 기쁘게 하는 것은 하나님의 은혜를 통하여 불러일으켜지고 제공된다. 하나님의 은총을 근거로 한 이러한 수여는 자신의 의지, 자신의 노력, 일들의 공로에 의해 공급되는 것과 반대되는 일이다. 원함과 노력조차, 사랑의 행위들조차, 아니 구하고 찾고 두드리는 것 자체를 하나님께서 제공하고 선사하신다.

로마서 9:16이 말하는 내용은, 하나님께서 인간을 움직이고 자극하실 때 비로소 원하고 달리는 것이 가능하다는 것이다. 따라서 택함의 대상은 의지이다. 의지는 영혼을 기쁘게 하고 초대하는 무엇인가를 만나게 될 때만이 움직여질 수 있다. 그리고 이러한 만남은 인간의 능력 안에 있는 것이 아니다. 여기에서 인간의 의지는 수용적인 것으로 그려지고, 그 능력은 분명히 제한되어진다. 이것에 비해 하나님은 도처에서 특정한 방식으로 영향력이 있는 권세로서 나타나는데, 외적으로 뿐만 아니라 인간의 내면에서도 그렇다. 모든 것을 결정하는 중심으로 하나님을 묘사하는 하나님 개념의 윤곽은, 예지의 거부를 근거로 하여 결정적인 것이 되며 은총과 공로의 대조와 관련되어진다. 이러한 생각은 인간의 원함이 통틀어 수용적인 것으로 이해된다는 사실을 통하여 확대된다.

사람은 특정한 감명을 받아들이고, 자신을 기쁘게 하는 것이 자신에게 의미 있는 것으로 오는지 아닌지 인간 스스로는 결정할 수 없다. 어거스틴은 이것으로써, 자유의지론 3권에서 이미 유효하게 된 생각을 붙잡는다. 이로써 본질적으로 인식론에서 나오는 인식구조는 은총행위의 맥락에 있는 의지 개념과 관련되어진다. 그러나 이러한 생각은 의지의 결정과 기뻐하는 것과의 관련을 통하여 새로운 의미를 얻는다. 은총행위는 통찰의 수여로서만 묘사될 수는 없다. 동시에 어거스틴은 4단계설의 논증방향, 즉 자유의지가 존재한다는 것을 받아들인다. 인상적이게도 어거스틴은 마음의 수용성을 오직 긍정적인 면과 관련하여 묘사한다. 즉 기뻐하는 것과 대조되는 것은 결여되어 있다. 죄 개념은 이러한 숙고에서 배제되어 있다. 여기에서 나타나는 사실은, 자유의지를 죄의 원인으로 주장하는 것과 인간의 구원을 하나님께 의존하는 것으로 묘사하는 것은 서로 나란히 서 있다는 점이다.[70]

> 22. 여기서 일종의 선택이 있다면, 우리는 "은혜로 택해진 나머지가 있다"는 말씀을 마치 의롭게 된 자를 영원한 생명으로 택하는 것으로 이해해서는 안 된다. 오히려 의롭게 될 자들이 선택되는 것이다. 이러한 선택은 분명 감추어져 있어서, 모든 인간을 한 덩어리의 부분으로 간주해야 하는 우리로서는 그것을 인식하기가 쉽지 않다. 그것이 누군가에게 인식가능

---

70) V. H. Drecoll, *Die Entstehung der Gnadenlehre Augustins*, 240-1.

하다면, 나는 이 점에서 나의 연약함을 고백한다. 왜냐하면 구원을 가져다주는 은혜에로 인간을 선택함에 있어서 나의 관심을 어디에 둘 수 있는지, (이러한 선택을 검토하기 위하여 숙고해 보면) 보다 큰 재능이나 보다 작은 죄, 또는 이것 두 가지 이외에는 어떤 것도 가지고 있지 않기 때문이다. 혹시 마음에 든다면 가치가 있거나 유익을 가져다주는 가르침(doctrina)들을 추가해 보자. 그렇게 되면 가능한 적게 죄에 사로잡히거나 더러워진 자(누가 그것으로부터 완전히 자유로울 수 있는가?), 훌륭한 재능이 있고 자유학문(가르침)의 교육을 받은 모든 자가 은혜로 선택될 수 있을 것이다. 그러나 내가 이것에 따라 판단한다면, 강함을 꺾기 위해 세상에서 약함을 선택하신 분, 그리고 세상의 지혜를 꺾기 위하여 세상의 어리석음을 택하신 분이 나를 비웃으신다. 그렇게 하여 내가 그분께 눈을 돌리고 부끄러워하며 나의 잘못을 개선하고 다른 많은 이들, 즉 죄인들보다는 순결한 자들, 어떤 어부들보다는 수사학자들을 비웃도록 하신다. 하나님의 길을 가는 많은 믿음의 사람들이 자신들의 재능으로 어떤 이단뿐만 아니라 어릿광대들보다 성숙하지 못했음을 우리는 보고 있지 않는가? 역시 많은 남자들과 여자들이 결혼의 순결함 속에서 흠 없이 살고 있는 이교도나 이방인들이 있음을 우리는 보고 있지 않는가? 그리고 거꾸로 믿음의 사람들이 놀랍게도 인내와 절제뿐만 아니라 믿음, 소망, 사랑에 있어 갑자기 회심한 창녀와 연극배우보다도 못할 정도로, 참 믿음과 참된 교회 안에 냉담함이 있음을 보지 않는가?

따라서 원하는 자들이 선택되는가라는 질문이 남는다. 그러나 영혼을 기쁘게 하고 초대하는 무엇인가를 의지가 만나지 않으면, 의지 자체는 결코 움직일 수 없다. 의지가 그것을 만나는 것은 인간의 능력에 달려 있지 않다. 사울은 그리스도인들을 공격하고 잡고 묶고 죽이는 것 외에 무엇을 하고자 했는가? 얼마나 사납고 광포하고 맹목적인 의지인가! 그러나 그가 하늘로부터의 음성에 의해 땅에 엎드려졌을 때, 그의 잔혹을 멈추게 하고 옛 생각과 의지를 바꾸고 믿음의 길로 인도하는 환상이 그에게 보였다. 그리고 특

> 이한 박해자가 순간적으로 또한 특이한 복음의 전도자가 되었다. 그러나 "우리가 무슨 말을 하리요" 원하시는 자로부터 몰아내시고 원하시는 자에게 선사하시는 하나님, 합당하지 않은 것을 결코 몰아내지 않으시거나 낯선 선을 선사하지 않으시는 "하나님께 불의가 있느냐?" "하나님께 불의가 있느뇨 그럴 수 없느니라." 그러나 왜 어떤 사람에게는 이렇게, 다른 사람에게는 저렇게 되는가? "이 사람아 네가 누구이기에 감히 하나님께 반문하느냐?" 네가 빚진 것을 되갚지 않게 된다면, 너는 기뻐 감사해야 할 이유를 가지고 있다. 네가 되갚는다면, 너는 불평할 이유가 없다. 우리가 그 이유를 알 수 없을지라도 단순히 믿자. 왜냐하면 영적이고 육적인 모든 것을 창조하시고 그 토대를 이루신 분은 모든 것을 수, 양, 무게에 따라 규정하신다. 그러나 그의 의지(판단)는 불가해하며 그의 길은 알 수 없다. 할렐루야를 부르며 그분을 찬양하자. 이것은 무엇이고, 이것은 왜 그러냐고 묻지 말자. 왜냐하면 모든 것은 각기 때에 맞춰 창조되었기 때문이다.

어거스틴은 의지를 감화시키는 부르심의 사건을 로마서 11:5을 통하여 선택(택함)개념과 관련시킨다. 여기서 그는 요약하는 가운데 선택을, 로마서 9:11의 강해에서처럼 의롭게 된 자의 택함, 즉 의롭게 된 자로서 선하게 행동하는 자들이 영원한 생명에로 결정된 것으로 본 것이 아니라, 비로소 의롭게 되어야 할 자들의 선택으로 이해하고자 했다. 이러한 선택은 자비라는 개념을 대신하며 감추어진 선택으로 이해된다. 어거스틴에게 있어 이러한 선택의 경과는 감추어져 있고 명백하지 않은 바, 어거스틴은 이것이 자신의 약함 때문이라고 고백한다. 좀 더 정확하게 이러한 불안전성은, 인간들이 구원을 주는 은총(구원의 은총)에로 선택되는 준거들과 관련된다. 『83개의 다양한 질문에 관하여』(68)에서 많이 감추어진 공로에 관해 말해졌다면, 감춰진 것의 특징은 이제 하나님의 선택행위와 직접적으로 관련된다. 구속은 한편으로 구원하는 은총으로, 다른 한편으로 선택의 과정으로 표현된다. 구원을 주는 은총보다 선택이 앞서는데, 선택의 기준은 알려져 있지 않다. 은총의 은혜로움은 은총의 선택이라는 사상을 통해 보장된다. 이러한 은총의 선택에 대한 선택기준으로 인간의 생각에 따르면 특별한 재능, 보다 적게 행한 죄 또는 유용한 가르침들이 고려될 것이다. 매우 적은 죄를 통하여 훼손되었으며 영적으로 통찰력이 있고 모든 자유학문(liberales artes)을 교육받은 누군가를 상상한다면, 그가 바로 은혜로 선택될 수 있는 자로 간주될 수 있을 것이다. 그러나 이렇게 생각하는 자는 단지 하나님의 비웃음을 당하게 될 뿐이다. 하나님은 강한 자를 당황케 하기 위해 세상의 약한 자들을 선택하시고, 지혜로운 자들을 당황케 하기 위하여 세상의 어리석은 자들을 선택하시는 분이시기 때문이다. 인간의 모든 생각들과 척도들과 상충되는 이러한 선택을 고려하면, 우리는 스스로 죄인들 앞에서 순결한 자들을, 어부들 앞에서 연설가들을 조롱한다. 바로 순결과 인간의 지식 또는 지능은 하나님의 은혜의 선택에 어떤 기준도 아니라는 사실을 알기 때문이다. 이것을 어거스틴은 다른 예들을 통해 분명하게 한다. 즉 많은 신자들은 재능에서 볼 때 이단자들뿐만 아니라 사기꾼과도 함께할 수 없고, 순결하게 사는 많은 이방인들과 그리스도인들은 덕뿐만 아니라 믿음, 소망, 사랑에서 회심한 매춘부나 사기꾼들보다 뛰어나지 못하다는 것이다. 끝맺으면서 어거스틴은 바울을 지시하는데, 바울은 원래 그리스도인들을 박해하고자 하는 의도를 가진 사울이었는데 위로부터의 음성을 듣고 환상을 봄으로써 완전히 바뀐 사람이다. 그의 마음과 의지는 믿음으로 방향이 바뀌었고, 복음의 놀랄만한 박해자로부터 또한 놀랄만한 설교자로 만들어졌다.

『몇 가지 질문에 관하여 심플리키안에게 보내는 편지』(I, 2) 마지막에 있는 흡사 찬송 같은 결론에서 어거스틴은 요구하는 것과 선사하는 것을 대조한다. 인간 측으로부터의 고소는 물리쳐지는데, 왜냐하면 인간은 빚을 갚을 수 없기 때문이다. 그 대신에 모든 창조물(영적, 육체적 창조물)을 창조하시고 그것들을 수, 양, 무게에 따라 규정하신 하나님에 대한 찬양을 고집한다. 모든 것이 그의 시대에 창조되었는 바, 여기서 그것에 기초되는 모든 판단들은 규명할 수 없는 것이다. 이에 대한 성경의 증거는 로마서 11:33이다.[71]

---

71) V. H. Drecoll, *Die Entstehung der Gnadenlehre Augustins*, 241-2.

3. 고백록

1) 고백록에 나타난 은총론

『고백록』이 은총론과 관련되어 있다는 사실은 항상 주장되어 왔지만, 『고백록』에 나타난 은총론에 대한 연구는 별로 이루어지지 않았다. 물론 은총(gratia)이라는 개념은 『고백록』에서 거의 발견되지 않는다. 은총 개념은 "우리가 추측하는 것보다는 그렇게 자주 사용되지 않았는데," 드레콜(V. Drecoll)에 따르면 은총이라는 말은 단지 55군데에서 사용되고 있다.[72]

앞에서 살핀 것처럼 어거스틴은 자신의 새로운 은총론을 우선적으로 특정한 바울서신을 다루는 형태로 진술하였다. 그러나 그런 후에 그는 이런 구상을 자기 자신의 생애로 입증하고자 하였다. 그렇게 하여 그는 396년 이후로 자신의 『고백록』을 집필하였다. 이것은 오늘날 의미의 자서전은 아니다. 오히려 바울적, 어거스틴적인 은총론을 어거스틴 자신의 생애를 예로 하여 분명하게 밝히고자 한 것이다.[73]

은총론과 관련하여 『고백록』은 어거스틴이 회심하기 이전 처음부터 현재 성서를 묵상하고 있는, 은총 아래에 있는 감독에 이르기까지 하나님께서 역사하신 것을 예로 들어 묘사하고 있다. 은총행위는 하나하나의 사건으로 그려지고 있지 않다. 오히려 어거스틴은 자신에게 점점 영향을 준 것을 묘사하며, 그가 나중에 과실로서 평가한 (마니교로 향한 것) 그것 역시도 하나님에 의해 사용되어 어거스틴을 바른 믿음으로 어떻게 움직이게 하셨는지 서술한다.[74]

『고백록』에서 첨예하게 은총론과 관련이 있는 곳은 『고백록』 7-8권이다. 『고백록』 7권은 영적인 하나님의 개념을 발견하게 되는 것을 서술하며, 『고백록』 8권에서는 깨닫게 된 것을 또한 이루어지도록 하는 계기가 주어지지 않는다면 올바른 인식과 바른 의지로는 아직 부족하다는 것을 보여 주고 있

---

72) Cf. V. H. Drecoll, *Die Entstehung der Gnadenlehre Augustins*, 251-5.
73) Kurt Flasch, *Augustin. Einführung in sein Denken*, 175-6.
74) V. H. Drecoll, "Gratia", 199-200.

다. 7권은 참된 믿음에는 비물질적인 하나님 이해가 속해 있음을 보여 준다. 어거스틴은 플로틴 작품을 읽음으로써 이런 발견에 도달하게 되었는데, 하지만 플로틴에 대한 독서는 바른 성서 이해보다 중요하지는 않다.[75] 동시에 플라톤철학의 신비주의와 유사하게 하나님과 하나되는 것은 거절되며, 신플라톤주의의 의미는 그것이 하나님께 이르는 본질적인 길, 곧 성육신되신 분을 알지 못하는 한 제한적인 것이다. 신플라톤주의자들은 본향을 알지만, 거기에 이르는 길은 알지 못한다는 것이다.[76] 이 길이 그리스도에게 있다는 사실은 어거스틴이 반복하여 바울서신을 읽음으로써 알게 된 것이다. 어거스틴은 바울서신 독서에 관한 윤곽을 로마서 7:22-25과 고린도전서 4:7로부터의 개념들로써 제시한다.[77] 『고백록』 7권에 나오는 깨달음은, 400년 어거스틴의 설명에 따르면 어거스틴을 깊은 위기로 밀어 넣었는데,[78] 이 위기는 '율법 아래에 있는' 상태와 비교될 수 있는 것이다.

『고백록』의 절정에 속하는 것은 의심할 바 없이 8권에 나오는 정원에서의 회심 장면이다. 정원 장면의 연출은 이미 밀라노에 도착하는 것으로 시작한다. 그리고 그 이전에 이루어진 몇몇 이야기들이 있다. 곧 암브로시우스와의 만남, 바울서신을 읽은 일, 마리우스 빅토리누스의 회심에 대한 심플리키아누스의 이야기, 마지막으로 수도사의 아버지 안토니우스의 회심과 두 명의 황제관리가 트리어(Trier)에서 회심한 것에 관하여 고향친구 폰티키아누스가 보고해 준 것 등이다.[79] 정원 장면에서 외적인 영향들과 내적인 생각(즉 내

---

75) *Conf.* VI, 6. 고후 3:6과 관련하여.
76) *Conf.* VII, 27.
77) Cf. V. H. Drecoll, *Die Entstehung der Gnadenlehre*, 315 이하. 롬 7장은 고백록 7권 27절과 8권 12절에서, 어찌할 바를 모르는 인간은 은혜를 향하여 도망가야 한다는 사실의 증거로 사용되고 있다. 그러나 『고백록』에 나타나는 은총의 본질적인 작용은 비유들, 곧 8권에 나오는 하나님 손의 비유 또는 정원 장면에서 절정에 이르는 이야기의 비유로 묘사된다. 그러므로 롬 7장과 고전 4:7(*Conf.* VII, 27)에 386년 회심의 근본적인 경험이 나타나 있다고 보는 것은 문제가 있다.
78) *Conf.* VIII, 16-18/ 20이하/ 25이하. 이러한 대립은 마니교와의 논쟁을 통해 형성된 테마 '두 의지'와 관련된다. Cf. V. H. Drecoll, *Die Entstehung der Gnadenlehre*, 301-6.
79) C. P. Mayer, "Augustinus - Doctor Gratiae. Das Werden der augustinischen Gnadenlehre von den Frühschriften bis zur Abfassung der Confessiones", in N. Fischer et al. ed., *Freiheit und*

적인 갈등, 성서를 펼쳐 롬 13:13 이하를 자신에게 적용시키려는 생각)의 결합이 어거스틴으로 하여금 새로운 삶의 형태를 실현하고자 하는 확고한 의지를 갖도록 하였다. 여기서 『심플리키아누스에게 보내는 편지』(I, 2)와 유사한 점이 관찰된다. 왜냐하면 하나님께서는 인간의 외적이고 내적인 방법들을 통하여 영향을 끼치시는 분으로 이해되고 있기 때문이며, 반면 인간은 자신에게 떠오르는 무엇인가를 자신의 힘으로 하지 못하는 존재인 것이다. 인간은 결정하지만, 이것은 모든 삶과 동행하시는 하나님의 분에 넘치는 조종의 작용이다. 『고백록』 9-13권의 주제는 하나님의 은총행동이란 신앙인이 점점 더 영적으로 되는 것으로 서술하는 것이다.[80]

결론적으로 『고백록』은 인간의 회심에서 행동하시는 하나님의 은총행위를 그리고 있는 것이다. 인간 어거스틴이 아니라, 바로 은총이 육적인 옛 의지를 새로운 영적인 의지로 변화시키시는 것이다. 그러나 은혜는 인간의 자유의지를 억압하면서 역사하는 것이 아니라, 의지를 억누르는 속박을 점차로, 경우에 따라서는 갑자기 느슨하게 하면서 행하신다. 하나님께서 이것을 어떻게 행하시는가, 이것이 이 기념비적인 작품의 주제이다.[81]

『고백록』에서는 어거스틴의 은총론을 마치 한 요점으로 나타나는 문장이 자주 나오는데, 곧 "당신이 명하시는 바를 주소서. 그리고 당신이 원하시는 바를 명하소서"이다.[82] 세계적인 문학에 포함되며 성서 다음으로 기독교인들이 가장 많이 읽는 이 작품의 비극에 속하는 것은, 바로 이 문장이 사실 오늘날까지도 조용하지 않은 은총론 논쟁을 불러일으켰다는 사실이다. 즉 펠라기우스가 어거스틴의 『고백록』을 읽었을 때 이 문장을 못마땅하게 여겼던 것이다.

Gnade in Augustins Confessiones (Ferdinand Schöningh, 2003), 37-49(48).
80) V. H. Drecoll, "Gratia", 200.
81) C. P. Mayer, "Augustinus - Doctor Gratiae", 48.
82) *Conf.* X, 40(두 번)/ 45/ 60. 이 구절에 대해서는 Cornelius Mayer, "Da quod iubes et iube quod vis", in *Augustinus Lexikon* 2, 211-3 참조.

2) 고백록 '서론' 연구[83]

『고백록』의 서론(I, 1-6)은 『고백록』을 이해하는 데 중요하다. 이 서론은 『고백록』 1권의 서론일 뿐만 아니라, 1-4권, 1-9권, 심지어 『고백록』 전체에 대한 서론이며,[84] 『고백록』 전체의 모델이 된다. 또한 이 서론 부분의 유명하고 많이 인용되는 "우리 심령은 당신 안에서 쉼을 얻기까지는 평안하지 않나이다"[85]라는 문장은 『고백록』 전체에 관한 하나의 표어라 할 만하며 하나님과 뗄 수 없는 밀접한 관계 속에 있는 어거스틴 자신의 이해를 말하고 있다. "『고백록』의 이 처음 여섯 단락에 이미 전체 작품의 중요한 기본사상과 동기들이 암시되고 있기 때문에"[86] 『고백록』 서론부분을 연구하는 것은 중요하고도 필요하다.

어거스틴은 『고백록』 첫 부분에 세심하게 작성된 서론을 첨가하여, 이 서론을 통해 『고백록』의 중심 모티브를 언급하고 『고백록』 전체 작품의 사고의 틀을 표시한다.

『고백록』은 문학적으로 두 양식으로 되어 있는데, 대부분은 산문으로서 어거스틴이 자신의 삶을 설명하거나 믿음에 대한 질문을 철학적으로, 신학적으로 숙고할 때 사용되었다. 그 외에 정교한 양식이 사용되었는데, 이것은 하나님께 대화하는 기도를 표현하거나 시의 형식으로 일정한 진술을 특별히 강조할 때 의식적으로 사용되어, 어거스틴 자신의 언급에 대한 중요성을 강조하고자 하였다. 바로 『고백록』의 서론이 정교한 양식으로 하나님과의 대화를 서술하고 있다. 따라서 어거스틴이 서론에 중요성을 부여하였고, 특히 그는 정교한 방식으로 『고백록』 전체에 대해 개괄하려고 하였음을 추측할 수 있다.[87] 그러므로 『고백록』을 보다 바르고 잘 이해하기 위해서 서론을 자

---

83) 이 부분은 졸고, "하나님과 대화로서의 『고백록』-『고백록』 '서론'을 통한 『고백록』 이해", 「한국기독교신학논총」 70 (2010), 85-108의 일부분을 수정, 보충한 것이다.
84) Cf. Josef Lössl, *Intellectus Gratiae* (Leiden : Brill, 1997), 226.
85) *Conf.* I, 1.
86) U. Schulte-Klöster, "Confessiones 1. 'quid mihi es?…quid tibi sum ipse…?'(*conf.* 1, 5)", in N. Fischer et al. ed., *Irrweg des Lebens. Augustinus: Confessiones 1-6* (Paderborn: Ferd. Schöningh, 2004), 31-53(31).
87) Cf. Klaus Kienzler, "Confessiones 1. Die unbegreifliche Wirklichkeit der menschlichen

세하게 주석, 분석하는 것은 타당할 뿐만 아니라 필요한 일이다.[88]

(1) 하나님 찬양과 죄의 고백

『고백록』(서론)은 하나님의 광대하심을 찬양함으로 시작한다.

주여, 당신은 광대하시니 크게 찬양할 것이라(시 145:3).
당신은 능력이 많으시며 그 지혜가 무궁하시도다(시 147:5).[89]

이 찬양은 네 개의 시편구절로 조합된 것이다.[90] 어거스틴은 이 시편구절들을 통해 『고백록』의 주제를 조망하고자 하였다. 『고백록』 서론은 시편이 많이 인용된 특징을 보이지만,[91] 사실 『고백록』 전체가 시편을 끊임없이 인용하고 있다. 그것은 의미가 있는데, 어거스틴에게 시편은 곧 하나님의 말씀을 의미하기 때문이다. 시편만큼 『고백록』 처음부터 끝까지 가득 채우는 성경본문은 없다. 어거스틴은 시편을 도처에서 인용하거나 자신의 언어를 시편의 언어에 맞추어, 자신의 언어를 시편으로 깊이 각인시켰다.

『고백록』에 나타난 시편구절에 관하여 상세한 연구를 한 학자는 크나우어(Knauer)이다.[92] 그는 연구를 통해 『고백록』의 구조와 통일성에 관한 중요한

Sehnsucht nach Gott", in Nobert Fischer et al. ed., *Die Confessiones des Augustinus von Hippo* (Freiburg: Herder, 2004), 61-105(61); E. Feldmann, "Confessiones", in *Augustinus-Lexikon* 1, 1157-8.

88) 『고백록』 서론에 대한 연구로는 다음 참조. Klaus Kienzler, "Confessiones 1."; K. Kienzler, *Gott in der Zeit berühren* (Würzburg: Echter, 1998), 29-45; U. Schulte-Klöster, "Confessiones 1."; J. Brachtendorf, *Augustins 'Confessiones'* (Darmstadt: Wissenschaftliche Buchgesell., 2005), 41-49; R. Guardini, *Anfang. Eine Auslegung der ersten fünf Kapitel von Augustinus Bekenntnissen* (München: Kösel, 1950).

89) *Conf.* I, 1.

90) 둘째 구절은 시 147:5에서 나온 것이다. 시 145:3과 48:1은 "여호와는 광대하시니 크게 찬양할 것이라"로 시작한다. 시 96:4은 동일한 것을 말하되, 근거를 댄다. "여호와는 크신 하나님이시요 모든 신 위에 크신 왕이시로다."

91) 시 19:12; 22:26; 32:5; 35:3; 102:27; 116:11; 130:5; 139:8; 143:7; 145:3; 147:5.

92) G. N. Knauer, *Psalmenzitate in Augustins Konfessionen* (Göttingen: Vandenhoeck & Ruprecht, 1995).

인식을 얻었다. 즉 어거스틴은『고백록』에서 의도한 통일성이나 맥락을 중요한 시편인용구로 표시를 했다는 것이다. 이러한『고백록』의 통일된 전체 구성을 시사하는 것에는『고백록』서론과 11권 처음(XI, 1, 또한 10권 마지막[X, 70])에서 강조하여 사용한 시편 145:3이 있다. 또한 시편 22:27도 서론(I, 1)과 10권 마지막(X, 70)에서 사용되어 새 단락을 표시함과 동시에 다시 시작하기 위한 전환점을 나타내기 위한 것으로 사용되었다.[93]

『고백록』서론 처음에 나오는 시편의 두 구절에는 또한 삼위일체에 관한 암시가 발견되는데, 즉 하나님의 '광대하심-힘-지혜'(magnus-virtus-sapientia)이다. 이것은 삼위일체 하나님에 대한 찬양이『고백록』의 시작이라는 의미이다. 이 구절과 뒤따르는 절의 형태 또한 삼중으로 되어 있다. 이것은 우연히 된 것이 아니라, 어거스틴이 분명하게 의도한 것임을 알 수 있다.『고백록』 13권에서 어거스틴은 두 개의 분명한 삼위일체에 관한 내용으로써 마지막을 장식하고 있다(XIII, 6/12). 특히『고백록』XIII권 12절에서 어거스틴은 삼위일체라는 비밀은 파악될 수 없는 사실임을 고백한다.[94]

---

93) Cf. K. Kienzler, "Confessiones 1", 69-70; K. Kienzler, *Gott in der Zeit berühren*, 30. - 킨츨러(Kienzler)는 크나우어의 연구를 확대하여 시편뿐만 아니라 성경 전체로 시선을 돌렸다. 또한『고백록』의 통일성에 회의적인 기존의 주장들을 거부하며 연구한 스타이들(W. Steidle)의 언급, 즉 "(쿠르셀 등의) 그런 일반적인 주장에 대해, 우리는 단순히 경청해야 할 뿐 아니라 강하게 저항해야 한다고 생각한다. 고대의 운문과 산문에서는 각 권의 시작과 끝을 분명하게 표시하는 심사숙고한 형태, 그리고 주제에 있어 포괄적으로 통일된 형태를 계속하여 분명하게 인식할 수 있다"는 말을 언급하며『고백록』의 구조에 대한 성서인용의 역할을, 수백 개의 성서구절의 인용을 근거해 연구하였는데, 특히『고백록』각 권의 첫 장에 주목하였다. 킨츨러는 다음과 같이 결론내린다. "『고백록』의 구조가 지닌 통일성은 자명해졌다. 우리가 무엇보다도 성서의 인용에 국한하면,『고백록』전체의 구성에 대한 형식적인 통일성이 두드러진다. 그러나 처음부터 끝까지 내용면이나 주제에서 통일적인 것에 대한 수많은 지시들도 이런 방법으로 얻을 수 있다. 많이 논의되고 자주 부인된 자서전적인 첫 부분과 신학적, 주석적인 둘째 부분의 맥락은, 무엇보다도 7권에 나오는 세 황홀경과 9권에 나오는 '오스티아의 환상'을 마지막 4권의 책들과 대비시킴으로써 파악될 수 있다. 전자에서『고백록』두 번째 부분의 구조와 구성이 이미 간결하게 선취되어져 있는 것처럼 보였다. 그렇게 보면 마지막 네 책들은 앞부분의 언급들, 그리고 첫 부분의 본질적인 철학적, 신학적 주제들에 대한 심오한 (성서적) 묵상이라고 볼 수 있다." Cf. K. Kienzler, "Der Aufbau der 〈Confessiones〉 des Augustinus im Spiegel der Bibelzitate", in *RechAug* 24 (1989), 123-164.

94) 그러나 그는 그 비밀을 납득하기 위한 실마리를 영혼의 본질에서 발견할 수 있다고

우리는 여기서 신학의 맥락에 관심을 기울여야 한다. 어거스틴은 『고백록』을 쓸 때 이미 다른 중요한 책들과 위대한 신학적 작품들을 계획하며 작업하고 있었다. 특히 이 당시 그는 자신의 후기 위대한 작품 『삼위일체론』을 쓰기 시작했고, 그 작품의 윤곽에 대하여 씨름하고 있었다. 그러므로 어거스틴이 초기 작품에 삼위일체에 대한 이해의 한 부분을 포함시켰다는 것은 놀랄 일이 아니다. 『고백록』을 쓸 때 하나님의 삼위일체가 이미 그를 사로잡았던 것이다. 그러므로 『고백록』은 삼중구조의 관점에서 이해가능하다.[95]

오직 하나님께 향한 출발은 이제 인간에 관한 묘사로 즉시 바뀐다.

> 이제 당신을 찬양하고자 합니다. 그러나 그것을 원하는 이 인간은 당신의 한줌 피조물에 불과하오며, 죽을 몸을 이끌고 다니는 자, 곧 죄의 증거를 지니고 다니는 자이오니, 이 증거를 인간이 지니고 다니는 것은 당신이 교만한 자를 대적하신 까닭이니이다(벧전 5:5).[96]

이 찬양에는 인간이 중심에 서 있고, 이것은 인간에 대한 고백이다. 하나님을 찬양하기를 원하는 인간, 그러나 그 인간은 '한줌 피조물'에 지나지 않으며, 결국 자신의 능력으로는 하나님을 찬양할 수 없다. 인간의 이 불가능은 한줌 피조물에 지나지 않는 인간 존재 자체에서 기인한다. 인간은 하나님과 엄청난 거리를 갖는다. 형이상학적인 관점에서 하나님은 창조주, 인간은 피조물이고, 윤리적 관점에서 인간은 죄로 말미암아 죽을 수밖에 없는 존재이기 때문이다.[97] 이것은 곧 '죄의 고백'(confessio peccati)이라고 할 수 있다. 어

생각하는데, 그는 영혼을 '기억'(memoria, '존재')과 '인식'(intelligentia, '지식')과 '사랑'(amor, '의지')이라는 삼중구조로 묘사한다. 삼위일체가 완전히 다른 것이고 파악할 수 없는 것일지라도, 영혼은 이 세 가지 행위에서 하나님의 삼위일체와 매우 상응한다는 것이다. Cf. K. Kienzler, "Confessiones 1", 67; K. Kienzler, *Gott in der Zeit berühren*, 112-3.

95) 『고백록』의 삼중구조에 대해서는 특히 쿠쉬(H. Kusch)가 연구하였다. 『고백록』 2-4권은 소위 탐욕의 세 요소, 즉 교만(superbia), 호기심(curiositas), 성욕(libido)에 따라 구성되었고, 10-13권은 기억(10권), 인식(11/12권), 사랑(13권)이라는 삼위일체적 형태로 되어 있다는 것이다. Cf. K. Kienzler, *Gott in der Zeit berühren*, 18.

96) *Conf.* I, 1.

97) 형이상학적으로 볼 때 하나님은 창조주요, 인간은 피조물로서 모든 창조의 극히 작은

거스틴은『고백록』'서론' 처음에서 하나님에 대한 찬양의 고백과 인간의 죄(비천함)를 고백하고 있다.

따라서 어거스틴의『고백록』은 '고백'이라는 의미에서 이해 가능하다. 어거스틴에게서 고백이란 말은 죄의 고백을 담고 있으며, 동시에 죄를 용서하시는 하나님을 찬양하는 고백도 포함한다. 즉 '고백하다'(confiteri)란 말은 '잘못을 자백하다'와 '위대함을 찬양하다'라는 이중적인 의미를 담고 있다.[98] 어거스틴은 다음 설교에서 고백의 의미를 분명하게 말하고 있다.

> 그러므로 우리는 하나님을 찬양하거나, 우리 자신을 자백하면서 고백한다⋯ 왜냐하면 자신의 고백에서 (죄의) 자백은 하나님을 찬미하는 것이 되기 때문이다. 우리가 우리 자신을 책망하거나, 하나님을 찬미하는 것, 이 두 경우에 우리는 하나님을 찬양하는 것이다⋯우리가 하나님을 찬양하면, 우리는 그분을 죄가 없는 분으로 찬양하는 것이다. 그러나 우리가 우리 자신을 고발하면, 우리는 부활하게 하시는 그분에게 영예를 드리는 것이 된다.[99]

『고백록』은 분명 '고백'의 위대한 문학 형태이다. 고백이 세 가지 의미, 즉

부분에 불과하다. 또한 인간은 죽을 수밖에 없다는 특징이 있다. 어거스틴은 이 죽어야 할 운명을 본성적으로 주어진 것으로 보지 않고, 하나님께로부터 윤리적으로 동떨어진 인간이라는 배경에서 해석한다. 즉 인간은 교만을 통해 죄를 지었고 교만의 증거로서 죽게 되었다는 것인데, 그 죽어야 할 운명은 피조성으로부터 이미 온 것이 아니라 인간 자신의 죄의 결과인 처벌인 것이다. Cf. J. Brachtendorf, *Augustins Confessiones*, 41.

98) Dassmann, *Augustinus*, 30. - '고백'이란 말은 이미 어거스틴 이전에 비기독교 지역에서 의미의 발전을 이루었는데, 잘못에 대한 법정적인 고백으로서 거의 독점적으로 사용되었다. 초기 기독교 언어사용에 따르면 그 용어는 순교록에 정통한 것이고, 피상적으로는 우선 옛 의미를 갖고 있는데, 즉 법정 앞에서 법정 선언적 자백이다. 그러나 동시에 그런 사용에 있어서 고백의 자연적 의미는 변하였다. 세상 법정 앞에서 그리스도의 편을 드는 것은 '영광스러운 고백'(confessio gloriosa)이 되었고, '고백'은 명예의 근거가 되며 하나님과 예수 그리스도를 찬미하는 것이 되었다. 예수의 말씀(마 10:32)은 기독교 고백의 새로운 이해의 배경이 된다. 결국 고백은 교회내의 참회(회개)행위에서 확고한 자리를 차지하였다. 어거스틴은 한편으로 이런 전통과 관계를 맺었고, 다른 한편으로 고백이라는 개념에 완전히 자신만의 특징을 부여했다. Cf. K. Kienzler, "Confessiones 1", 66.

99) *Sermo* 67, 1/2 (PL 38, 433).

죄의 고백, 신앙의 고백, 찬양의 고백이라고 볼 때,[100] 작품의 통일성은 분명해진다. 어거스틴의 의도를 고백의 복수인 『고백록』(Confessiones)이라는 이름에서 알 수 있듯이, 1-4권은 죄의 고백, 5-9권은 믿음의 고백, 마지막 10-13권은 찬양의 고백으로 구분될 수 있다.[101]

하나님과 인간 관점에서 출발한 관점은 '그럼에도'라는 말로써 바뀐다. "그럼에도 당신의 한줌 피조물에 지나지 않는 이 인간이 당신께 찬양을 올리려 하나이다."[102] 하나님과 인간 사이의 극복될 수 없는 거리에도 인간은 하나님을 찬양하기를 원한다. 그렇다면 무엇이 이 찬양의 행동을 가능하게 하는가? 이에 대한 어거스틴의 대답은 유명하다.

> 당신은 우리 인간의 마음을 움직여 당신을 찬양하는 것이 즐겁도록 하십니다. 당신은 우리를 당신을 향해 살도록 창조하셨으므로 우리 마음이 당신 안에서 쉴 때까지는 평안하지 않습니다.[103]

찬양의 시작은 인간이 할 수 있는 것이 아니라, 하나님께서 인간의 마음을 고무하고 자극해야만 가능하다는 것이다. 모든 시작은 하나님께 있고 하나님께 달려 있으며 하나님이 없이는 불가능하다는 의미이다. 인간은 다만 하나님의 시작을 인정함과 동시에 자신은 하나님이 이끄셔서 하나님을 찬양하도록 창조되었음을 깨달아야 한다. 바로 이것이 어거스틴으로 하여금, 인간의 마음은 하나님을 발견하고 하나님 안에서 쉼을 얻기까지는 결코 평안할

---

100) 이미 언급했듯이 『고백록』 처음 부분에 고백이라는 개념의 두 가지 본질적인 의미, 즉 찬양의 고백과 죄의 고백이 나온다. 사실 죄의 고백과 찬양의 고백은 분리할 수 없는 관계에 있다. 즉 죄의 고백은 찬양의 고백 가까이에 있다. 왜냐하면 죄의 고백은 하나님의 자비에 대한 찬양을 전제로 하기 때문이다. 찬양의 고백과 자기 죄인 됨에 대한 고백, 인간의 구원필요성에 대한 고백과 하나님의 구원의지에 대한 감사의 찬양은 어거스틴에게서 연결된다. 여기서 결국 하나님을 창조주와 구원자로 고백하는 믿음의 고백이 나오게 된다. Cf. U. Schulte-Klöster, "Confessiones 1", 37.
101) Cf. K. Kienzler, *Gott in der Zeit berühren*, 14.
102) *Conf.* I, 1.
103) *Conf.* I, 1.

수 없다는 인간 본질에 대한 유명한 진술을 하도록 했다.[104]

『고백록』을 여는 첫 서막은 한마디로 하나님과 인간의 관계를 서술한다. 하나님과 인간은 동등한 파트너 관계에 있지 않다. 하나님은 찬양받기에 합당하신 분이지만, 인간은 하나님으로부터 멀리 떨어져 있는 비천한 존재이다. 따라서 인간은 항상 하나님께 새롭게 방향을 돌려야 하고 하나님을 찬양해야만 기쁨과 평안을 발견할 수 있다. 그러나 이것은 오직 하나님께서 인간을 그렇게 불러주실 때만 가능하다.[105]

(2) 하나님을 부름과 믿음

어거스틴은 이미 『고백록』 서론에서 인간이 하나님과 갖는 관계를 개념적으로 이해하려고 노력할 뿐만 아니라, 하나님과 인간이 갖는 관련성의 근거와 전제들을 분석하고자 한다. 『고백록』을 하나님 찬양으로 연 어거스틴은 찬양이라는 행동의 전제조건을 탐구하기 시작한다.

> 주님, 저에게 지혜를 주사 당신을 부르는 것(invocare)이 먼저인지, 혹은 당신을 찬양하는 것(laudare)이 먼저인지, 그리고 당신을 아는 것(scire)이 먼저인지, 혹은 당신을 부르는 것이 먼저인지 깨달아 알게 하여 주소서. 그러나 당신을 모르면서 누가 당신을 부르고자 하겠습니까? 당신을 알지 못하고 부르는 자는 사실 당신 아닌 다른 존재를 부르는 것입니다. 오히려 인간이 당신을 부름은

---

104) '평안' 또는 '불안'이라는 모티브는 『고백록』 전체에 스며들어 있다. 어거스틴이 처음 단락(I, 1)과 마지막 단락(XIII, 50-53)에서 거의 동일한 단어들을 사용한다는 사실을 통해, 이것이 중요한 요소임을 알 수 있다. 이 모티브는 분명 『고백록』 전체를 형성하고 있다. 게다가 이 모티브에는 어거스틴이 생각한, 세상과 땅 사이의 우주적인 질서가 간명한 형태로 그려져 있다. 13권에서 그는 동일한 모티브로 근본적인 질서를 규정했다. "질서가 잡히지 않은 것은 불안정하나, 질서가 잡히면 평온해지나이다"(XIII, 10). Cf. U. Schulte-Klöster, "Confessiones 1", 39-40; K. Kienzler, *Gott in der Zeit berühren*, 32.

105) 원죄로 말미암아 죽을 수밖에 없는 인간이 하나님을 찬양하는 것에서 기쁨을 얻는 것은, 인간 스스로 할 수 있는 일이 아니라 오직 하나님께서 먼저 행하셔야 하는 것이다. 이 점에서 『고백록』은 은총론을 주요한 신학적 내용과 틀로 삼고 있음을 알 수 있다. Cf. Kurt Flasch, *Augustin. Einführung in sein Denken* (Stuttgart: Reclam, 2008), 255; Augustinus, *Bekenntnisse*, ed. K. Flasch et al. (Stuttgart: Reclam, 2009), 6-7; E. Dassmann, *Augustinus*, 118; V. Drecoll, "Gratia", in *Augustinus-Lexikon* 3, 182-242(199).

당신을 알기 위함이 아닌지요?[106]

여기서 어거스틴은 하나님을 찬양하는 것이 어떻게 가능한가를 묻는다. 즉 그는 단지 찬양하고 믿고 기도하고자만 한 것이 아니라, 찬양하고 믿는 것을 '깨달아 알기'를 원했다. 어떻게 하나님께 찬양하는 것이 가능한지에 대한 물음에서 '부르다'와 '찬양하다'와 '알다'라는 세 가지 중요한 단어가 나온다. 각각의 단어는 다른 단어를 전제하는데, 하나님을 찬양하는 것은 하나님을 부름으로 시작하며, 그 후에 찬양이 부르는 바가 무엇인지를 깨닫게 되며, 결국 그렇게 불려지고 이해된 자를 찬양하기에 이른다. 다시 말하면 하나님 찬양에는 하나님을 부르는 것이 바탕이 되며, 이런 부름은 하나님을 아는 것을 전제한다는 것이다.

그럼 어떻게 인간이 하나님을 인식하고 부를 수 있는가?[107] 그 시작은 인간 자신 외부에 놓여 있다. 어거스틴은 하나님을 부르는 것의 가능성을 다시 세 개의 기본단어로 추구하는데, 부르는 것은 믿는 것을 전제하며 믿는 것은 설교하는 것을 전제한다는 로마서 10:14에 근거한다. 이것은 구원의 질서인 동시에 인식의 질서를 보여 준다.[108]

또한 어거스틴은 다른 성서구절들을 통해 『고백록』 전체의 본질적인 개념을 다룬다. "여호와를 찾는 자는 그를 찬송할 것이라"(시 22:26), "그를 찾는 자마다 만날 것이요 그를 만나는 자는 찬양할 것이라"(마 7:7).[109] 여기에 다시 세 기본단어 '찾다', '만나다', '찬양하다'가 나온다. 어거스틴은 먼저 시편 22:26을 인용하며 찾음과 만남이 일치된다고 보았고,[110] 특히 마태복음 7:7을 근거로 하여 '찾음'과 '만남'을 결합시켰고, 마음을 다해 하나님을 찾는 자

---

106) *Conf*. I, 1.
107) 이에 대해서는 다음 참조. G. Guardini, *Anfang*, 25-6.
108) Cf. K. Kienzler, "Confessiones 1", 72; U. Schulte-Klöster, "Confessiones 1", 41-2.
109) *Conf*. I, 1.
110) 시 22:26이 『고백록』 1권 첫 단락과 10권 마지막 단락(X, 70)에서 인용되고 있다는 점에서, 이 구절은 『고백록』 첫 부분(1-10권)을 위한 틀 역할을 한다고 볼 수 있다. 어거스틴은 여기에서 '하나님을 찾고 만나는' 길에 대해 깊이 성찰한다. Cf. U. Schulte-Klöster, "Confessiones 1", 42.

는 또한 하나님을 만나고 찬양할 수 있게 된다고 확신했다. 찾음과 만남에 대한 경험은 어거스틴이 경험한 하나님 체험의 형태인데,『고백록』에서 설명된 어거스틴의 삶과 사상의 역사를 각인시키는 것이다. 이에 상응하게 마태복음 7:7-8은『고백록』에서 글자 그대로, 때로는 그 의미를 담아 자주 인용되었다.[111]『고백록』에서 이 구절이 내용상 또는 형식상 갖는 중요성은 무엇보다도 어거스틴이 이 구절로『고백록』을 끝맺는다는 사실, 그리고 오직 하나님 안에서 진리에 대한 추구가 충족된다고 고백한다는 사실에 있다. 어거스틴은 분명한 확신을 가지고 "사람은 당신으로부터 간청해 얻어야 하고, 당신 안에서 찾아야 하고, 당신의 문을 두드려야 한다. 그러면 얻게 되고, 만나게 되고, 열리게 될 것이다"[112]라는 말로『고백록』을 끝맺는다.

> 주여, 당신을 부르면서 당신을 찾고, 당신을 믿으면서 당신을 부르리니, 이는 당신이 우리에게 전파되었음이니이다. 주여, 당신을 부르는 것은 내 믿음인데, 이 믿음은 당신이 제게 주신 것이요, 당신의 아들의 인성을 통해, 그리고 당신의 설교자들[113]의 사역을 통해 제게 불어넣으신 것이니이다.[114]

어거스틴은 이제 확신을 갖고 하나님을 찬양할 수 있게 된다. 하나님을 부르는 것은 결국 하나님을 찾는 방법인데, 하나님을 만난다는 약속을 포함하는 것이요, 결국엔 하나님을 찬양하는 것에 이른다. 하나님을 부르는 행위와 하나님을 믿는 것은 밀접하게 연결되어 있다. 어거스틴은 하나님을 부름 속에서 하나님께 대한 친밀감을 찾고, 하나님을 부르는 이러한 행동 안에 하나님에 대한 믿음이 표현된다. 그러나 이러한 근본적인 인간존재의 실행을 앞서는 전제조건은 바로 말씀의 선포이다. 즉 하나님을 찾는 믿음의 행위는 대

---

111) 예를 들면 I, 1; VI, 5; XI, 3/4/5; XII, 1등이다.
112) *Conf.* XIII, 53.
113) '설교자'는 학자들마다 서로 다르게 해석된다. 설교자를 암브로시우스로 보는 학자들(K. Kinezler, R. J. O'Connell, 김광채)과 예수 그리스도로 보는 학자들(P. Courcelle, A. Solignac)이 있다.
114) *Conf.* I, 1.

화의 첫 단계가 아니라, 이미 두 번째 단계임을 의미한다. 믿음 안에서 인간의 영과 마음을 여는 것은 인간 자신이 아니라, 바로 하나님 자신이시다. 하나님 찬양은 우선 하나님을 향한 영혼의 도약이 아니라, 인간에 대한 하나님의 선물이다. 1절 마지막은 이런 하나님 선물에 대해 말하고 있는데, 하나님의 선물이란 인간이 하나님께 말할 수 있거나 믿을 수 있다는 사실이다. 그리고 이 선물은 기독론적 특징, 즉 인간 되심에서 볼 수 있게 된다. 마지막으로 이 선물은 하나님 말씀의 선물을 통해 설교자의 직무에서 계속 주어진다. 다시 말하면 믿음을 가능하게 하는 근거는 예수 그리스도의 인간 되심과 성육화된 말씀을 통한 하나님 계시에 있다. 이것으로 『고백록』 서론에 이미 『고백록』 전체 작품의 기독론적 차원이 다루어지고 있음을 알 수 있다.

(3) 고백록의 주제: 하나님, 인간, 창조

『고백록』 1권 2-6절은 중요한 주제들을 암시한다. 어거스틴은 방금 다루어진, 인식에 관한 질문에 대해 믿음으로 대답하는 것에 만족하지 않고, 어떻게 측량할 수 없는 하나님께서 한줌 피조물에 지나지 않는 인간 안으로 불러져 들어오실 수 있는지 묻는다. 다시 말해 존재의 질서, 즉 사람이 무엇이관대, 하나님께서 인간에게 들어오실 수 있느냐의 물음이다. 어거스틴은 이 질문에 대해 세 단계, 즉 인간의 존재①, 창조의 조망 가운데 인간②, 하나님의 비밀③로 전개하고, 결국은 하나님께서 영혼의 구원이시라는 확신에 이른다고 답하고 있다④. 이것들이 『고백록』에 있어 본질적인 주제에 해당한다.

① 첫째 질문은 하나님 앞에서의 인간 존재에 관한 것으로, 어거스틴이 『고백록』 1-9권에서 계속하여 던진 질문이다. 어거스틴은 인간이 하나님을 받아들일 수 있도록, 먼저 인간이 하나님 앞에서 갖는 위치와 현존의 장소에 대한 질문을 한다. "내가 존재하는 것은 사실이고, 당신이 먼저 내 안에 거하시지 않으셨다면 존재할 수 없었던 내가 당신이 내 안에 오시도록 간구하는

것은 무슨 까닭이나이까?"[115] 하나님과 인간의 만남은, 인간이 하나님께로 감을 통해서가 아니라, 하나님께서 인간에게 오심으로 이루어진다. 하나님께서 우리 인간에게 오시는 것처럼 우리 인간 안에 계셔야 하며, 그렇지 않으면 인간은 아무것도 아니다. 인간에게 하나님을 만나는 장소를 알려 주는 것은 하나님 자신이라고 어거스틴은 말한다.

> 나의 하나님이여, 당신이 내 안에 계시지 않는다면, 저는 존재할 수, 아니 결단코 존재할 수 없습니다. 아니, 제가 당신 안에 있지 않다면, 아마도 나는 존재하지 않을 것입니다. "이는 만물이 주로부터, 주에 의해서, 주 안에 모든 것이 있나이다"(롬 11:36).[116]

어거스틴에 따르면 하나님을 찾는 모든 이들이 알아야 할 것은 하나님께서 그에게 다가가시는 한 하나님은 '내 안에' 계시고, 뿐만 아니라 더욱 분명한 것은 그(인간)가 '그분 안에' 있는 한 그는 존재한다는 사실이다. 로마서 11:36에 따라 인간은 오직 하나님 안에서만 자신의 장소, 즉 존재의 실체를 갖는다. 어거스틴은 이 성경구절을 인용함으로 모든 창조, 그리고 이런 창조의 부분인 인간조차도 삼위일체 하나님께 근거하고 있음을 강조한다. 이것을 통해 우리는 어거스틴이 이미 서론에서 『고백록』 11-13권에 나오는 7일간의 창조에 대한 주석의 맥락에서 『고백록』의 근본적인 언급을 지시하고 있음을 알 수 있다. 인간이 삼위일체 하나님 안에서 자신의 삶을 소유하고 인식하는 것, 그리고 인간이 하나님의 삶에서 평안과 안식을 찾아가기 위하여, 출발한 근원을 향해 귀향하고 되돌아가는 것이 『고백록』 마지막 부분의 책들이 목표로 하는 완성인 것이다.[117]

② 어거스틴은 계속하여 『고백록』 전체의 내용과 이해를 위한 중요한 암시, 즉 자신 생애에 대한 기록만으로는 반쪽 책이며 반쪽 어거스틴에 불과하

---

115) *Conf*. I, 2.
116) *Conf*. I, 2.
117) Cf. K. Kienzler, "Confessiones 1", 79-80.

다는 사실을 밝히고 있다. 이 말은 인간이란 창조 전체의 맥락과 격리되어서는 전혀 고찰될 수 없다는 의미이다. 어거스틴은 『고백록』서론 2-4절에서 자신의 영혼에 대한 관찰을 하나님의 창조에 대한 조망과 연결시켜, 하나님 창조 전체 앞에서 자신을 보고 있다.[118] 그래서 어거스틴은 『고백록』 마지막 11-13권에서 하나님의 창조행위를 해석하고 창조 전체의 의미를 밝히면서, 창조에 있어 인간의 위치를 파악하고자 했던 것이다.

어거스틴은 2절 끝에서 말한 예레미야 23:24, "나는 천지에 충만하지 아니하냐?"에 근거하여 "당신은 당신이 채우시는 모든 것을 채우시되, 그것을 당신 안에 포함함으로써 채우시나이다"[119]라고 말하면서 하나님의 신성을 강조한다. 이어서 그는 깊은 의미를 지닌 모습으로 하나님의 실재를 묘사한다. "당신은 우리 위에 쏟아질 때에도 넘어지지 않으시며 오히려 우리를 일으키시나이다. 그리고 당신은 흩어지심 없이 우리를 모으시나이다."[120] 하나님의 영은 사랑과 인식을 가능하게 하고 인간을 참된 삶으로 이끄신다는 것이다. 어거스틴은 예레미야 23:24에 근거해 또한 창조주와 창조에 관해 말한다. "당신이 채우시는 모든 것을 당신 전부로써 채우시나이까?"[121] 결정적으로 끝맺는 언급은 '무소부재'(ubique totus)로서[122] 어거스틴에게 있어 하나님과 세상의 관계를 나타내는 특징적인 형식이다. 하나님은 절대적으로, 완전하게 창조 안에 계시며, 창조는 하나님 존재의 충만함을 파악하거나 나타낼 수 없어도 하나님께 참여한다.

③ 인간과 창조 전체에 대한 물음들은 하나님 스스로 볼 수 있도록 오시지 않으면 대답할 수 없다. 오직 비밀로 가득한 그의 존재와 행적으로부터 대답

---

118) Cf. K. Kienzler, *Gott in der Zeit berühren*, 41-2.
119) *Conf*. I, 3.
120) *Conf*. I, 3.
121) *Conf*. I, 3.
122) 이 표현에서 어거스틴이 신플라톤주의 영향(Plotin, *Enneade* VI 4/5)을 받았음을 알 수 있다. 신플라톤주의를 근거로, 『고백록』 7권에서 자세하게 다룬 것처럼, 그는 하나님의 무한성을 순전히 영적인 차원으로 생각하는 것이 가능했다. Cf. U. Schulte-Klöster, "Confessiones 1", 47; K. Kienzler, "Confessiones 1", 81.

이 기대될 수 있을 뿐이다. 하나님은 어거스틴의 이해력으로도 이해될 수 없는 분이다. 그러므로 어거스틴은 그런 하나님에 대해 추상적으로 말하지 않고, 단지 하나님을 찬송할 뿐이다.[123]

"나의 하나님, 당신은 어떤 분이십니까?"[124]라는 질문을 반복하면서 어거스틴은 하나님의 비밀을 확신하며 하나님의 본질에 대해 말한다. 하나님은 바로 '주 하나님'(Dominus Deus)이시다. 어거스틴이 깨달은 것은, 하나님의 본질에 대한 모든 언급은 오직 하나님의 절대적인 선행(先行)하심과 주권과 형언할 수 없음에 대해 동시에 알 때만이 가능하다는 사실이다.

이런 전제하에서 어거스틴은 이해할 수 없는 하나님에 대해 언급한다. 하나님은 어거스틴에게 있어 이해할 수 없는 초월적인 존재이며 비밀스러운 존재이다. 어거스틴은 고백(찬양)의 형태로 일련의 하나님 이름을 대비하여 언급하는데, 이것은 더욱 하나님의 비밀을 첨예화시킨다.

> 지극히 높으시며, 지극히 선하시며, 능력이 한이 없으시며, 지극히 전능하시며, 지극히 자비로우시면서도 지극히 의로우시며, 무한히 신비로우시면서도 무한히 가까이 계시며, 지극히 아름다우시면서도 지극히 강하시며…[125]

어거스틴은 하나님의 장엄과 위대하심과 전능하심뿐만 아니라, 창조하심에서 계시된 하나님의 선하심을 분명하게 하였고, 영원한 하나님께서 시간을 초월하여 역사하시면서 유한한 세상 가운데 현존하신다는 사실에 놀라움을 금치 못했다. 이것은 고백록 두 번째 부분인 11-13권에서 창조, 시간, 영원함에 대한 성찰에서 분명하게 다루어진 주제에 속한다.

④ 마지막으로 『고백록』 서론의 마지막 장(I, 5-6)에서 어거스틴은 이전에 한 질문을 다시 하고 그에 대한 대답을 구한다.

---

123) Cf. K. Kienzler, "Confessiones 1", 82.
124) *Conf.* I, 4.
125) *Conf.* I, 4.

당신은 나의 무엇이 되시나이까? 긍휼을 베푸사 나로 하여 말씀하게 하소서! 내가 당신의 무엇이길래 내게 당신을 사랑하라고 명하시고, 내가 당신을 사랑하지 않으면 진노하셔서 내가 엄청난 고통을 당할 것이라고 겁을 주시나이까? 내가 당신을 사랑하지 않는다 해도 아무런 고통을 받게 되지 않나이까? 내게 화가 있을 것이니이다! 주 나의 하나님, 당신이 나의 무엇이 되시는지, 당신의 긍휼을 좇아 내게 말씀하소서! '내 영혼에게 나는 네 구원이라 이르소서'(시 35:3).[126]

인간이 스스로 하나님께 말하고자 할 때 그것을 이어줄 다리는 없고, 그는 단지 하나님의 자비를 소망할 수 있을 뿐이다. 그러나 인간에게 다가가시는 것은 하나님의 뜻이고, 하나님께서는 인간에게 사랑받기를 원하신다. 이것이 하나님께 기도하고 말하는 것을 가능케 하는 유일한 다리이다. 그러므로 이 다리는 하나님께서 영혼 자신에게 약속하셔야 하는 구원인 것이다. 결론적으로 말해 인간은 하나님을 사랑할 수 없고, 인간에게 사랑받기 원하는 존재는 하나님이시라는 것이다. 그런 사랑에서 인간의 모든 존재와 인식은 완성된다.

그런 다음 어거스틴은 『고백록』의 맨 처음으로 돌아가, "누가 나를 이끌어 당신 안에서 쉼을 얻게 해주리이까? 누가 당신을 내 심령 속에 오시게 하리이까?"라는 물음에 직면한다. 어거스틴의 영혼을 움직인 이 중대한 문제에 대해 어거스틴이 얻은 첫 대답은, 인간은 스스로 이러한 안식을 찾지 못한다는 것이다. 어거스틴은 오직 하나님만이 고대하는 것을 자신에게 베푸실 수 있다고 하나님께 "내 영혼에 '나는 네 구원이라' 말씀하소서"(시 35:3)라고 외친다. 『고백록』 서론 마지막 절(I, 6)에서 어거스틴은 하나님의 약속, 구원약속을 필요로 하는 자신의 삶에 시선을 돌린다. 그는 구체적인 언어로 죄의 고백을 하는데, 자신의 영혼을 좁고 붕괴위험이 있는 집으로 비유한다. 어거스틴은 자신 영혼의 집을 잘 정돈할 수 있는 분은 하나님 외에는 없다는 사실을 알고 있다. 그래서 "(내 영혼의) 집을 고쳐 주소서"라고 요구한다. 이것은 어

---

126) *Conf.* I, 5.

거스틴이 하나님께 둔 큰 신뢰요, 믿음이다. "내가 믿는 고로 말하나이다"(시 116:10).[127] 어거스틴이 자신의 중심을 드러낼 수 있고 용서함을 경험할 수 있는 하나님 외에, 그 누가 어거스틴의 삶을 고칠 수 있겠는가? 이러한 커다란 불일치의 순간에 다시 하나님 편에서는 사랑스러운 관심이, 어거스틴 편에서는 믿음과 신뢰가 나타난다.[128]

(4) 정리

① 『고백록』의 서론은 기도형태로 하나님께 말하거나, 묻고 구하면서 말을 건네는 형식으로 되어 있다. 서론의 길이나 형식에서 보았을 때 어거스틴이 이 서론에 특별한 무게를 두었음이 분명하다. 또한 서론은 『고백록』 1권뿐만 아니라 13권 전체의 서론으로서 『고백록』의 중요한 주제를 언급하기 때문에, 서론을 통해 『고백록』 전체 작품을 예감할 수 있다. 특히 이 서론에는 『고백록』 전체의 주제이기도 한 하나님 찬양과 죄의 고백이 적절하게 하나로 녹아 있다. 그리고 서론에 인용된 시편들과 서론의 형태에서 삼위일체가 암시되고 있는데, 이것은 어거스틴이 『고백록』을 쓸 당시 신학적 관심, 즉 삼위일체론에 사로잡혀 있었고, 『고백록』 또한 삼중의 구조로 이해 가능하다는 점을 뒷받침하고 있다. 또한 서론에는 『고백록』 전체의 본질적인 개념에 속하는 (하나님을) 부름과 믿음, 찾음과 만남(더 나아가서 어거스틴에게 있어 중요한 개념인 믿음과 인식)이 언급되고 있으며, 『고백록』의 중요한 주제인 하나님, 인간, 창조가 다루어지고 있다.

② 『고백록』 서론에서는 『고백록』 전체 작품에서처럼 이미 은총론이 구성

---

127) *Conf.* I, 6.
128) 이런 앎과 의식 속에서 어거스틴은 자신의 삶에 대한 역사를, 자신의 불행(miseria)과 하나님의 자비(misericordia)에 대한 고백으로서, '관계의 역사'로서, 하나님 자신에 의해 시작되고 어거스틴이 함께 한 대화로서 설명할 수 있는 것이다. 여기서 어거스틴은 회심의 도중에 자신의 삶을 진리와 하나님에 대해 성장하도록 형성하고, 또한 창조의 질서에서 어거스틴 자신에게 정해져 있고 그리스도와 성령 안에서 가능성으로 주어진 은혜와 자유 안에서 자신의 삶을 완성한 것이다. Cf. U. Schulte-Klöster, "Confessiones 1", 50.

원칙으로 작용한다. 인간은 원죄를 지닌 죽을 수밖에 없는 비참한 존재로서 하나님과 대립되었다. 인간의 자유의지는 하나님의 값없이 주시는 은혜에 의해 자유롭게 되지 않는다면 죄짓는데 적합하며, 죄가 인간의 삶을 결정하여 인간의 의지는 선을 향한 길을 열 수 없다. 다시 말해 인간은 스스로의 힘으로는 결코 하나님을 찬양할 수도, 하나님을 인식할 수도, 하나님을 믿을 수도 없다. 오직 하나님께서 먼저 인간의 마음을 움직이셔야 가능하다. 하나님께서 먼저 인간에게 다리를 놓으셔야만 한다. 하나님 찬양, 죄의 고백, 믿음은 인간에서 출발하는 것이 아니라, 하나님으로부터 출발하는 하나님의 선물인 것이다. 어거스틴은 이 하나님의 은혜와 선행(先行)하시는 하나님의 역사에 대한 체험과 신학을 『고백록』 서론에서 기도의 형태로 정교하게 표현하면서 독자들에게 『고백록』의 내용과 신학적 의도를 예감하고 깨닫도록 소개하고 있다.

③ 『고백록』은 우선적으로 자서전이다. 하지만 자서전 그 이상의 의미를 지닌다. 어거스틴은 『고백록』에서 자신 생애의 요소들을 묘사하되, 항상 신학적인 구조의 틀 안에서 자신의 삶을 예로 들어 신학적인 주제를 서술하려고 하였는데, 그 신학적 구조가 바로 은총론이다. 『고백록』은 영혼이 근원되시는 하나님께 되돌아가는 과정을 실례를 통하여 묘사한다. 다시 말해 『고백록』은 어거스틴 자신의 예를 통해 은총론을 명백하게 보여 주는 작품으로, 어거스틴이 회심하기 전 처음부터 현재 성서를 묵상하고 있는, 은혜 가운데 서 있는 감독에 이르기까지 하나님의 역사하심을 묘사하고 있다.

『고백록』은 자서전과 신학을 밀접하게 연결시키고 있다. 『고백록』에 나타난 죄와 용서에 대한 어거스틴의 체험(1-9/10권)은 그의 원죄론과 은총론에 바탕을 두고 있으며, 또한 자기 자신의 삶에 대한 서술이라면 반쪽 책에 불과하다고 여긴 어거스틴은 하나님의 전체 창조 안에서(11-13권) 자신의 삶을 성찰하고 정체성을 찾고자 한 것이다.

Augustine's Theology of Grace

제4장

펠라기우스 논쟁에서의 은총론

1. 펠라기우스 논쟁

흔히 펠라기우스주의 하면, 대표적인 세 신학자 펠라기우스, 켈레스티우스와 율리안의 가르침을 지칭하는 것이다. 어거스틴이 이들과 벌인 펠라기우스 논쟁은 세 단계로 구분될 수 있다.[1] 첫 단계는 411-413년에 카르타고(Carthago)에서 벌어진 아담의 타락과 유아세례의 의미에 관한 논쟁이다. 펠라기우스의 제자 켈레스티우스는 411년 카르타고에서 감독이 되려고 시도하였을 때, 밀라노 출신의 집사(Diakon)에 의해 이단이라는 지적을 받았다. 411년 가을에 열린 카르타고 회의에서 유아세례와 아담의 죄에 대한 켈레스티우스의 가르침 여섯 가지가 정죄를 받았다.

---

1) 펠라기우스 논쟁 과정에 대해서는 다음 참조. 이석우, "펠라기우스 논쟁의 발단과 진행", 『아우구스티누스』(서울: 민음사, 1995), 217-234; 필립 샤프 편/ 차종순 역,『어거스틴의 은총론 1권』(서울: 한국장로교출판사, 1996), 37-48; Josef Lössl, "Der Pelagianische Streit", in *Augustin Handbuch* (Tübingen: Mohr Siebeck), 179-203; Adolf von Harnack, *Lehrbuch der Dogmengeschichte*, vol. 3: *Die Entwicklung des kirchlichen Dogmas II/III* (Darmstadt: Wissenschaftliche Buchgesellschaft, 1990), 171-187; G. Bonner, *St. Augustine of Hippo. Life and Controversies* (Norwich: The Canterbury Press, 1986), 312-351; V. H. Drecoll, "Gratia", in *Augustinus-Lexikon* 3, 182-242(202-220); G. Bonner, "Pelagius/ Pelagianischer Streit", in *TRE* 26, 176 이하.

1. 아담은 숙명적인 존재로 창조되었기 때문에, 그는 죄를 지었든 아니 지었든 간에 죽을 수밖에 없었을 것이다. 2. 아담의 죄는 아담만을 상하게 했고, 인류에게는 아니었다. 3. 율법은 복음처럼 하늘나라로 인도한다. 4. 그리스도가 오시기 전에 죄가 없는 사람이 있었다. 5. 새로 태어난 아기들은 아담이 위반을 하기 이전의 상태에 있다. 6. 모든 인류는 아담의 죽음이나 위반으로 인해 죽는 것이 아니다. 또한 모든 인류는 그리스도의 부활로 인해 부활하는 것이 아니다.[2]

켈레스티우스는 카르타고를 떠났으나, 카르타고에서는 논쟁이 계속 되었다. 여기서 지도적인 국가 공무원 마르켈리누스(Marcellinus)의 개입과 어거스틴의 작품『죄의 결과들과 용서, 그리고 유아세례에 관하여』(De peccatorum meritis et remissione et de baptismo paruulorum)가 중요한 역할을 했다.

두 번째 단계는 414-418년 펠라기우스의 신앙정통에 관하여 일어난 논쟁이다. 409년 펠라기우스는 로마를 떠나 카르타고를 거쳐 팔레스타인으로 갔다. 여기서 그는 제롬과 갈등이 생겼고, 414년에 쓴『본성에 관하여』(Liber de natura)라는 작품으로 제롬의 공격에 대해 방어하였다. 415년 어거스틴은 카르타고에서 머물고 있던 스페인의 사제 오로시우스를, 두 개의 편지(ep. 166/167)와 반(反)펠라기우스적인 문서와 함께 예루살렘으로 보냈다. 펠라기우스와 가까운 관계를 유지했던 감독 요하네스(Johannes)는, 오로시우스가 부추겨 415년 7월 회의를 소집했다. 하지만 회의의 결과는 교황 이노센트 1세

---

[2] 6개의 정죄문장은 어거스틴과 메르카토르(Marius Mercator)의 작품에서 발견된다(둘 사이에는 약간의 차이가 있다). 1) Adam mortalem factum, qui siue peccaret siue non peccaret moriturus esset 〈메르카토르의 경우 fuisset〉. 2) quoniam peccatum Adae ipsum solum laeserit 〈메르카토르의 경우 laesit〉 et non genus humanum. 3) quoniam lex sic mittit ad regnum quemadmodum 〈메르카토르의 경우 ad regnum caelorum quomodo et〉 euangelium. 4) quoniam 〈메르카토르의 경우 quoniam et〉 ante aduentum Christi 〈메르카토르의 경우 domini〉 fuerunt homines sine peccato 〈메르카토르의 경우 inpeccabiles, id est sine peccato〉. 5) quoniam infantes nuper nati 〈메르카토르의 경우 paruuli qui nascuntur〉 in illo 〈메르카토르의 경우 in eo〉 statu sint 〈메르카토르의 경우 sunt〉, in quo Adam fuit ante praeuaricationem. 6) quoniam neque per mortem uel praeuaricationem Adae omne genus hominum moriatur neque per resurrectionem Christi omne genus hominum resurgat. - 참조. Josef Lössl, "Der Pelagianische Streit", 181.

(Innozenz 1)에게 이 문제를 보내기로 결의한 것이다. 즉 펠라기우스를 공식적으로 이단으로 정죄하려는 첫 시도가 저지된 것이다.

그러나 동방으로 추방당한 두 명의 갈리아 감독 헤로스(Heros von Arles)와 라자루스(Lazarus von Aix)가 『소송책자』(Libellus accusationis)로 다시 펠라기우스를 고소하였다. 이것은 펠라기우스의 가르침을 처음으로 포괄적으로 정의한다는 의의를 가진 것이었다. 수석대감독 오이로기우스(Eulogius von Kaisareia)의 사회로 415년 12월 디오스폴리스(Diospolis/Lydda)에서 열린 14명의 감독회의에서, 펠라기우스는 심리를 받았다. 여기서 펠라기우스는 자신의 제자 켈레스티우스의 주장과 거리를 두었고, 자신의 정당함에 대해 감독들을 설득하여 사면되었다.

이것과 달리 밀레브(Mileve)와 카르타고에서 열린 두 번의 아프리카 감독회의(416년)는 펠라기우스를 정죄했고, 411년에 이루어진 켈레스티우스에 대한 정죄를 새로이 했다. 동시에 그들은 교황 이노센트 1세에게 펠라기우스의 오류들을 버리도록 요구하였다. 교황은 죽기 두 달 전, 417년 3월에 감독회의의 결정을 승인했다.

펠라기우스와 켈레스티우스가 자신의 입장에 대한 답변을 로마로 보낸 후, 로마의 새로운 교황 조지무스(Zosimus)는 417년에 심리절차를 행한다. 결과는 켈레스티우스와 펠라기우스의 사면이었다. 그러나 다시 교황 호노리우스(Honorius)의 칙령(418년 4월 30일)을 통해 그들은 로마로부터 추방되었다. 그 해 카르타고의 감독회의는 펠라기우스주의자들에 대한 정죄를 새로이 하였고 8(9)개의 반(反)펠라기우스규범을 만들었다.[3]

1-3규정은 로마서 5:12에 대한 해석과 관련된다. 1규정은 아담이 본성상(즉 죄 때문이 아니라) 죽게 되어 있었다는 가르침을 정죄한다. 2규정은 작은 유아라도 아담의 원죄 때문에 세례를 받아야 한다고 확정한다. 3규정은 세례받지

---

[3] DH 222-230. 또한 다음 참조. O. H. Pesch, "'Gnade' - vom 'Inbegriff' zum 'Traktat'", in O. H. Pesch/A. Peters ed., *Einführung in die Lehre von Gnade und Rechtfertigung* (Darmstadt, 1981), 1-54(32-33); W. Löhr, "Der Streit um die Rechtgläubigkeit des Pelagius 414-418," in *Augustin Handbuch*, 183-190(189).

않고 죽은 유아들 문제를 다루는데, 이들은 중간장소를 획득하는 것이 아니라 영원한 불에 떨어진다.

4-6규정은 펠라기우스의 은혜개념을 비판한다. 4규정은 은총을 죄의 용서에 국한시키는 것을 거절한다. 오히려 은총은 또한 앞으로 죄를 짓지 않도록 돕는 것이다. 5규정은 은총이란 단지 계명을 더 잘 알도록 돕는다는 의견을 거부한다. 6규정은 인간이 은총 없이도 자신의 자유의지로 할 수 있는 것을, 은총을 통해 좀 더 수월하게 성취할 수 있다는 견해를 거부한다.

7-9규정은 요한일서 1:8과 마태복음 6:12에 대한 펠라기우스의 해석에 반대하며 주기도문을 통해 날마다 죄 용서에 대한 간구의 필요성을 강조한다.

교황 조지무스는 『회람서신』(Epistula tractoria)에서 이 감독회의의 결정을 인정하고 펠라기우스를 파문시켰는데, 펠라기우스는 그 후 팔레스타인에서도 추방되었다.

셋째 단계는 418년 이후 에클라눔의 감독 율리안과 벌인 논쟁이다.[4] 율리안은 17명의 다른 감독들과 함께 조지무스의 회람서신을 거부했고, 그 결과 정죄를 받았다. 이때부터 율리안은 펠라기우스주의를 주장하며 작품을 저술했고, 줄곧 어거스틴의 논지에 반대하는 빈틈없는 주장으로 어거스틴을 괴롭혔다. 그는 어거스틴의 은총론이 전통적인 가르침과 일치하지 않다고 주장했고, 어거스틴의 신학 속에서 마니교 가르침의 요소들을 보며 비판하였다. 어거스틴은 418년 이후 죽을 때까지 율리안과 논쟁을 벌여나가야 했고, 또한 어거스틴의 은총론과 예정론은 남부 갈리아의 수도사들, 특히 존 카시안에 의해 온전하게 수용되지는 않았다.[5] 어거스틴의 은총론에 반대하는 갈리아의 반(半)어거스틴주의자들의 주장은 잘못하여 '절충적 펠라기우스주의'로 명명되었다. 이들은 펠라기우스주의를 거부하고 전통적인 신인협력설을 어거스틴과의 논쟁을 근거로 하여 조직적으로 주장하였다. 이들은 구원이란 모든 사람에게 주어졌으며, 각자에게 주어져 있는 결정의 자유는 회심에 있어서 결정적이라고 주장

---

4) 이 논쟁에 대해서는 제2장 4. 율리안, 그리고 아래 어거스틴의 반펠라기우스 주요작품 중 『결혼과 정욕에 관하여』를 참조하시오.

5) 이 논쟁에 관해서는 아래 제5장 어거스틴의 후기 은총론을 참조하시오.

했다. 그리고 어거스틴의 가르침, 즉 은총과 예정에 대해 저항할 수 없다는 사실을 거절하여 가톨릭적인 것이 아닌 새로운 것이라고 비난했다.

그 후 절충적 펠라기우스주의자들이 어거스틴의 제자들, 즉 프라스퍼(Prosper von Aquitanien, 431년부터 로마에서 어거스틴주의를 수용함), 그 후 풀겐티우스(Fulgentius von Ruspe)와 케사리우스(Caesarius von Arles)와 여러 국면에서 행한 논쟁은, 결국 케사리우스가 로마와 협력하여 529년 오랑쥐(Orange) 공의회에서 신인협력설을 정죄하는 것으로 끝이 났다.[6] 이 결정은 교회법의 모음집에 받아들여져 초기 중세의 은총론에 영향을 주었으나, 8세기 이후 더 이상 주목받지 못했다.[7]

2. 어거스틴의 반펠라기우스 주요작품

1) 죄의 결과들과 용서, 그리고 유아세례에 관하여[8]
(De peccatorum meritis et remissione et de baptismo paruulorum)

이것은 어거스틴의 최초의 반펠라기우스 작품으로서, 411년 가톨릭과 도나투스주의자들 사이의 회의를 주관했던 고위 공무원인 마르켈리누스

---

6) *DH* 370-397.
7) 맥그래스(Alister E. McGrath)에 따르면 오랑쥐 공의회와 1545년 트렌트 공의회 사이에 칭의론에 관해 진지하게 논의한 공의회는 없기 때문에, 이 공의회는 칭의론에 있어서 매우 중요한 의미가 있다. 하지만 오랑쥐 공의회는 사실 에큐메니칼 공의회가 아니라 지역(교구)공의회에 불과해서, 더 큰 영향력과 의미를 끼치지 못했다. Cf. Alister E. McGrath, *Luther's Theology of the Cross* (Oxford, 1998), 11-2.
8) 이 부분은 V. H. Drecoll, "De peccatorum meritis et remissione et de baptismo paruulorum", in *Augustin Handbuch*, 323-8에 많이 의존했으며 다음 문헌을 참조했다. H. Drecoll, "Mens-notitia-amor. Gnadenlehre und Trinitätslehre in De Trinitate IX und in De peccatorum meritis et remissione/De spiritu et littera", in J. Brachtendorf ed., *Gott und sein Bild - Augustins De Trinitate im Spiegel gegenwärtiger Forschung* (Paderborn, 2000), 137-153; Gerald Bonner, "De peccatorum meritis et remissione et de baptismo paruulorum", in *Augustine through the Ages*, 632-3; Josef Lössl, *Intellectus Gratiae* (Leiden: Brill, 1997), 119-141. - 필립샤프 편/차종순 역, "공로와 죄의 용서에 관하여, 그리고 유아세례에 관하여", 『어거스틴의 은총론』 제1권, 221-441.

(Marcellinus)의 문의로 써진 것이다. 그는 켈레스티우스와 카르타고 공의회를 통해 제기된, 그리고 카르타고에서 논쟁 가운데 토의된 일련의 문제들을 어거스틴에게 보냈다.

『죄의 결과들과 용서, 그리고 유아세례에 관하여』는 411년 가을 어거스틴이 카르타고를 떠난 후와 413년 여름 이전 사이에 써졌고, 그 후 수정되었다. 412년 겨울과 413년 여름 사이에 제3권이 나왔다.

이 작품은 펠라기우스 논쟁에서 첫 번째로 나온 어거스틴의 중요한 신학적 구상에 해당한다. 이 작품이 지닌 은총론의 특별한 모습은, 어거스틴이 로마서 5장으로부터 관심 있게 다룬 아담-그리스도 모형론이다. 이와 관련하여 이 작품은 어거스틴의 원죄론을 위해 매우 중요한 작품이다. 그리고 이 작품에서 은총론의 중심되는 기본구상은 기독론이다. 은총론이 기독론적인 방향을 가진 것은 요한복음 3장의 강해에서 잘 나타나며, 또한 마지막으로 죄 없는 존재의 가능성에 대해 논한 네 가지 가능성을 다룬 제2권도 기독론을 겨냥하고 있다. 어거스틴은 아담이 지은 죄의 의미에 대한 질문으로 시작한다.

> 펠라기우스주의 신학은 창세기 2:17에 나오는 '죽음에 대한 위협'을 영적인 죽음과 관련시키는 반면, 어거스틴은 그것을 육체적인 죽음으로 이해(창 3:19에 근거하여)하면서,[9] 인간은 아담의 죄로 말미암아 비로소 죽게 된 것이라고 보았다. 펠라기우스주의의 목표는 아담의 원죄가 새로 태어난 아기들에게도 있다는 명제(그리고 세례가 이 어린아이들에게 죄 용서를 준다는 사실)를 부인하는 것이다. 펠라기우스주의자들은 인간이 아담과 연관을 갖는 것은 모방을 통해서임을 주장한다. 그것은 사실 어거스틴의 생각에 따르면 그렇게 간단히 잘못된 것으로만 볼 수 없는데, 왜냐하면 아담의 후손들은 실제로 아담을 모방하기 때문이다. 그럼에도 중요한 것은 이것보다, 생식을 통해 전달되는 원죄가 앞선다는 사실이다. 이러한 감춰진 상태로 생기는 인간의 더러움은 오직 내적으로 일어나는, 그리스도로 말미암는 의롭게 됨을 통해서만 극복된다.[10]

---

9) *pecc. mer.* 1, 5.
10) *pecc. mer.* 1, 9-10.

어거스틴은 로마서 5:12-21 주석에 기초하여 주장한다. 어거스틴은 자범죄 외에 '하나의' 죄가 있음을 강조하며, 모든 이들은 그와 같은 인간으로 존재하기 때문에 모두 이 죄 가운데 죄를 짓는다고 하였다. 모방이나 율법 어떤 것도 이것을 바꿀 수 없다. 그리스도라야 아담을 능가한다. 아담을 통해 원죄가 모든 인간에게 왔고, 그리스도를 통해 인간은 이 원죄로부터 뿐만 아니라 모든 불법행위로부터 자유롭게 된다.[11] 신앙인들이 그리스도와 갖는 관계를 '모방'으로 서술하는 것은 충분치 못하다. 왜냐하면 만일 그것으로도 충분하다면, 신앙인은 그리스도를 반드시 필요로 하지 않을 뿐만 아니라 또한 아벨을 모방해 나갈 수 있을 것이기 때문이다.[12]

아담-그리스도 모형론은 세례신학을 위한 기반이다. 세례신학은 갓 태어난 아기의 예를 통해 세례(그리고 이와 함께 그리스도를 통한 구속)의 의미를 분명하게 해준다. 어거스틴은 세례를 통해 갓난아기들의 죄가 용서받는 것이 아니라 단지 하늘나라에 가는 입구를 획득하는 것뿐이라는 명제를 거부한다.

> 펠라기우스주의에 따르면, 세례를 받지 못하고 이전에 죽은 갓난아기들은 천국과 지옥 사이의 중간 장소에 도달하는데, 그러므로 이들이 이런 중립에서 벗어나 복된 자가 되기 위해서는 세례를 받아야 한다는 것이다.

이에 반하여 어거스틴은 세례란 항상 죄의 용서라는 사실을 고수하였다. 갓 태어난 아기가 세례 없이도 영원히 살 수 있다면, 세례는 필요하지 않을 것이다. 실제로 갓 태어난 아기들도 그리스도를 의사로서 필요로 한다.[13] 이와 상응하게 어거스틴은 세례받지 않고 일찍 죽은 갓난아기들이 저주에 속해 있다는 사실을 고집한다.[14] 다양한 증거들이 인용되었다. 요한복음 3:5은 물과 성령으로 새로 태어난 자만이 하늘나라에 들어갈 수 있다고 말한다. 그

---

11) *pecc. mer.* 1, 16.
12) *pecc. mer.* 1, 19.
13) *pecc. mer.* 1, 23.
14) *pecc. mer.* 1, 26.

러므로 세례는 구원에 이르는 유일한 길이고, 하늘나라 밖에서는 영원한 생명을 받을 수 없다.[15] 하나님의 진노는 불신자들에게 머물러 있기('오는 것'이 아니라, 요 3:36) 때문에, 진노는 이미 전에 존재했었음에 틀림없다.[16] 세례는 카르타고의 말로 구원과 생명을 뜻하는데, 왜냐하면 사람은 옛 전통에 따르면 세례를 통해서만 영원한 생명을 얻을 수 있기 때문이다.[17] 어거스틴은 자세한 성서증거를 제시하는데, 그는 목록의 방식으로 신약의 모든 문서를 검토하며 자신의 견해에 따라 신학을 증명하는 구절들을 자세히 열거하고,[18] 구약에서는 단지 몇 가지 예(무엇보다도 사 53:3-12)를 든다.[19]

세례를 통해 단지 하늘나라에 들어가게 될 뿐이지, 원죄의 용서를 받는 것은 아니라는 펠라기우스주의의 주장이 요한복음 3장에 기초하고 있기 때문에, 어거스틴은 『죄의 결과들과 용서, 그리고 유아세례에 관하여』 1권의 마지막에서 요한복음 3장의 뜻을 풀이하였다. 그는 이것으로 인간론, 특히 갓 태어난 아기를 근거로 원죄의 결과를 수긍케 하는 계기로 삼았다. 갓난아기가 우는 것은 자율로 행해진 불의를 뜻하는 것이 아니라, 불운 또는 있을 법한 금지를 이해하지 못하는 것(무지)을 말한다. 갓난아기는 배고픔에 울음으로 반응하고, 때때로 심지어 젖먹이는 어머니를 때린다. 그런데도 그런 아기는 천진한 웃음처럼 호감을 받게 되는데, 왜냐하면 갓난아기가 자라서 이성을 사용할 수 있게 되리라는 것을 누구나 알기 때문이다. 그와 반대로 계속하여 발전하지 않는 자들, 정신적으로 장애가 있는 자들을 사람들은 육체적인 동정심을 근거로 특별히 좋아한다. 하지만 사람들은 스스로 그렇게 되기를 원하지는 않는다. 사람이 세상에 왔을 때 갖게 되는 무지함이 이것을 말해 준다.[20] 동물, 예를 들어 양과 비교해 보면 이 사실을 보여 준다. 양은 본성상 태어난 직후 특정한 일을 할 수 있지만,

---

15) *pecc. mer.* 1, 26.
16) *pecc. mer.* 1, 28-29.
17) *pecc. mer.* 1, 34.
18) *pecc. mer.* 1, 39-52.
19) *pecc. mer.* 1, 53-54.
20) *pecc. mer.* 1, 66.

사람은 도움을 필요로 한다. 육체의 약함은 이성의 약함과 일치한다.[21] 아담은 이런 상태로가 아니라, 금지를 이해하며 하나님을 인식할 수 있는 능력을 가진 채로 창조되었다. 이것과 달리 사람은 상처 입은 본성의 상태에 놓여 있다. 오직 세례를 통하여 원죄의 책임은 사해져 오직 사람의 탐욕이 머무르며, 이 탐욕은 우리가 이성을 사용할 수 있게 되자마자 싸워야 할 대상이다.[22]

두 번째 책에서 어거스틴은 어느 때에라도 죄 없이 살던 자가 있었는지에 대해 다룬다. 사람이 자신의 결정으로, 다시 말하면 하나님의 도움 없이 바르게 행동할 수 있는지에 대해 질문한다. 질문이 갖는 경건의 역사적 '삶의 정황'은, 만일 사람이 자신의 결정으로 죄 없이 존재할 수 있다면 '우리 죄를 사하여 주옵시고 우리를 시험에 들게 하지 마옵시고'라는 주기도문에 나오는 매일의 간구는 필요하지 않다는 것이다.[23]

어거스틴은 질문을 네 부분으로 나누면서 자세하게 다룬다. 1. 인간 자체가 죄 없을 수 있는가? 2. 죄 없던 사람들이 존재했거나 존재한다는 것은 실재인가? 3. 사정이 그렇지 않다면, 왜 그런가? 4. 전혀 죄가 없던 자가 어느 때건 존재하거나 존재했을 수 있는가? 그들은 어떤 이들인가?[24] 마지막 물음은 그리스도를 목표로 하기 때문에 『죄의 결과들과 용서, 그리고 유아세례에 관하여』 2권도 인간론과 기독론에 집중한다.

이생에서 죄 없는 사람이 있을 수 있느냐[25]는 첫 번째 질문에 어거스틴은 우선 긍정적으로 답한다. 인간은 은혜와 자유의지를 통해 죄 없을 수 있다. 여기서 자유의지 역시 은혜와 관련을 갖는 바, 즉 하나님의 선물로 간주되어져야 한다. 왜냐하면 은혜가 도와야 비로소 계명 역시 행할 수 있기 때문이

---

21) *pecc. mer.* 1, 69.
22) *pecc. mer.* 1, 70.
23) *pecc. mer.* 2, 2.4.
24) *pecc. mer.* 2, 7.
25) *pecc. mer.* 2, 7.

다. 그러므로 사람은 하나님의 도우심으로 죄 없을 수 있다.[26]

죄 없는 사람이 실제 있느냐는 두 번째 질문에 어거스틴은 부정으로 답한다. "나는 있다고 생각지 않는다."[27] 어거스틴은 이것을 직접 성경구절로 설명하는데, 특히 시편 142:2(LXX, "주의 목전에는 의로운 인생이 하나도 없나이다")과 요한일서 1:8("만일 우리가 죄 없다하면 스스로 속이고")이다.[28] 죄 짓지 않는 자들(예를 들어 요일 3:9)에 대해 말하는 성경구절들은 사람이 본래 죄 없을 수 있음을 나타내는 것이 아니다. 오히려 이것은 하나님의 은혜를 통해 새로 태어난 자들, 이런 관점에서 죄짓지 아니하는 자들과 관련되는 것이다.[29] 신자들은 '성령의 처음 익은 열매'(롬 8:23)지만 아직은 하나님의 아들로 완전하게 입양되기를 바라는 자들이다. 사람은 내적으로 이미 새롭게 되었지만(이런 점에서 죄짓지 않는다), 육체는 아직 옛 상태에 머물러 있다.[30] 그러므로 신자로부터 육체적으로 태어난 자 역시 다시 육체이고(요 3:6), 그런 점에서 아직 구속받지 못한 것이다.[31]

노아, 다니엘, 욥과 같은 구약의 의인들 역시 이런 사실과 모순되지 않는다. 그들은 아마 많은 긍정적인 특성을 가졌으며 이 세상에서 의인이요 위대하고 강하고 지혜롭고 절제하는 자들이었으나, 그럼에도 죄가 없는 것은 아니었다.[32] 사가랴와 엘리사벳 같은 신약의 의인들에게도 비슷하게 적용된다.[33] '온전하라'(마 5:48)는 주님의 명령을 들으며 하나의 측면에서 온전한 자라고 하더라도 죄가 없는 것은 아니다.[34]

---

26) *pecc. mer.* 2, 7.
27) *pecc. mer.* 2, 8.
28) *pecc. mer.* 2, 8.
29) *pecc. mer.* 2, 9.
30) *pecc. mer.* 2, 10.
31) *pecc. mer.* 2, 11.
32) *pecc. mer.* 2, 12-18.
33) *pecc. mer.* 2, 19-20.
34) *pecc. mer.* 2, 22.

하나님의 은혜가 인간의 의지를 돕는 경우 사람은 이생의 삶에서 죄가 없을 수 있다고 할 때, 왜 죄 없는 사람이 없느냐[35]는 세 번째 물음에 어거스틴은 "왜냐하면 사람이 원하지 않기 때문"이라고 짧게 답한다.[36] 사람이 죄 짓는 것에 대한 책임은 하나님이 아니라 인간에게 있는데, 인간이 하나님을 얕보고 자신의 교만으로 죄인이 되는 것이다.[37] 사람이 자신의 의지에서 발견할 수 있는 모든 선한 것에는 고린도전서 4:7이 적용된다. "네게 있는 것 중에 받지 아니한 것이 무엇이뇨."[38] 사람이 하나님으로부터 돌아서는 것, 즉 악한 의지는 인간 자신의 소관이요, 사람이 하나님께 전향하는 것은 오직 하나님이 하시는 은혜의 행동으로 일어날 수 있는데, 바로 고린도전서 4:7이 의미하는 것이다.[39] 그러므로 사람은 하나님께서 감추어 있는 것을 여시고 즐거운 일이 아닌 것을 즐겁게 하시도록 은혜를 구해야 한다. 알려줌과 기쁘게 함은 여기서 무지와 약함이라는 인간의 죄 된 상태에 대한 서술에 상응한다.[40]

어거스틴은 은혜에 대한 이런 서술의 기초를, 네 번째 물음에 답하는 가운데 기독론에 두었다. "태어난 인간 가운데 전혀 죄짓지 않았거나 죄짓지 않을 사람이 있을 뿐만 아니라, 언젠가 존재했거나 존재할 수 있는가?"[41] 여기서 유일한 중재자로서 그리스도만이 고려의 대상이 된다(딤전 2:5). 기독론은 성육신교리의 관점으로부터, 아담의 죄를 통해 창조질서가 침해된 것을 극복하기 위한 것으로서 계획된다. 이와 상응하여 어거스틴은 먼저 아담이 지은 죄의 결과를 서술한다. 즉 아담의 죄를 통해 육체는 영혼에 대해 불순종하게 되었는데, 이것은 부끄러움을 발견한 것에서 보인다(창 2:25).[42] 이러한 상태로부터 유래한 후손들은 육욕에 더 이상 복종하지 않기 위해 그리스도

---

35) *pecc. mer.* 2, 26.
36) *pecc. mer.* 2, 26.
37) *pecc. mer.* 2, 27.
38) *pecc. mer.* 2, 28-30.
39) *pecc. mer.* 2, 31.
40) *pecc. mer.* 2, 33.
41) *pecc. mer.* 2, 34.
42) *pecc. mer.* 2, 35-36.

를 필요로 한다.[43] 그리스도에 참여함으로 이 상태는 깨뜨려지는데, 왜냐하면 그리스도는 전혀 죄가 없으며 이미 잉태를 통하여(잉태는 한 남자의 의지와 육체의 의지를 통해서가 아니라, 단지 육체와 피를 통해 생긴 것이다[44]) 아담이 지은 죄의 맥락으로부터 제외되셨기 때문이다. 그리스도께서 우리의 낮은 상태에 참여하심으로 우리가 높은 상태에 참여하는 것이 가능하게 되었다.[45] 여기서 성육신하신 분과 우리와의 차이가 완전히 제거되는 것은 아니다. 즉 그리스도는 본성상 항상 하나님의 아들이요, 우리는 은혜로서 하나님의 아들이 되고, 그분은 영원한 생명이지만 우리는 단지 영원한 생명에 참여하는 것이다.[46] 어거스틴은 또한 개개의 사람이 그리스도에 어떻게 참여하는지에 대해 자세하게 서술하지 않는다. 『죄의 결과들과 용서, 그리고 유아세례에 관하여』 2권의 절반 이후에 나오는, 펠라기우스주의 신학의 다양한 개별적 주장에 대한 반론을 통해, 어거스틴은 여기서 무엇보다도 세례를 염두에 두고 있다는 결론을 가능케 한다.

『죄의 결과들과 용서, 그리고 유아세례에 관하여』 제3권은 원래 추가된 글로서 분량으로 볼 때 오히려 편지와 비슷하며 또한 '갓 태어난 아기의 세례에 관하여'(De baptismo parvulorum)라는 제목으로 전해졌다. 어거스틴의 말에 따르면 그는 『죄의 결과들과 용서, 그리고 유아세례에 관하여』 1-2권을 완성한 후에 펠라기우스주의 신학의 두 가지 주장을 발견했기 때문에, 이것을 전에 다루지 않아 이제 추가로 반박하고자 한 것이다.[47] 첫 번째 주장은 "만일 사람들이 말하듯이 아담의 죄가 죄를 짓지 아니한 사람에게도 해를 준다고 한다면, 그리스도의 의 역시 심지어 믿지 않는 자에게도 유용하다"는 것이다.[48] 두 번째 주장은, 원죄의 용서함을 받은 세례받은 사람은 자신이 갖지 않은 것을 계속해서 줄 수 없으므로, 두 명의 세례받은 사람으로부터 출생한 자는 본

---

43) *pecc. mer.* 2, 37.
44) *pecc. mer.* 2, 38.
45) *pecc. mer.* 2, 38.
46) *pecc. mer.* 2, 38.
47) *pecc. mer.* 3, 1.
48) *pecc. mer.* 3, 2.

래 원죄를 가질 수 없다는 것이다.[49] 어거스틴은 이 두 가지 주장을 펠라기우스의 로마서 주석에서 발견했는데, 물론 여기서 펠라기우스는 이것을 다른 사람의 견해로 소개했다(이것을 어거스틴 역시 매우 강조했다).[50] 이에 반대해 어거스틴은 원죄가 모든 인간에게 다다르게 되는 수단인 생식이나 출생은 육체적인 것이고, 은혜를 통한 중생은 영적인 사건이라는 사실을 확고하게 했다.[51] 어거스틴은 마지막으로 세례의 필요성을 증명하는데, 키프리안[52]과 제롬[53]과 같은 다른 권위들을 인용하였다. 어거스틴은 다시 바울을 수용하여 『죄의 결과들과 용서, 그리고 유아세례에 관하여』 1-2권에서 전개하였던 자신의 신학을 변호하였다. 어거스틴은 원죄가 보편적인 유산이라는 것에 대한 증명을 위해 주기도문의 간구 "우리 죄를 사하여 주옵시고"를 언급하면서 자신의 논증을 끝맺는다.[54]

이 작품에는 기독론이 중요한 역할을 하고 있지만, 성령론에 관한 언급이 없는 것은 아니다. 어거스틴은 그리스도의 영향력을 서술할 때마다 계속하여 성령론과 관련된 언급을 한다. 가장 주목할 만한 것은 작품 처음 부분에 있는 로마서 8장에 대한 강해이다. 여기서 어거스틴은 영(spiritus)의 이중 의미에 대해 매우 집중적으로 다루었다. 그는 두 가지 생각을 서로 연결시킨다. a) 인간은 육체적으로 구원되기 전에 먼저 내적으로, 즉 영안에서 새로워져야 한다. b) 이러한 내적인 갱신은 그리스도께서 은혜(이것은 영으로 이해될 수 있다)를 주심으로써 일어난다. 하지만 여기서도 성령론적인 논증은 기독론으로 되돌아간다. 결국 기독론은 이 작품에서 은총론의 본질적인 중심으로 간주될 수 있다.

---

49) *pecc. mer.* 3, 5.
50) *pecc. mer.* 3, 6.
51) *pecc. mer.* 3, 2.
52) *pecc. mer.* 3, 10.
53) *pecc. mer.* 3, 12-13.
54) *pecc. mer.* 3, 23.

2) 영과 문자에 관하여(De spiritu et littera)[55]

고위 공무원 마르켈리누스는 어거스틴에게 문의하여 『죄의 결과들과 용서, 그리고 유아세례에 관하여』를 쓰도록 했다. 그리고 그는 또 하나의 편지로 은총론에 있어 어거스틴의 가장 중요한 작품 중 하나를 쓰게 하였다.

이 편지는 보존되어 있지 않으나, 『영과 문자에 관하여』의 앞부분을 통해 무엇이 마르켈리누스의 중심적인 물음인지를 명료하게 유추할 수 있다. 마르켈리누스는 『죄의 결과들과 용서, 그리고 유아세례에 관하여』 2권에서 다루어진 죄 없음이란 항목에 만족하지를 못했다. 특별히 다음과 같이 말하는 것이 의미가 있는 것인지에 대한 물음이 그에게 던져졌다. 즉 인간이 이론상 그리고 하나님의 도움으로 죄 없을 수 있지만, 이것은 사실상 (성육신된 분을 제외하고는) 결코 실제가 되지 않는다는 것에 대해서이다.[56]

마르켈리누스의 문의에 어거스틴은 대답했는데, 『죄의 결과들과 용서, 그리고 유아세례에 관하여』의 논증을 단순히 반복하고 확대 심화한 것이 아니라, 완전히 새로운 출발점으로부터 자신의 은총론의 중심을 분명하게 한다. 어거스틴은 이 작품에서 은총론을 아담-그리스도 모형론으로부터 또는 세례와 관련하여 원죄론과 대비하여 규정하는 것이 아니라, '문자와 영'의 대립으로부터 **성령론으로서** 그리고 율법개념과 대비하여 규정한다.

어거스틴이 죄 없음이라는 물음에 있어 본질적인 문제로 진단한 것은, 인간이 스스로 죄 없이 행동할 수 있는가, 즉 죄 없음이 인간의 행위로 간주될

---

55) 이 부분은 V. H. Drecoll, "De spiritu et littera", in *Augustin Handbuch*, 328-34에 주로 의존했으며 다음 문헌을 참조했다. V. H. Drecoll, "Mens-notitia-amor. Gnadenlehre und Trinitätslehre in De Trinitate IX und in De peccatorum meritis et remissione/ De spiritu et littera", in J. Brachtendorf ed., *Gott und sein Bild - Augustins De Trinitate im Spiegel gegenwärtiger Forschung* (Paderborn, 2000), 137-153; G. Bonner, "De spiritu et littera", in *Augustine through the Ages*, 815-6; Josef Lössl, *Intellectus Gratiae*, 187-196 공성철 역, 『성령과 문자』 (서울: 한들출판사, 2000).

56) *spir. et litt.* 1.

수 있는가 하는 문제이다.[57]

어거스틴에 따르면 여기에는 기본적으로 세 가지 의견이 있다. 첫째 의견의 대표자들(이 의견으로 마르켈리누스는 자신을 이 그룹에 속하도록 할 가능성이 생겼다고 볼 수 있다)은 인간이 죄 없이 살았거나 산다고 생각하지만, 이것은 그들 자신과 관련된 것이 아니라 아마도 시편 142:2(LXX) 같은 성경구절을 통해 그들의 의견을 숙고하도록 영향을 받은 것일 수 있다.[58] 두 번째 의견의 대표자들은 인간이 스스로 죄 없이 살 수 있다고는 주장하지 않으나, 오히려 이것은 하나님의 도움으로만 가능하다는 것이다. 하나님의 도움이란 하나님께서 자유로운 의지의 결정을 가진 인간을 만드시고 또한 그에게 어떻게 살아야 할 것인가에 대한 규정을 제시하셨다는 것이다.[59] 이런 의견(근본적으로는 펠라기우스와 유사하나 그렇게 표현하지는 않음)을 어거스틴은 충분치 못한 것으로 여겼다. 왜냐하면 어거스틴과 세 번째 의견의 대표자들이 생각한 것처럼, 인간은 죄 없는 행동을 위해서 본성과 **규정**에 추가하여 성령을 필요로 하는데, 바로 이 성령을 통해서 비로소 사람에게 하나님과 같은 최고의, 불변의 선에 대한 기쁨과 사랑이 일어나게 되기 때문이다.[60] 사람이 어떻게 살아야 할 것인가에 대한 (계명 속에 담겨진) 교훈은 살도록 만드는 성령이 함께하지 않으면, 죽이는 문자이다.[61] 이것으로 어거스틴은 이 작품의 중심적인 출발점, 곧 바울의 고린도후서 3:6에 도달했는데, 그는 이것을 성서해석학에 관련된 것으로만 본 것이 아니라 또한 올바르게 이해된 은총론의 핵심형태로 보고 조건문으로 새로 표현했다. 즉 문자는 영이 살리지 않으면, 죽이는 것이다.[62] 어거스틴은 이러한 해석을, 무엇보다도 로마서(이것으로부터 중요한 구절들이 전체적으로 인용됨)를 인용함으로 토대를 세운다.[63] 여기서 그는 먼저 율법의

---

57) *spir. et litt.* 2.
58) *spir. et litt.* 3.
59) *spir. et litt.* 4.
60) *spir. et litt.* 5.
61) *spir. et litt.* 6.
62) *spir. et litt.* 6.
63) *spir. et litt.* 9.

작용을 주로 다룬 후에[64] 자유의지에 대한 문제를 다루고,[65] 마지막으로 작품을 요약한다.[66]

어거스틴은 로마서 5:20-21로 시작하지만, 『죄의 결과들과 용서, 그리고 유아세례에 관하여』 1권에서 전개했던 아담-그리스도 모형을 심화시키지는 않는다. 그는 율법의 작용을 강조하는데, 즉 율법은 죄가 있음을 밝혀 주며 따라서 도우시는 하나님의 필요성, 그리고 예수의 십자가와 부활 가운데 있는 약을 보여 준다는 것이다.[67] 이것은 하나님께서 자비로운 지식과 의를 주셨다는 것을 잊어 교만에 빠지는 것으로부터 보호한다. 하나님 앞에서 율법의 행위를 찬양하는 것은, 율법의 행위가 실제로 다 이루어질 때라도 적절치 않다. 왜냐하면 이것은 은혜의 영의 도움으로 된 것이 아니라, 처벌이 두려워 행해졌기 때문이다.[68] 율법 외에 의가 계시되었다는 로마서 3:21의 말씀은 하나님이 의롭게 되는 수단으로서의 의를 뜻하는 것이 아니라, 불의한 인간을 의롭게 만드실 때 그에게 덧입히시는 의를 의미하는 것이다.[69] 그러므로 모든 자만은 배제되고(롬 3:27), 하나님께서 어떻게 의롭게 만드시는가 숙고하는 것이 올바른 경건이다.[70] 하나님의 의의 계시는 믿음의 대상이며(롬 1:17)[71] 모든 삶의 근원인 하나님의 빛으로부터 멀어지지 않도록 지켜준다(어거스틴은 여러 번 시 35:10-12〈LXX〉을 인용한다).[72]

로마서 3:27에 나오는 행위의 법과 믿음의 법의 구별은, 구약의 의식법들과 그리스도인들에게도 적용되는 계명들 사이의 구분에 있는 것이 아니다. 오히려 법의 두 형태의 중심내용은 "너는 탐내지 말라"는 명령이다.[73] 고린

---

64) *spir. et litt*. 9-51.
65) *spir. et litt*. 52-60.
66) *spir. et litt*. 61-66.
67) *spir. et litt*. 9.
68) *spir. et litt*. 13.
69) *spir. et litt*. 15.
70) *spir. et litt*. 17-18.
71) *spir. et litt*. 18.
72) *spir. et litt*. 11/21-25; 19/14-17.
73) *spir. et litt*. 23.

도후서 3장의 맥락이 보여 주는 것은 십계명도 죽이는 문자일 수 있다는 사실이다.[74] 차이는 작용에 있다. - 행위의 법이 위협을 통해 명령하는 것을, 믿음의 법은 믿음으로 달성한다.[75] 행위의 법을 통해 하나님은 명령하신다. - "내가 명하는 것을 행하라." 신앙의 법을 통해 하나님께 말한다. - "당신이 명하시는 바를 주소서."[76] 법의 두 가지 방식의 차이란 바로 율법을 스스로 이루기 위해 외적으로 두려움과 위협과 협박으로 시도하는 것, 그리고 내적으로 성령에 의해 가능케 된 영적인 사랑의 이행에 있다.[77] 이러한 이행을 어거스틴은 로마서 7:24 이하와 고린도후서 3장에서 표현되고 있는 것으로 보는데,[78] 즉 사람이 그리스도에게로 가게 되면 베일이 벗겨진다는 것이다(고후 3:16. 옛 라틴어 번역). 이것이 의미하는 것은 노예같이 외적으로 성취하려는 시도로부터 내적으로 이루어진, 영적인 성취로의 이행(문자적으로 이해된 안식일로부터 영적으로 안식일을 지키게 되는 변화)인데, 이렇게 내적으로 이루어지는 영적인 성취는 성령을 통해 사랑이 부여됨으로 생기게 되는 것이다(이것이 바로 의롭게 됨을 뜻한다).[79] 이것을 어거스틴은 돌판에 쓰인 율법과 마음판에 쓰인 법과의 차이와 나란히 놓는다(고후 3:3). 어거스틴은 이것에 대해 예레미야 31:31-34을 참조해 주석적인 배경을 근거로 하여 해석했는데,[80] 옛 언약과 새 언약의 차이는 바로 위협하고 명령하는 문자와 내적으로 새롭게 하는 영과의 차이와 관련된다는 것이다.[81]

이런 기본명제로부터 로마서 2:14-15이 어떻게 이해되어야 하는지 질문이 제기되는데, 이 말씀에서 바울은 다음과 같이 말한다. "율법 없는 이방인이 본성으로 율법의 일을 행한다."[82] 이것을 위해 어거스틴은 두 가지 해석 접근

---

74) *spir. et litt.* 24.
75) *spir. et litt.* 22.
76) *spir. et litt.* 22.
77) *spir. et litt.* 26, 28-30.
78) *spir. et litt.* 25.
79) *spir. et litt.* 28-29, 32.
80) *spir. et litt.* 33-34.
81) *spir. et litt.* 35.
82) *spir. et litt.* 43.

을 발전시켰다. 첫 번째는 로마서 2장의 맥락에서 시작하고 이방인을 그리스도인, 곧 새 계약에 속한 이방 그리스도인으로 이해하여, 이들에게도 고린도후서 3:6에 근거해 이루어진 구분이 해당된다는 것이다.[83] 로마서 2:13의 언급(문자적 의미는 율법의 행위자가 의로운 자로 만들어진다는 것이다)에 따르면, 이방그리스도인은 의롭게, 즉 율법의 행위자로 만들어진다는 것이다.[84] 부사 '본성으로'는 은혜를 통해 회복된 인간 본성과 관련된다.[85] 대안이 되는 두 번째 해석은 이방인을 실제 회심하지 않은 이방인으로 이해하는데, 그들 영혼에는 하나님 형상 가운데 최소한의 윤곽만은 남아 있는데, 이것이 적어도 어느 정도는 하나님과 옳음에 대한 직감을 가능하게 한다.[86] 이 두 가지 해석 접근 가운데 어느 것이 고려된다 할지라도 로마서 2:13-15을 근거로 하여 분명하게 되는 사실은, 은혜란 성령을 통해 사랑이 부여되는 것으로서 새 언약에 약속되어 있으며 이로써 모든 자만은 배제되어진다는 것이다.[87]

두 번째, 매우 짧은 주요부분에서 어거스틴은 자유의지에 대한 물음에 전념한다. 이것으로 어거스틴은 자신을 대적하는 신학의 두 번째 요점을 언급했다. 곧 하나님께서 자유의지를 가진 인간을 창조하셨는데, 왜 인간 자신의 선한 행동은 하나님으로부터 기인되어져야 하는가이다.[88]

이에 대해 어거스틴은 우선 자신이 은혜를 강조함으로 자유의지를 박탈하는가를 묻는다. 어거스틴은 이를 부인한다. 믿음에 대한 지시가 율법을 폐하지 않는 것처럼, 은혜에 대한 지시는 자유의지를 결코 폐하지 않는다.[89] 다음과 같은 순서로 진행된다.

---

83) *spir. et litt.* 44.
84) *spir. et litt.* 45.
85) *spir. et litt.* 47.
86) *spir. et litt.* 48.
87) *spir. et litt.* 49-50.
88) *spir. et litt.* 4.
89) *spir. et litt.* 52.

율법을 통해	죄를 인식한다.
신앙을 통해	죄에 대항해 은혜를 (간구하여) 획득한다.
은혜를 통해	죄의 악덕으로부터 영혼이 치유된다.
영혼의 치유를 통해	선택의 자유를 갖게 된다.
자유로운 선택(의지)을 통해	의를 사랑한다.
의를 사랑함으로	율법을 행한다.[90]

이로부터 율법의 의미와 관련하여 "믿음은 우리의 능력 안에 있는가"라는 질문이 제기된다. 여기서 믿음은 우리가 약속에 대해 갖는 신뢰도 아니며, 율법으로 위협하는 벌이 또한 실제로 이루어질 수 있다는, 걱정스러운 '사실로 여김'도 아니다.[91] 믿음이 우리의 능력 안에 있느냐는 질문에 대해 우선 근본적으로 확인되어져야 할 것은, '가능한' 어떤 것은 일어날 수 있다는 것이고 (왜냐하면 가능함이나 능력은 '할 수 있음'으로부터 오기 때문이다) 또 그것이 가능하고 원해진다면 또한 실제로 된다는 사실이다.[92] 이것은 강요되는 상황들에도 적용된다. 여기서도 a) 일어날 수 있는 것이 일어나고, b) 사람이 원하는 것이 일어난다(왜냐하면 사람은 강요에 응하는 경우에 강요와 연관된 위협을, 강요된 것보다 더 피하기를 원하기 때문이다). 의지가 충동되는 특별한 경우 어떤 것을 원한다는 것은 원함이 생기는 것과 직접적으로 일치한다. 따라서 의지가 충동될 때 처음부터 적용되는 것은, 의지의 충동은 원해진다는 것과 의지의 충동은 생기기 때문에 '가능하다'는 사실이다. 이것은 특별히 믿음에도 적용되는 바, 이 믿음은 의도적인 사건으로 이해될 수 있다.[93]

믿음의 가능성을 긍정하는 것이, 믿음이 동시에 하나님의 선물로 이해될 수 없다는 사실을 의미하는 것은 아직 아니다. 여기에서 믿음이 하나님의 선물임을 부정한다면, 이것은 고린도전서 4:7의 언급(네가 가진 것 중에 네가 받지 아니한 것이 있는가?)이 옳지 않다는 것을 뜻한다. 왜냐하면 그렇게 되면, 사람

---
90) *spir. et litt*. 52.
91) *spir. et litt*. 54-56.
92) *spir. et litt*. 53.
93) *spir. et litt*. 53.

은 받지 않은 것을 갖고 있는 것이 되기 때문이다. 이에 더하여 제기되는 질문은 왜 동일한 본성을 가진 인간 모두가 믿음을 갖고자 원하지는 않는가 하는 것이다. 반대로 만일 우리가 믿음을 하나님의 선물로 보고자 한다면, 왜 모든 사람이 믿음에 도달하지는 않는가 하는 질문이 제기된다. 왜냐하면 하나님께서는 모든 이들이 구원받기를 원하시기 때문이다(딤전 2:4).[94]

어거스틴은 첫 번째 답을 거절한다. 왜냐하면 만일 자유의지를, 사람이 믿음으로 향하거나 믿음으로부터 돌이킬 수 있는 중립적이고 독립적인 것으로 이해하게 되면, 사람은 스스로 의지를 통해 (거부한 경우에) 하나님의 의지, 곧 모든 인간이 구원받기를 원하시는 것과 반대로 행동할 수 있다는 문제에 부딪히게 되기 때문이다. 이와 상응하여 남는 가능성은 단지 두 번째 것으로, 믿음을 하나님의 선물로 보는 것이다. 그런 후에 발생되는 문제, 즉 모든 인간이 믿음에 도달하지는 않는다는 문제 또한 최소화되는데, 왜냐하면 하나님께서는 믿지 않는 자들에게 어떻게 행해야 하는가를 아시며 또 믿지 않는 자들은 하나님을 피할 수 없다는 사실, 즉 하나님의 의지가 실현되지 않는 영역은 없기 때문이다.[95] 믿음의 근거를 하나님께 두는 것에 대해 어거스틴은 시편 102:2-5(LXX)을 통해 확신하는데, 여기서 믿는 자는 하나님의 모든 은혜를 잊지 않기를 원한다고 말하고 있다.[96]

그렇게 믿음을 하나님의 선물로 이해한다면, 또한 불신앙도 하나님의 역사로, 동시에 하나님을 악의 장본인으로 만드는 것에 불과하다는 항의에 어거스틴은 맞서 싸운다. 하나님께서 믿음의 의지를 일으키시는 방법은, 자유의지를 지닌 인간을 만드셨을 뿐만 아니라, 또한 확신케 하는 감명을 통해(문자적으로 말하면 감명으로 인한 권유를 통해) 인간과 행동하신다. 그것은 두 가지 방법, 곧 외적으로 복음의 경고를 통해, 그리고 자신의 생각에 떠오르는 것을 어느 누구도 자신의 힘으로 할 수 없는 곳에서 내적으로 이루어진다. 하나님께서 믿음을 선사하신다는 것은, 사람의 이성에 직접적으로 영향을 주는 것

---

[94] *spir. et litt.* 57.
[95] *spir. et litt.* 58.
[96] *spir. et litt.* 59.

으로 이해될 수 있는데, 사람은 이 영향으로부터 벗어나거나 중립적으로 행동할 수 없다. 계속 이어지는 언급, 즉 동의나 거절은 자신의 의지에 속하는 일이라는 사실은, 이런 상황을 근거로 하여 마치 어거스틴이 여기서 갑자기 선회하고 인간의 원함의 자주적인 협력을 대변하는 것으로 이해될 수는 없다. 오히려 그는 동의나 거절을 하나님으로부터 직접 영향을 받는 의지의 충동으로 해석한다. 사람은 이런 의미에서 갖는 자이며 받는 자이다. 여기에도 고린도전서 4:7이 적용된다(네가 갖고 있는 것 중에 받지 않은 것이 있느냐?). 우리는 하나님의 선물인 신앙을 단지 의지의 충동으로서 가질 수 있고, 그런 점에서 그것은 당연히 의지에 관련된 것이지만, 독립적인 협력이라는 의미에서는 아니다. 여기서 왜 하나님은 어떤 사람이 실제로 설득되도록 역사하시고, 어떤 사람에게는 그렇게 하지 않으시는가 하는 것은 하나님의 비밀로 머무르는데, 이것에 대해 단지 두 가지만 말할 수 있다. "깊도다 하나님의 지혜와 지식의 부요함이여"(롬 11:13), "하나님께 불의함이 있느뇨?"(롬 9:14) 그리고 "이 대답이 불만족스러운 자는 더 학식 있는 자를 구해야 하지만, 주제넘은 자를 만나지 않도록 주의해야 한다."[97]

결론적으로 말해 한편으로 인간은 하나님의 도움 때문에 죄 없을 수 있으나, 이것은 사실상 (그리스도를 제외하고는) 결코 한 번도 실제로 존재하지 않는다는 사실은 매우 의미 있는 것이다. 왜냐하면 의로운 행동을 가능케 하는 믿음에서 중요한 것은 하나님의 행하심이고, 그런 점에서 죄 없음은 성경에 언급된, 분명 하나님께 가능한 많은 다른 것들과 비교할 만한 것이다. 하지만 결코 한 번도 실제가 되지 않는데, 가령 낙타가 바늘구멍을 통과하거나 12,000천사군대가 그리스도를 위해 싸우는 것 등과 같은 것이다. 죄 없는 삶은 이런 것들처럼 가능한 것인데, 왜냐하면 그것은 하나님께 가능한 일이기 때문이다.[98] 실제가 되는 것은, 하나님께서 성령의 선물을 통하여 사랑의 이중 계명에서 표현되어 있는 사랑을 선사하신다는 사실, 그리고 이런 사랑은

---

97) *spir. et litt.* 60 인용.
98) *spir. et litt.* 62.

종말론적 완성을 향해간다는 사실이다.[99] 종말론적 완성이 아직 이루어지지 않은 한에서, 인간은 죄의 용서에 의존하고 있으며 겸손히 하나님께로 향하고 은혜를 구해야 한다.[100]

이 작품에 나타난 반펠라기우스적인 은총 이해는 성령론 관점의 해석에서 나온 것이다. 성령과 은총은 서로 밀접하게 관련되어 있지만, 성령은 은혜의 영이고 따라서 은총은 가장 중요한 영향력이며 선물이라는 점에서 차이가 난다.[101] 성령과 은총은 둘 다 하나님의 선물이고 내용적인 규정에 있어서 사랑이라는 점에서 동일하다. 은총이 선물이라는 것, 값없이 주어지는 것이라는 성격은, 은총을 독립적인 힘으로 생각하는 것을 불가능하게 한다. 은총은 공로와 달리, 예수 그리스도를 믿는 것은 내용적으로 성령에 의해 결정되어진다는 관점이다. 기독론과 은총론 사이의 관련성은 무엇보다도 성령론을 통해 이루어진다. 펠라기우스의 은총론을 반박하여 강조한 것은, 예수 그리스도가 갖다 주신 은총은 본성도, 율법도 아니라, 살도록 하는 영이라는 사실이다. 그리스도의 성육신에 관한 은총의 관점은 그리스도의 인격보다는 오히려 그리스도의 선물과 영향에 관련되는데, 왜냐하면 어거스틴이 관심을 갖고 있던 것은 그리스도를, 교사로서 현재적인 의미를 가지고 있는, 영향사(史) 측면에서 중요한 과거의 인물로서 이해할 뿐만 아니라, 자신을 인간에게 전해 주는, 현재 영향을 주는 하나님으로서 이해하는 것이다. 이런 점에서 어거스틴의 은총론의 구조는 성령론적이다.[102]

『영과 문자에 관하여』와 『죄의 결과들과 용서, 그리고 유아세례에 관하여』를 비교해 보면, 전체 구상의 차이는 놀라울 정도로 크다. 『죄의 결과들과 용서, 그리고 유아세례에 관하여』 2권과 『영과 문자에 관하여』를 쓴 계기가 된 것은 죄 없음에 대한 물음이요, 수신인은 동일하고, 두 작품의 형성 시기는 서로

---

99) *spir. et litt.* 64-65.
100) *spir. et litt.* 66.
101) Cf. *spir. et litt.* 15. 28. 47. 49.
102) Cf. Wolf-Dieter Hauschild, "Gnade IV", in *TRE* 13, 482-4.

가까이에 있다.[103] 그럼에도 불구하고 어거스틴은 『영과 문자에 관하여』에서 『죄의 결과들과 용서, 그리고 유아세례에 관하여』의 세례에 대한 가르침이나 원죄론, 아담-그리스도-모형론을 자세하게 다루지 않는다. 그 대신에 그는 완전히 다른 각도에서, 즉 율법개념과 성령론으로부터 그의 은혜론을 전개한다. 성령론에 대한 집중은 어거스틴이 『영과 문자에 관하여』에서부터 은혜의 영에 대해 자주 말한다(슥 12:10; 히 10:29)는 사실에 나타나 있다. 이것은 어거스틴으로 하여금 로마서에 대한 새로운 파악을 가능케 했고, 믿음을 하나님께로부터 속사람에게 선사되는 사랑으로 자세하게 해석하도록 했다.[104] 두 작품의 차이는 설명하기 어려우나, 다음 사실과 관련되어 있을 수 있다. 즉 어거스틴은 『영과 문자에 관하여』를 쓰기 전에, 펠라기우스주의 신학에 맞서 원죄론과 기독론에만 의지해서는 펠라기우스주의 신학에 대한 문의에 처음부터 거절하지 않는 태도를 취한 마르켈리누스와 같은 사람을 충분하게 설득시킬 수 없다고 인식했던 것이다. 펠라기우스에게도 기독론은 중심되는 관심사인데, 그에게 그리스도는 '모범'으로 강하게 특징지어져 있다. 세례론과 원죄의 유전 사상과 관련해 413년 카르타고에서도 토론이 있었다. 그러므로 어거스틴은 『영과 문자에 관하여』를 가지고 자신의 은총론에 대한 근본적인 생각을 새로 (반면 원죄론, 아담-그리스도-모형론, 세례론에 대해서는 더 깊이 고려하지 않고) 전개하고자 시도했다는 것은 타당한 일일 수 있다.[105] 여기서 얻은 초안은 은총론에 있어서 가장 중요한 작품 가운데 하나가 되었는 바, 중세뿐만 아니라 그 이후에도 큰 영향을 끼쳤다. 루터가 '종교개혁적 혁파'에 대한 회고에서, 하나님의 의(義)에 대한 결정적인 이해가 어거스틴의 『영과 문자에 관하여』에서 증명되고 있음을 발견했다고 말한 것은 우연이 아니다.[106]

---

103) *spir. et litt.*는 적어도 마르켈리누스(Marcellinus)의 죽음 전에 저술되기 시작했음에 틀림없다. 마르켈리누스는 413년 가을 대역죄재판과 관련하여 처형되고 *spir. et litt.*의 저술시기는 *pecc. mer.* 3 이후로 추정할 수 있기 때문에 빨라야 413년이 알맞다. - 412년이라는 주장도 있다. Cf. G. Bonner, "De spiritu et littera", in *Augustine through the Ages*, 815-6.
104) 두 작품의 차이에 대해서는 V. H. Drecoll, "Mens-notitia-amor. Gnadenlehre und Trinitätslehre in De Trinitate IX und in De peccatorum meritis et remissione/ De spiritu et littera", 146-9 참조.
105) V. H. Drecoll, "De spiritu et littera", 333-4.
106) M. Luther, *Praefatio in Opera omnia* (WA 54, 186).

3) 본성과 은혜에 관하여(De natura et gratia)[107]

414년 젊은 귀족 출신의 로마인이며 한때 펠라기우스의 제자였던 티마시우스(Timasius)와 야코부스(Jakobus)가 어거스틴에게 제목이 없고 익명으로 된 펠라기우스의 작품『본성에 관하여』(De natura)[108]를 (어거스틴이 이를 반박하도록 하기 위해) 보냈을 때,[109] 펠라기우스에 대한 어거스틴의 태도는 근본적으로 바뀌었다. 이젠 어거스틴은 펠라기우스를 분명하게 이단으로 다룬다.[110] 아마도 어거스틴은 415년초 반박문서에 대한 작업을 착수했을 것이다.

얼마나 오랫동안 작품을 썼는지는 정확히 알 수 없다. 416년 여름, 즉 어거스틴이 디오스폴리스(Diospolis)회의에서 이루어진 펠라기우스의 무죄판결을 펠라기우스에 대한 아프리카의 캠페인을 통해 무효화시키는 일을 하고 있을 때, 이 작품이 이미 완성되었다는 사실만은 분명하다. 왜냐하면 그는 제롬에게 보낸 편지,[111] 요한(Johannes von Jerusalem)에게 보낸 편지,[112] 이노센트(Innozenz von Rom)에게 보낸 편지[113]에 펠라기우스의 작품『본성에 관하여』뿐만 아니라『본성과 은총에 관하여』에 나오는 자신의 반박도 동봉했기 때문이다.

어거스틴이 이 작품에서 반론한 펠라기우스의 작품『본성에 관하여』가『본성과 은총에 관하여』를 쓸 당시 이미 정죄 받은 켈레스티우스의 가르침과 모든 점에서 일치하는 것은 아니다. 펠라기우스의 작품은 "청원기도를 거부한다든지 은혜의 도움을 부정하지는 않지만, 어거스틴의 원죄론을 은밀하게 거부한다."

---

107) 이 부분은 Winrich Löhr, "De natura et gratia", in *Augustin Handbuch*, 334-7에 주로 의존했으며 다음 문헌을 참조했다. Gerald Bonner, "De natura et gratia", in *Augustine through the Ages*, 582; Josef Lössl, *Intellectus Gratiae*, 245-250. - 필립샤프 편/차종순 역, "본성과 은총에 관하여",『어거스틴의 은총론』제2권, 127-246.
108) 이에 대해서는 Winrich Löhr, "Pelagius' Schrift De natura. Rekonstruktion und Analyse", in *Recherches Augustiniennes* 31 (1999), 235-294 참조.
109) Cf. *De gestis Pelagii* 47.
110) 어거스틴이 *pecc. mer.*3에서는 펠라기우스에 대하여 조심스럽게 표현했는데, 414년 이후부터 이것은 바뀌었다.
111) *Ep.* 19.
112) *Ep.* 179.
113) *Ep.* 177.

작품의 구성에 있어서 주목할 만한 것은 서론 부분 이후 펠라기우스의 작품과 같이 전개되며 한 가지씩 한 가지씩 조심스럽게 반박한다는 것이다.[114] 여기서 어거스틴은 펠라기우스 작품의 구조를 따르고 있다. 그 다음 12가지 증명에 대한 토론이 뒤따르는데,[115] 이것은 펠라기우스가 자신의 입장을 위해 인용했던 것들이다.[116] 이 작품은 참된 기독교의 삶에 대한 호소로 끝맺는다.[117]

펠라기우스에게 있어서 결정적인 사항은, 인간이 '죄짓지 않을 수 있는 가능성'(posse non peccare)을 갖고 있는가 하는 것이다. 이 가능성(posse)이 또한 실재(esse)인가 하는 질문은 앞의 질문과 구별되어야 한다. 사람은 오직 '은총을 통하여' 죄가 없을 수 있다는 것을, 펠라기우스는 '죄짓지 않을 수 있다'는 사실에 대한 승인으로 보았다. 펠라기우스의 논증의 목표는 죄가 실체를 갖고 있지 않다는 생각을 변호하는 것이다. 죄는 본성을 약하게 하거나 바꿀 수 있는 것이 아니라, 교만이라는 것이다. 죄는 자발적인 것이며 따라서 피할 수 있는 것이다. '능력'(가능성)은 인간의 결정의 대상이 아니라 본성에 속한다. 그러므로 이런 능력은 '본성의 장본인'이라고 할 수 있으며 '하나님의 은혜 없이는' 생기지 않는다. 펠라기우스에 따르면 성서는 그리스도 이전에도 아벨과 같은 의로운 사람이 있었다고 증거한다. 펠라기우스는 전승에 근거한 입증으로 『본성에 관하여』를 끝마치는데, 여기에는 특히 어거스틴의 『자유의지에 관하여』(3, 50)가 인용된다.[118]

펠라기우스는 작품에서 모든 인간에게 죄 없을 수 있는 가능성이 잃어버리는 일 없이 주어졌다는 주장을 증명하고자 했다. 그는 이런 가능성을 부정하는 사람들, 그리고 비도덕적인 방식으로 자신들이 책임져야 할 연약함을 창조주와 인간의 본성에 책임지우고자 하는 자들을 신랄하게 비난했다. 죄 없는 것은

---

114) *nat. et gr.* 8-69.
115) 그중 Laktanz, Hilarius, Hieronymus, 어거스틴 자신의 것.
116) *nat. et gr.* 70-81.
117) *nat. et gr.* 82-84.
118) Drecoll, "Gratia", in *Augustinus-Lexikon* 3, 210. 어거스틴의 자유의지론을 펠라기우스가 인용한 점이, 『본성에 관하여』에 대해 어거스틴이 반응한 근본적인 이유일 수 있다.

오직 하나님의 은혜를 통하여 가능하다는 반론은, 펠라기우스에 따르면 헛도는 일일 뿐이다. 하나님이 창조하신 본성이 이미 하나님의 은혜로 이해될 수 있다. 죄짓지 않을 수 있는 가능성이 인간에게 본성과 함께 주어졌지만, 인간은 그것을 사용하지 않았다는 것이다. 인간은 펠라기우스에 따르면 (선택)자유의 선고를 받았다고 분명하게 말할 수 있을 것이다.

어거스틴은 매우 날카롭게 펠라기우스를 비판하지만 개인적으로 공격하는 것은 아직 자제했고, 그의 이름을 (일정한 고대 문학적 관습에 걸맞게) 언급하지 않았다. 어거스틴이 펠라기우스의 각각의 논증을 반박하는 데 매우 신중을 기했을지라도, 그의 논증은 펠라기우스의 핵심적인 관심사를 지나쳐 버렸다. 그는 펠라기우스의 작품『본성에 관하여』에 나타난 이단적인 관점을 『본성과 은혜에 관하여』1-7장의 자세한 서문에서 정의하고 있다. 펠라기우스는 하나님의 의를 잘못된 방식으로 변호했는데, 즉 인간의 본성이 어떤 상황에서든 책임지도록 인간의 본성을 구성하는 데 집중하였던 것이다. 오히려 (어거스틴에 따르면) 하나님의 의를 변호하기 위해서는, 하나님의 의는 두려움을 불러일으키는 율법에 있는 것이 아니라 그리스도를 통해 이루어지는 은혜에 있다고 주장해야 한다는 것이다. 율법에 대한 두려움은 단지 교육적으로 그리스도에게로 인도해 가는 작용을 할 뿐이다. 반대로 인간의 본성이 펠라기우스의 주장대로 구성되어, 인간 본성 스스로 율법을 이행하고 완전한 의를 획득할 수 있다고 한다면, 이것은 그리스도께서 헛되이 돌아가셨음을 뜻하는 것이다. 어거스틴은 펠라기우스에 반대하는 논증으로 기독교의 만인구원설을 언급한다. 즉 우리가 펠라기우스와 함께 인간의 온전한 본성에서 출발한다면, 다음과 같은 사실을 납득시킬 수 없다. 즉 그리스도에 관한 복음을 듣는 것이 불가능한 나라나 시대에, 왜 하나님을 창조자로 섬기는 것이 영원한 생명을 얻는 데 충분치 못하는가 하는 것이다. 만일 이것이 가능하다고 인정한다면, 또한 그리스도께서 헛되이 죽으셨음을 시인해야 한다. 이에 반해 인간의 본성이 원죄를 통해 손상되었다는 전제하에, 한편으로 하나님의 진노와 처벌은 정당하며(원죄는 자유의지로 행해졌다), 다른 한편으로 의사로서 인간의 본성을 치료하실 수 있는 예수 그리스도의 구원행위는 명백해진다.

어거스틴의 논증은, 인간은 항상 죄 없을 수 있는 가능성을 갖고 있으며 그로 말미암아 하나님의 요구하시는 의에 직면하여 어떤 일에서건 책임 있는 자로 존재한다고 주장하는 펠라기우스의 신정론(神正論)을 비논리적이고 편협한 것으로 증명하는 것에 목표를 두었다. 이미 414년의 작품 『인간의 의의 완성에 관하여』[119]에서 어거스틴은, 펠라기우스의 동료 켈레스티우스에게 속하는, 그리고 항상 죄 없음의 가능성을 증명하고자 노력하는-죄가 꼭 있어야 하는 것은 아니라고 가리키든, 죄 없는 것에 대한 신적인 명령은 본성적으로 죄를 피할 수 있도록 만들어져 존재하는 인간에게 적용된다는 논증을 통해서이든- 설명들과 씨름했다.

어거스틴은 기독교에 대한 펠라기우스의 개념이 그리스도의 구속의 죽음, 세례, 하나님의 도움에 대한 간구, 마음을 변화시키는 성령의 힘, 하나님과 이웃에 대한 사랑 등과 같은 본질적인 요소를 통합할 수 없음을 보이려고 노력했다. 어거스틴도 신정론의 관점으로 생각한다. 하지만 그는 참된 기독교적인 존재를 비로소 가능케 하는 더 다양한 신정론을 구상하도록 요구한다. 어거스틴의 신정론은 다양하게 기독교의 경건을 위한 여지를 제공하고, 겸손이라는 기독교의 덕을 강조하며 교만과 자만에 대항한다. "다른 악덕들은 오직 악한 행동 가운데서 존재하므로, 우리는 선한 행동 가운데서도 오직 자만심을 경계해야 한다."[120] 계속하여 어거스틴은 주장하기를, 율법과 인간의 온전한 본성은 어째든 인간이 어떻게 살아야 하는지 알 수 있으나, 인간에게 새로운 삶을 실현할 수 있는 능력을 주지는 않는다고 하였다.[121] 펠라기우스

---

119) *De perfectione iustitiae hominis.*
120) *nat. et gr.* 31.
121) *nat. et gr.* 47.

는 여기서 다른 견해를 갖는다. 그에 따르면 영적인 교사는 제자들에게 단지 항상 반복하여 모든 순간에 주어지는, 바른 삶에 대한 가능성을 기억케 하고, 결국 이 가능성은 이런 방식으로 이러한 바른 삶에 대한 능력이 된다.[122] 이에 반해 어거스틴은 이미 소크라테스가 가르친 철학적인 이론, 즉 지식과 선이 또한 선을 수행하는 능력을 준다는 것을 부정한다.

결국 어거스틴은 이미 그의 작품 『영과 문자에 관하여』에서 제시된, 율법의 글자와 영의 대조를 강조할 수 있게 되었다. 인간의 손상된 본성은 (그리스도를 통해 구속되어) 성령의 작용에 열려 있다. 이것은 새로운 자유를 나타내는데, 이젠 온전한 인간 본성의 선택자유가 아니라, 죄로부터의 자유와 율법의 처벌위협에 대한 두려움으로부터의 자유이다. 그렇게 성령에 의해 자유하게 된 인간은 이젠 의에 대한 사랑으로 인도되며 야고보서 1:25에 따르면 자유의 법을 모범으로 삼는다.[123]

『본성과 은혜에 대하여』는 당연한 귀결로서 올바른 기독교의 삶으로 이해된 바르게 사는 것에 대한 강한 호소로 끝난다. 어거스틴에 따르면 기독교의 훈계(권면)는 그리스도에 대한 믿음을 호소하며 인도하여, 도중의 어려움을 기도와 감사와 자비의 행위로 대응하게 한다. 또한 그것은 기독교인이 죄에 빠지지 않도록 하기 위해 자신의 죄 없음을 자랑하지 않도록 가르치며, 두려움으로 하기 어려운 것이 사랑으로는 쉽다는 것을 안다. 사랑과 의는 함께 성장한다. 만일 사랑이 이 세상의 삶을 경멸한다면, 사랑은 이 세상의 삶에서 가장 위대하다. 그러나 어거스틴에 따르면 사랑이 이생 후에도 성장할 가능성이 없다면 놀라운 일일 것이다.[124]

이 마지막 내용이 분명하게 하는 사실은, 어거스틴에게 있어서 펠라기우스 논쟁의 관건은 참된 기독교 삶에 대한 올바른 개념이다. 두 적수, 펠라기우스와 어거스틴은 참된 기독교 삶에 대한 서로 다른 자신들의 개념이 참된 삶에 대한 이교도-철학적 개념을 능가할 것을 요구하였다. 분명한 사실은, 어거스

---

[122] Cf. 펠라기우스, *Epistula ad Demetriadem*.
[123] *nat. et gr.* 67.
[124] *nat. et gr.* 82-84.

틴의 개념은 신정론과 함께 전제조건이 많으며 논증에 있어서 빈약한 신학적 개념의 모습을 보인다는 것이다. 중요한 요소는 (특히 오늘날의 주석에 대한 지식의 수준에 따르면) 원죄라는 곤란한 생각이다. 그러나 어거스틴의 개념은 (많은 종류의 변형과 약화로) 폭넓고 성과 있는 수용의 역사를 가졌는데, 왜냐하면 그것은 신학과 경건을 긴장감이 넘치는 방식으로 통합하는 데 성공했기 때문이다.

이 작품의 중요성은 '본성-은혜'라는 대조를 숙고했다는 점에 있다. 펠라기우스는 '본성을 옹호함으로' 은혜를 부인했는데, 그는 본성의 가능성을 잘못 평가하였던 것이다. 인간의 실제상태는 '타락한 본성'이다. 은혜는 본성에 초자연적으로 첨가되는 것이 아니라, 결함이 있는 본성의 치유 내지는 원상복구로 이해될 수 있다.[125]

어거스틴이 『본성과 은혜에 대하여』의 논증에서 싸워야 했던 중심되는 문제는, 자신이 이원론적-마니교적으로 가르친다는 비난을 받지 않으려는 노력이다. 펠라기우스가 반(反)마니교적 관점에서 죄는 자유의지의 행위이지 본질(실체)이 아니라고 강조한다면 어거스틴은 그를 인정해야 하며, 어거스틴 자신은 (비합법적인) 마니교라는 혐의를 받기를 원치 않았다. 동시에 그가 해명의 노력을 해야만 한 것은, 왜 본질이 아니라 행위인 죄가 인간의 본성을 그렇게 깊숙이 침해하여 인간 본성이 인간의 편에서는 회복될 수 없는 것인가 하는 문제이다. 여기서 어거스틴이 주장한 것은, 행동방식도 철저하게 본성에 대해 결과를 갖는 바, 먹지 않음이 몸의 본성에 갖게 되는 것과 같은 것이다.[126] 다른 곳에서 어거스틴의 신정론은 창조와 구속의 이중적인 경쟁을 포괄하는 위험에 이르는 것처럼 보인다. "우리는 구원자를 불필요한 것으로 여기도록 강요받거나, 오히려 실제로 그렇게 납득될 정도로 창조주를 칭송해서는 안 된다."[127] 어거스틴은 자신의 신학을, 펠라기우스주의에 대해서처럼 마니교에 대해 한계를 짓는

---

125) Drecoll, "Gratia", 211.
126) *nat. et gr*. 21.
127) *nat. et gr*. 39.

중앙로로 묘사했다.

작품의 수신자요 젊은 귀족인 티마시우스와 야코부스는 잘 구성된 짧은 편지로 감사를 전했다.[128] 그들은 이젠 참된 기독교의 삶에 대한 어거스틴의 개념으로 돌아섰음을 나타냈다. 그들은 시편 106:20(LXX)을 가리키며 설명하기를, 그들은 하나님의 치유하시는 은혜를 바로 이 어거스틴 작품을 통해 얻었다고 하였다. 『본성과 은총에 대하여』에 대한 펠라기우스의 반응에 대해서는 아무것도 전해지지 않는다. 펠라기우스는 자신을 『본성에 관하여』의 저자로 결코 언급하지 않았다.[129]

4) 결혼과 정욕에 관하여(De nuptiis et concupiscentia)[130]

두 권으로 된 『결혼과 정욕에 관하여』는 라벤나의 궁정에 있는 고위 황제 공무원 발레리우스에게 증정된 것이다. 그의 정확한 직위는 알려지지 않았다. 율리안은 후에 그를 유력한 사람으로 불렀는데, 그의 중요성은 418년 5월 펠라기우스가 정죄당한 후 몇 개월간 있었던 펠라기우스에 대한 논쟁에서 그가 결정적인 영향을 끼친 사실에서 알 수 있다.[131] 사실 양쪽 편에서, 즉 어거스틴을 중심으로 한 북아프리카인들과 펠라기우스주의자들은 서로 발레리우스의 호의를 얻기 위해 노력한 것처럼 보인다. 펠라기우스의 작품들이 그에게 보내졌다.[132] 율리안은 그와 관계를 유지했다. 그러나 발레리우스는 승리 편에 섰다. 율리안과 첫 번째 접촉을 한 후에 이미 발레리우스는 어거스틴에게 문제에 대한 충고를 구했다. 어거스틴은 『결혼과 정욕에 관하

---

128) *Ep.* 168로서 어거스틴의 편지모음집에 들어있다.
129) Winrich Löhr, "De natura et gratia", 337.
130) 이 부분은 Josef Lössl, "De nuptiis et concupiscentia", in *Augustin Handbuch*, 337-340에 많이 의존했으며 다음 문헌을 참조했다. Gerald Bonner, "De nuptiis et concupiscentia", in *Augustine through the Ages*, 592-3; Josef Lössl, *Intellectus Gratiae*, 273-8. - 필립샤프 편/차종순 역, "결혼과 현세욕에 관하여", 『어거스틴의 은총론』 제3권, 143-298.
131) Cf. *Contra Iulianum opus imperfectum* 1, 10.
132) *nupt. et conc.* 1, 2.

여』를 통해 대답하며[133] 발레리우스의 태도를 견고히 하게 했다.[134]

동시에 발레리우스는 공적인 모범으로서도 적절했다. 어거스틴은 그가 남편으로서 얻은 큰 명성을 칭찬했다. 그는 특별히 결혼의 순결로 축복받은 자라는 것이다. 그리고 그는 이제 『결혼과 정욕에 관하여』의 비판 대상인 새로운 모든 것들에 굴복하지 않았다는 것이다. 정말 그는 논쟁자 작품의 영향에 많이 노출되어 있었기 때문에,[135] 어거스틴의 이 작품은 그에게 특별히 유용할 수 있었다. 이 작품을 통해 발레리우스는 결혼과 정욕이라는 문제에 대해 자신의 입장을 보다 깊게 이해할 수 있었다.

『펠라기우스주의자들의 두 편지에 반박하여』(1, 9)[136]에 따르면 어거스틴은 418년 5월 있었던 결정 직후 『결혼과 정욕에 관하여』 제1권을 썼다. 발레리우스는 이 책을 419년 초에 입수했다. 그러므로 이 책은 418년 말이나 419년 초에 완성되었을 것이다.[137] 이에 대해 율리안은 이미 419년 6월 반박작품을 출간했는데, 바로 『투르반치우스에게』(*Ad Turbantium*)라는 4권의 책이다. 투르반치우스는 율리안과 함께 조시무스의 『회람서신』(펠라기우스와 켈레스티우스의 신학에 대한 판결을 확인하는 것)에 서명하기를 거부한 남이탈리아의 18감독들 중 하나였다. 그러나 그는 이미 몇 년이 지나 다시 율리안과 거리를 두게 되었다.[138] 율리안의 『투르반치우스에게』가 발레리우스의 손에 이르자마자, 발레리우스는 비서로 하여금 작은 종이에 초록을 작성하여 어거스틴에게 보내도록 하였다. 어거스틴은 『결혼과 정욕에 관하여』 제2권을 통해 요약하여 대답하며 탐욕(육욕)이라는 개념에 집중하였다. 오래 지나지 않아 어거스틴은 『투르반치우스에게』에 대한 자세한 반박 『율리안에 반박하여』 여섯 권의 책을 썼다. 율리안은 다시 여덟 권의

---

133) *Ep.* 200, 1.
134) *Retr.* 2, 53.
135) *nupt. et conc.* 1, 2.
136) *Contra duas epistulas Pelagianorum.*
137) 어거스틴은 무엇보다도 모리타니아(Mauretania Caesariensis)를 여행하는 데 418년 대부분을 보냈기 때문이다.
138) *Ep.* 10, 1.

책으로 된 『플로루스에게』(*Ad Florum*)를 통해 『결혼과 정욕에 관하여』 제2권에 답했다. 알리피우스(Alypius)가 율리안의 책들을 히포로 가져왔다. 여기에 어거스틴은 완성되지 않은 『율리안 반박론. 미완성 작품』으로 답했다. 어거스틴은 이렇게 418년부터 세상을 떠날 때까지 율리안과 논쟁을 벌였다. 율리안의 논증은 어거스틴이 은총론과 원죄론을 연결시킨 것에 향해 있으며, 이점을 마니교의 가르침으로 간주하였다.[139]

율리안이 쓴 여덟 권의 책 『플로루스에게』 중 여섯 권은 어거스틴의 답변 『율리안 반박론. 미완성 작품』(*Contra Julianum opus imperfectum*) 덕분에 보존되어 있다. 1권에서 그는 하나님의 정의, 인간의 죄, 자유의지 등의 개념을 정의한다. 그의 기본적인 전제는, 공의로우신 하나님은 죄 없이 태어난 아이들에 대해 다른 어떤 죄도 세지 않으실 것이라는 사실이다. 죄란 항상 자주적으로 행동하는 어른과 이성적인 존재의 결함 있는 행위라는 것이다. 2권은 전적으로 로마서 5:12-21에 대한 주석이다. 3권에서 율리안은 정의에 대한 자신의 생각을 지지하기 위하여 성경을 사용한다. 동시에 그는 선하신 창조주에 대한 믿음이 원죄론의 가르침과 양립될 수 없음을 논증한다. 또한 그는 욕망에 대한 어거스틴의 사상이 마니가 메녹(Menoch)에게 보낸 편지에 나타난 것과 일치함을 증명하고자 한다. 4권은 그리스도의 본성을 논의한다. 5권은 자유의지를 주제로 다룬다. 그는 어거스틴의 원죄론이 덕이 많은 사람의 행동의 자유를 부정한다고 논증한다. 6권은 아담의 본성, 타락, 아담-그리스도의 대조 등에 대해 철저하게 다룬다.[140]

율리안이 후에 언급한 것에서 드러나는 것처럼, 어거스틴이 마니교도처럼 인간의 성욕을 악으로, 결혼을 사단이 세운 것으로 여긴다는 비난이 있었다.[141]

---

139) Drecoll, "Gratia", 218.
140) M. Lamberigts, "Julian of Eclanum", in *Augustine through the Ages*, 478-9(479).
141) *Contra Iulianum opus imperfectum* 1, 62.

어거스틴은 사실 감독이 될 때에 이미, 여전히 잠재적으로 마니교도라는 비난을 반박해야만 했다. 마니교에 대대적으로 대항했던 어거스틴에게 있어 율리안이 제기한 마니교도라는 비난은 엄청난 에너지를 쏟게 했다. 어거스틴이 마니교도라는 율리안의 비난은, 마니교의 자료를 통해 비난에 대한 확실한 뒷받침을 한다는 점에서 위협적인 논증이었다. 출발점은 어거스틴의 원죄론이다. 율리안이 마니교적인 것으로 낙인을 찍은 것은 다음과 같다. 1) 인간은 죄의 맥락에 서 있기 때문에, 비록 원하지 않는다고 하더라도 죄를 짓는다. 로마서 9:16에 나오는 원하지 않음은 육체적인 영역과 관련된다. 2) 육체적인 영역에서는 정욕을 통하여 악이 인간과 영혼을 지배한다. 3) 그러므로 인간은 자유의지에 근거로 하여 선을 결정할 수 있는 것이 아니라, 본성에 근거하여 죄를 원하도록 강요된다. 성경의 근거로는 로마서 7:18 이하와 갈라디아서 5:17이 있다.[142]

율리안의 공격과 비난에 대해 어거스틴의 대답은 두 가지 점에 집중한다. 하나는 정욕(성욕)이라는 개념이고, 다른 하나는 결혼의 가치에 대한 질문이다. 『결혼과 정욕에 관하여』라는 제목이 이미 이 사실을 보여 준다. 두 가지 점은 우선적으로 원죄론과 관련되며, 그 다음으로 은총론과 관련을 갖는다.

어거스틴은 율리안의 비난에 대해 『결혼과 정욕에 관하여』 제1권으로 변호했다. 결혼은 어거스틴이나 다른 모든 그리스도인들에게 있어 창조된, 원래상태의 재산이다. 그것은 이미 낙원에서 존재했다. 그것은 인류의 증대와 번식이라는 이생의 목적을 성취하지만, 또한 인류를 영원한 구원으로 이끄는 하늘의 목적도 이룬다. 하나님 안에서의 중생은 이생의 출생과 상응한다.[143] 이것을 목표로 인류의 성욕은 처음부터 계획된 것이다. 하지만 원죄를 갖는 상황에 이르게 되었는데, 곧 결혼이 유전적인 탐욕이라는 결함으로 더럽혀진 것이다. 이것은 어거스틴에게 한편으로는 하나님으로부터 돌아서고 세상으로 향하는 인간의 경향 전체를 뜻하고, 무엇보다도 자만함으로 표출되는 자기 자신, 그리고 세상과 관련됨을 의미한다. 어거스틴은 요한일서

---

142) Drecoll, "Gratia", 219.
143) *nupt. et conc.* 1, 5.

2:16을 인용하는데, 육신의 정욕과 안목의 정욕과 이생의 자랑에 대한 말씀이다. 그러나 다른 한편으로 그 개념은 또한 특별하게 성욕을 뜻하는데, 다시 말해 성욕에서 그런 죄 된 방향이 가장 근본적으로 표현된다는 점에서 그렇다.[144] 이런 욕구가 죄라는 사실은, 어거스틴에 따르면 생식기를 조절할 수 없음에서, 특히 남자에게서 보인다.[145] 번식행위로서의 성적인 결혼 행위는 그 자체로는 죄가 아니지만,[146] 이것은 죄가 이런 특별한 경우에, 즉 오직 결혼 내에서 용서되었기 때문에 그런 것이다. 그 행위는 본질에 있어서 악이지만, 이 악은 여기 결혼에서 하나님의 은혜를 통해 선한 목적(즉 정절과 후손)을 위해 제정된다. 하지만 행위에 아직도 포함되어 있는 성적인 욕구나 욕망, 탐욕은 태어난 아이들이 재차 사단의 세력 밑에 서 있도록 한다. 그러므로 그들은 세례를 통한 구속이 필요하다.[147] 세례는 물려받은 정욕의 죄책을 없애지만, 정욕 자체는 아니다. 세례받은 그리스도인의 아이도 부모의 정욕, 그리고 그와 더불어 원죄를 물려받는다. 이것은 마치 올리브의 개량과도 같다. 올리브의 씨로부터도 다시 단지 야생 올리브가 자라는데, 이것은 재차 개량되어져야 한다.[148] 이것이 참된 교회의 신앙인데, 펠라기우스주의자들은 이것을 부인한다.[149] 어거스틴에게 있어 욕망을 분석할 때 중요한 것은 결혼에 대한 유죄판결이 아니다. 결혼 자체는 단지 다음 세 가지 특징으로 표현되는 한 선하다. 즉 결혼파트너 상호간의 신의, 후손을 낳고자 하는 의도, 그리스도 안에 연합을 기초 세우고 성례로서 교회를 기초 세우는 것(상징적인 거룩한 비밀)이다.[150]

율리안이 『투르반치우스에게』에서 『결혼과 정욕에 관하여』 제1권에 대한 신랄한 비판(이것은 어거스틴에게 몇몇 발췌문으로 알려진 것이다)에 대하여 어거

---

144) Lössl, *Intellectus gratiae*, 274.
145) *nupt. et conc.* 1, 7.
146) *nupt. et conc.* 1, 13.
147) *nupt. et conc.* 1, 21.
148) *nupt. et conc.* 1, 21.37.
149) *nupt. et conc.* 1, 22.
150) *nupt. et conc.* 1, 13.19.

스틴은 『결혼과 정욕에 관하여』 제2권으로 대답했다. 여기서 그는 가톨릭교도, 마니교도와 펠라기우스주의자들의 세 입장을 비교한다. 가톨릭교도에게 있어서 인간의 본성은 하나님에 의해 창조되어 선하지만, 죄로 인해 변질되었다. 마니교도에게 있어 인간의 본성은 근본적으로 선과 악의 혼합으로 사단이 창조한 것이다. 펠라기우스주의자에게 인간의 본성은 하나님의 창조물로 선하며 죄에 의해 접촉을 받지 않았고, 그렇기에 또한 그리스도를 통한 구속과 세례가 필요하지 않다.[151] 우리는 다음과 같이 말할 수 있다. 즉 어거스틴이 『결혼과 정욕에 관하여』 제2권에서 전개한 논증은 마치 그가 펠라기우스주의자들과는 믿음(즉 하나님과 그분의 창조의 자비에 대한 믿음)을 공유하고 마니교도들과는 이성을 공유하는 것처럼 보인다는 것이다. 펠라기우스주의자들이 주장하듯이 인간은 욕망에 결코 넘겨지지 않았다는 것은 어거스틴에게는 자신의 모든 경험과 반대된다. 아담과 하와가 타락 이후 직접 무화과나뭇잎으로 가린 것처럼, 어거스틴의 눈에는 탐욕이란 인간 존재의 간과할 수 없는 관점인 것이다.[152] 구속을 위해 세례가 필요하다는 것은, 구약의 할례를 통해 지시되어 있다. 옛 언약의 족장들 역시 구속을 위해서는 그리스도의 은혜를 필요로 했다.[153] 다시 어거스틴은 펠라기우스논쟁에서 자신의 정통성에 대한 증인으로 암브로시우스[154]와 키프리안[155]을 인용했고 올리브를 비유로 사용했다.[156]

『결혼과 정욕에 관하여』 1권과 2권은 그 논쟁의 맥락과 관련 없이, 첨예화한 바울주석에서 구성된 것처럼 어거스틴의 발전된 예정론의 가르침을 반영한다. 어거스틴에 따르면 하나님은 창조주로서 선하지만, 타락으로 말미암아 죄인된 인간은 자신의 의지가 분열되어 있음을 경험한다(롬 7:15). 죄는 인간 안에

---

151) *nupt. et conc.* 2, 9.
152) *nupt. et conc.* 2, 14.
153) *nupt. et conc.* 2, 24.
154) *nupt. et conc.* 2, 15.51.
155) *nupt. et conc.* 2, 51.
156) *nupt. et conc.* 2, 58.

머문다(롬 7:17).¹⁵⁷⁾ 그리스도 외에 누가 인간을 자유롭게 하겠는가?(롬 7:24)¹⁵⁸⁾ 마태복음 19:4/6에 따르면(창 2:24에 근거) 결혼행위는 본래 원래상태의 구원의 장소이지만, 아담의 죄를 통해(롬 5:12) 모든 인간은, 심지어 갓난아기조차도 본성을 통해 아담의 진노의 자녀들이다(엡 2:3).¹⁵⁹⁾ 그리스도 안에서만이 결혼은 다시 그 원래의 목적으로 이용될 수 있다.

이로 말미암아 어거스틴은 자신이 결혼을 정욕과 연결시킴으로 악과 죄의 맥락에 갖다 놓았다는 율리안의 혐의를 어떤 면에서는 인정했다고 볼 수 있다. 그러나 율리안이 보지 못한 것은, 어거스틴은 세 가지(신의, 후손, 성례)에 대한 가르침을 통해, 그리고 결혼을 그리스도의 구원사역과 연결시키는 가르침을 통해 그 이전의 고대 기독교가 알지 못했던 가치와 의미를 결혼과 성욕(정욕)에 부여했다는 사실이다.¹⁶⁰⁾

3. 데메트리아스에게 보내는 편지¹⁶¹⁾

1) 들어가는 말

교회역사 가운데 펠라기우스만큼 자주 비난을 받는 사람은 없을 것이다. 그는 이단의 대명사이고, 펠라기우스주의는 곧 이단으로 통용된다. 오늘날 누군가의 가르침을 '펠라기우스주의'라 말하는 것은, 곧 그 가르침이 잘못된 것임을 뜻하는 관용적인 표현이 되었다. 418년 카르타고 회의와 431년 에베소 공의회에서 각각 결정적으로 정죄를 받은 펠라기우스와 펠라기우스주의는 이후 교회사나 교리사에서 오명을 결코 씻지 못했다.

---

157) *nupt. et conc.* 1, 30.
158) *nupt. et conc.* 1, 37.
159) *nupt. et conc.* 2, 31.
160) Josef Lössl, "De nuptiis et concupiscentia", 340.
161) 이 부분은 필자의 논문 "펠라기우스와 어거스틴의 은총론 연구 - 데메트리아스에게 보낸 편지를 중심으로",「한국교회사학회지」, 25 (2009), 29-59에 기초하여 심화, 연구한 것이다.

그러나 펠라기우스는 흔히 생각하는 그런 천박한 신학자나 도덕주의자는 아니다. 어거스틴은 펠라기우스에게 편지를 쓸 때 존경의 표시를 하였고,[162] 그를 '훌륭하고 칭찬할 만한 사람'이라고 인정하였다.[163] 또한 그의 문학적 자질과 우수성을 격찬하기도 했다.[164]

켈트계 영국인으로[165] 알려진 펠라기우스의 사생활에 관하여 알려진 사실은 별로 없다. 그는 380년경 고향을 떠나 로마로 가, 엄격한 도덕적-종교적인 생활, 그리고 수사학과 성서강해에 타고난 재능을 통해 로마 기독교 공동체 안에서 영혼의 지도자, 영적인 교사, 개혁가로서 높은 명성을 빠른 시간 안에 누릴 수 있었다.

당시 이탈리아에서는 대충대충 쉽게 살아가는 이탈리아인들을 일시적으로나마 감동시켰던 설교자들이 있었다. 펠라기우스는 그런 으뜸 되는 설교자들 가운데 하나였다. 이 시기는 로마에서 이교의 마지막 잔재가 무너지고, 그때까지 이교적이었던 개인, 가정 그리고 단체들이 대량으로 교회에 들어오던 때였다. 그러나 이와 함께 믿을 수 없을 만한 방종주의도 회중에 잠입하기에 이르렀다. 대단히 많은 사람들의 개종 동기는 결코 종교적이지 않았고, 그들은 단순히 성공하기에 좋은 기회를 잡았을 뿐이었다.[166] 사람들은 그리

---

162) Augustinus, *Ep.* 146 (PL 33, 596). 여기서 어거스틴은 펠라기우스에 대해 '매우 사랑하는 주'(dominus dilectissimus), '매우 그리운 형제'(desideratissimus frater), '당신의 친절'(tua benignitas)이라는 말을 사용한다. 이 편지에 대해서 후에 어거스틴은 『펠라기우스의 재판 진행에 관하여』(*De gestis Pelagii*)에서 자세하게 설명한다. Cf. *De gestis Pelagii*, XXVI-XXIX (필립 샤프 편/ 차종순 역, 『어거스틴의 은총론 2권』 [서울: 한국장로교출판사, 1997], 411-5).

163) *pecc. mer.* 3, 3 (PL 44, 188): 'bonum ac praedicandum virum'. - 더 많은 예를 위해서는 G. Greshake, *Gnade als konkrete Freiheit. Eine Untersuchung zur Gnadenlehre des Pelagius* (Mainz: Matthias-Gründenwald-Verlag, 1972), 47-8 참조.

164) Cf. P. Brown, *Augustine of Hippo. A Biography* (Berkley: Uni. of California Press, 2000), 342: "어거스틴은 펠라기우스의 권고들에 대해 항상 찬사를 보냈다. 그것들은 '능변'(facundia)과 '예리함'(acrimonia) 때문에 '멋있게 써졌고 요점이 분명한 것'으로 정평이 났다"(*Ep.* 188, iii, 3).

165) 그는 자주 'Brito', 'Britto', 'ex Britannis oriundus', 'Pelagius gente Britannus monachus', 'Pelagius Brito haeresiarches'로 불렸다. Cf. M. F. Nicholson, "Celtic Theology: Pelagius", in J. P. Mackey ed., *An Introduction to Celtic Christianity* (Edinburg: T&T Clark, 1995), 386-413(386).

166) 이런 상황을 어거스틴도 『요한복음 주석서』(XXV, 10)에서 다음과 같이 묘사하고 있다.

스도교의 미래가 밝다는 것을 보고 태도를 순식간에 바꾼 것이다.

그러므로 일부의 진지한 그리스도인들이 본연의 그리스도교적 삶을 강조하여 요청한 것은 이해할 만하다. 이들은 방종주의에 맞서 그리스도교적 요청을 생략하지 말고 사생활과 공생활 속에서 구현할 것을 인간의 자유에 호소하였다. 이들은 '인습적 이교도들'이 '인습적 그리스도인들'이 되지 않도록 온 힘을 다하여 저항하였다.[167] 이런 호소에 펠라기우스가 동참한 것이다.

그는 육체적 약함과 어려운 하나님 계명을 지키지 못하는 것을 변명하는 태만한 기독교에 격분한 나머지, 하나님께서는 불가능한 것을 결코 요구하시지 않으시며 인간은 원하기만 하면 선을 완전하게 행할 수 있는 능력을 소유하고 있으며 육체의 약함은 단지 핑계일 뿐이라고 설교했다.[168]

> 나는 도덕적인 교육과 거룩한 삶의 변화에 대해 말할 때마다, 우선 인간 본성의 본질과 상태를 다루며 인간 본성이 할 수 있는 것이 무엇인지를 보여 주고자 했다. 그렇게 함으로 청중을 덕행의 이상적인 길로 가도록 격려하는 것이다. 그렇게 하면 그에게 처음에는 아마 불가능해 보인 일을 하도록 자극하는 데 도움이 된다. 왜냐하면 우리는 희망이 우리를 이끌 때에만 덕의 길로 접어들 수 있기 때문이다.[169]

펠라기우스는 특별히 인간의 본성을 높이 평가하는 수도사 전통 속에 서 있었고, 금욕주의와 계속적인 연습을 통해 인간 본성의 힘을 강화시키고자

"얼마나 많은 사람들이 단지 현세의 지상적 편의 때문에 예수를 찾고 있는가! 어떤 사람들은 사업상의 소망을 갖고 성직자의 중재를 얻고자 한다. 다른 사람은 보다 세력 있는 자들로부터 핍박을 당하는 나머지 교회를 피난처로 삼고 있다. 또 다른 사람은 자신을 위해서 누군가가 어떤 사람에게 중재해 주기를 원한다. 그 자신은 이 중재해 주기를 바라는 사람에게 아무 일도 하지 않으면서, 한 사람은 이러하고, 다른 사람은 저러하고, 교회는 매일같이 이러한 사람들로 가득 찬다. 예수를 예수 때문에 찾게 되는 일은 거의 없다"(기스벨트 그레사케 / 심상태 역, 『은총-선사된 자유』, [서울: 성바오로출판사, 1979], 59에서 인용).
167) 기스벨트 그레사케 / 심상태 역, 『은총-선사된 자유』, 59.
168) Adolf von Harnack, *Lehrbuch der Dogmengeschichte*, vol. 3: *Die Entwicklung des kirchlichen Dogmas II/III* (Darmstadt: Wissenschaftliche Buchgesellschaft, 1990), 171.
169) *Epistula ad Demetriadem* 2.

했다. "너는 원하기 때문에 할 수 있다" 또는 "너는 해야만 한다. 왜냐하면 할 수 있기 때문이다"라는 표어로 나타낼 수 있는, 인간의 능력에 대한 윤리적인 호소가 바로 그가 가르친 알맹이였다.[170]

그러나 어거스틴은 죄로 가득한 인간의 본성을 경험함으로써 이러한 입장을 가진 펠라기우스와 대립하는 신학을 주장하였다. "당신이 명하시는 것을 주소서. 당신이 원하시는 것을 명하소서"(Da quod iubes et iube quod vis)라는 그의 고백은[171] 인간이 철저하게 하나님의 은총에 의존된 존재임을 말한다.

어거스틴과 펠라기우스는 부딪칠 수밖에 없었다. 결국 5세기 초에 이 두 인물, 두 신학을 충돌하게 하는 사건이 일어났다.[172] 이 사건이 당시에 어떤 의미를 지녔는지는 제롬의 평가를 통해 엿볼 수 있다.

이 사건으로 인한 기쁨은 말로 표현할 수 없을 정도이다. 키케로와 데모스테네스의 달변으로도 그것을 표현하기에는 부족할 것이다. 이 소식에 이탈리아인들은 상복을 벗어던졌으며 아프리카의 모든 교회는 기쁨으로 환호하였다.[173]

이런 큰 기쁨을 주게 한 사건은 이탈리아의 재정복도, 어떤 군사적인 승리도 아니었다. 단지 한 소녀가 수녀의 삶을 살겠다고 결정한 것이었다. 당시 기독교인들 가운데 그런 결정은 결코 드문 경우가 아니었는데, 왜 이 사건이 그렇게 신학적 논쟁을 불러일으키고 당시에 세상의 주목을 받게 되었을까? 그녀의 이름은 데메트리아스(Demetrias)이다.[174] 그녀는 '제국의 가장 이름

---

170) W. Geerlings, "Augustinus. Lehrer der Gnade", in *Theologen der christlichen Antike. Eine Einführung* (Darmstadt: Wissenschaftliche Buchgesellschaft, 2002), 148-167(154-5).
171) Augustinus, *Confessiones* X, 40.
172) 어거스틴이 펠라기우스와 벌인 논쟁(소위 은총론에 대한 펠라기우스 논쟁)은, 『고백록』과 『신국론』이라는 문학적 관심사를 제외하고는 후세에 가장 감명을 준 그의 삶과 사상의 한 국면이 되었다. 어거스틴에게 붙은 호칭 '은총 박사'가 그것을 잘 보여 준다.
173) *Ep.* 130, 6 (PL 22, 1110).
174) 데메트리아스에 대해서는 다음 참조. John Robert Martindale ed., *The Prosopography of the later Roman Empire*, vol. 2 (Cambridge: Cambridge Uni. Press, 1980), 351-2: "데메트리아스는 올리브리우스(Anicius Hermogenianus Olybrius)의 딸이다. 그녀의 어머니는 율리아나(Anicia

난 기독교 가정'으로 알려진 아니치(Anicii) 가문의 딸로,[175] 이 가문의 남자들은 모두 집정관(consul)이었는데, 역시 집정관이었던 아버지는 올리브리우스(Anicius Hermogenianus Olybrius), 어머니는 율리아나(Anicia Iuliana)였다. 고트족이 로마에 침입했을 때, 데메트리아스는 할머니 프로바(Proba)와 어머니 율리아나와 함께 북아프리카로 피난했다. 사실 그녀가 독신의 삶을 결정했을 때 이미 결혼을 준비하고 있었다는 사실 외에 그녀에 대해 알려진 것이 별로 없다.[176] 아무튼 408년경(412/413?) 고위 귀족 출신의 데메트리아스가 영적인 삶을 살고자 결심하여 결혼을 거부하고 수녀의 삶을 살기로 하였던 것이다.

이 회심을 계기로 데메트리아스의 할머니 프로바와 어머니 율리아나는 당시 교회의 저명한 신학자들에게 영적인 권고를 부탁하였고, 이에 어거스틴, 펠라기우스, 제롬이 그들에게 편지를 써 보냈다.[177] 이 편지들은 충고와 격려의 편지 이상의 의미를 갖고 있었다. 이 신학자들은 자신들의 편지가 데메트리아스만이 아니라 프로바와 율리아나, 더 나아가서 그들을 포함한 다른 영향력 있는 무리들에게까지 읽혀질 것을 알고는 인간의 본성, 자유의지와 은총에 대한 대토론의 장을 제공하는 데 관심을 기울였다.[178]

특별히 펠라기우스의 편지는 여러 면에서 의미가 있다. 우선 형식적인 면

Iuliana)이고 그녀의 할머니는 프로바(Anicia Faltonia Proba)이다. 따라서 그녀는 아니치 가문에 속해 있었다. 세상에서 가장 고귀하고 부유한 사람 가운데 속해 있었다. 414년 그녀는 종교적인 삶을 결정했고, 처녀로 남았고, 그녀의 결정을 칭찬하는 제롬의 편지를 받았다. 그녀는 결혼하기로 되어 있었다. 어거스틴도 찬성하여 그녀의 어머니와 할머니에게 편지를 보냈다. 이단 신학자 펠라기우스의 편지도 전달되었다."

175) Georges de Plinval, *Pélage: ses écritis, sa vie et sa réforme* (Lausanne: Librairie Payot, 1943), 242. Cf. Peter Brown, "Pelagius and his Supporters", in *Religion and Society in the Age of Saint Augustine* (London: Faber and Faber, 1972), 185: '로마 기독교 귀족계급의 수장.'

176) 제롬은 자신의 편지에서 그녀의 결정, 그것으로 인한 축복 등을 묘사하고 있다. Cf. *Ep.* 130, 5/6.

177) 율리아나와 프로바는 이전에도 때때로 어거스틴으로부터 편지를 받았다(cf. *Ep.* 130, 131, 150, 188). 그러나 이 회심사건을 계기로 쓴 편지에는 두 개의 어거스틴 편지(413년⟨*Ep.* 150⟩과 416년⟨*Ep.* 188⟩), 하나의 펠라기우스 편지(413/414년?)와 제롬의 편지(414년)가 있다. 이것들은 모두 결혼을 거부한 그녀의 결정에 관심을 나타내며 '신분의 고귀성, 영혼의 고귀성'이란 주제를 다룬다.

178) J. McWilliam, "Letters to Demetrias: A Sidebar in the Pelagian Controversy", in *Toronto Journal of Theology* 16 (2000), 131-9(132).

에서 볼 때 편지라기보다는 신학작품이라고 할 만큼 길다. 더구나 펠라기우스 작품들은 그리 많이 전해지지 않은 데다가 데메트리아스에게 보낸 편지는 펠라기우스의 진짜 작품으로 여겨지는 단편이 아니라 작품 전체가 전해진 몇 개 안 되는 작품 중 하나이어서 그의 신학을 파악하는 데 중요한 것이다.

이 펠라기우스의 편지는 펠라기우스가 이단으로 정죄됨으로, 다른 그의 작품들처럼 복잡한 본문의 역사를 갖고 있다. 431년 에베소 공의회 이후 그의 작품들을 소지하는 것은 범죄에 해당하였기 때문에, 그것들은 다른 사람의 이름으로 전래되었다. 그래서 이 펠라기우스 편지는 수 세기 동안 제롬의 작품으로 간주되었다.[179] 그것은 라틴교부학 작품집(Migne Patrologia Latina)에 제롬의 작품으로 실리기도 했지만[180] 또한 펠라기우스의 작품으로도 간주되었고,[181] 오늘날 그것이 펠라기우스의 작품이라는 것은 의심의 여지가 없다.[182]

내용적인 면에서 그의 편지는 단순한 편지라기보다는 그의 신학적, 영적인 선언문과도 같다. 이 편지의 의의에 대해 많이 언급되었는데, 즉 이 편지는 '기독교 문학의 보석 가운데 하나'로서[183] '펠라기우스 사상의 주요동기를 가장 잘 보여 주는'[184] '그의 가장 사려 깊은 선언서'라고 그 가치가 높이 평가

---

179) 작품이 펠라기우스의 것으로 확실하게 간주되기 위해서는 두 가지 기준에 부합해야 한다. 첫째, 펠라기우스가 그런 작품을 썼다고 고대의 사료로부터 입증되어야 한다. 둘째, 다른 작가에 나오는 인용을 통하여, 다루어질 작품이 동시대의 자료에서 언급된 펠라기우스의 작품과 동일한 것임을 증명할 수 있어야만 한다. 이런 두 가지 기준에 근거하여 우리는 위(僞)제롬전승으로부터 세 작품을 펠라기우스의 작품으로 확인할 수 있다(*Expositiones, Epistula ad Demetriadem, Libellus fidei*). 그 밖의 펠라기우스작품으로는 펠라기우스의 적대자들의 작품에 인용되어 전달된 것들만이 있다. 이러한 단편들은 이미 언급한 세 가지 온전히 보존된 작품과 함께 논쟁의 여지없이 참 펠라기우스작품에 포함된다. 이외에 모호한 작품들이 고려되어야 한다. 펠라기우스의 작품에 대한 문제와 개관에 대해서는 다음 참조. Sebastian Thier, *Kirche bei Pelagius* (Berlin: Walter de Gruyter, 1999), 18-30; B. R. Rees, *Pelagius: A Reluctant Heretic* (Woodbridge: The Boydell Press, 1998), 133-4.
180) PL 30, 15-45.
181) PL 33, 1099-1120.
182) Cf. Sebastian Thier, *Kirche bei Pelagius* (Berlin: Walter de Gruyter, 1999), 23.
183) Georges de Plinval, *Pélage: ses écritis, sa vie et sa réforme* (Lausanne: Librairie Payot, 1943), 245 (B. R. Rees, *The Letters of Pelagius and His Followers*, 34에서 재인용).
184) R. Markus, *The End of Ancient Christianity* (Cambridge: Cambridge Univ. Press, 1990), 41.

되었다.[185]

따라서 이 펠라기우스 작품을 통해 펠라기우스의 신학을 검토하는 것은 의미 있는 일이다. 특히 근래에 와서 펠라기우스와 펠라기우스주의를 재검토하고 재평가하고자 하는 시도들이 많아지고 있고 그를 긍정적으로 보고자 하는 연구들이 나오고 있다.[186] 펠라기우스는 잘못된 해석 때문에 희생되었다는 것이다.[187] 펠라기우스주의란 '엄밀하게 규정된 교리체계가 아니라 혼합된 그룹'으로서,[188] 우리가 알고 있는 펠라기우스주의는 펠라기우스의 본질적인 가르침이 아니라 어거스틴이 이해한, 어거스틴의 생각 속에 존재했던 펠라기우스주의였다는 비판이 이루어졌다.[189] 비단 학문적 분야뿐만 아니라, 한국교회 강단에서도 은연 중에, 아니 공공연하게 펠라기우스적인 사상이 호응을 받고 있지 않나 생각이 든다.[190] 또한 오늘날 교회와 신앙의 화두인 영성에서 '켈트 영성'이 많은 관심을 끌고 있는데,[191] 켈트 영성의 특징 중 하나는 '가능한 한 삶의 모든 영역에서 신실하게 살아야 하는 기독교인의 자유와 의무를 강조하는 것'이다.[192] 이 켈트 영성 혹은 켈트 기독교와 펠라기우스가 관련이 있는 것이다. 그래서 펠라기우스신학을 켈트 영성 차원에서

---

185) P. Brown, "Pelagius and his Supporters: Aims and Environment", in *Religion and Society in the Age of Saint Augustine* (London: Faber and Faber, 1972), 183-207(185).
186) 대표적인 학자로는 G. Greshake, Gerald Bonner, R. F. Evans 등이다.
187) R. F. Evans, *Pelagius: Inquiries and Reappraisals* (New York: Seabury Press, 1968), 1-3.
188) Gerald Bonner, "Rufinus of Syria and African Pelagianism", in *Augustinian Studies* 1 (1970), 31-47(31) (B. R. Evans, *Pelagius: A Reluctant Heretic* (Woodbridge: The Boydell Press, 1998), XI에서 재인용).
189) Cf. P. Brown, *Augustine of Hippo. A Biography* (Berkeley: University of California Press, 2000), 345-6.
190) 현재 상태에서 단정적으로 말하기는 힘들지만, 필자는 긍정의 힘, 할 수 있다는 믿음, 신념, 꿈 등을 일깨우는 설교는 복음적인 설교라기보다는 심리학적인 방법에 근거한 것이며 펠라기우스적인 사상에 바탕을 둔 것이 아닌가 생각한다.
191) 켈트 영성에 관하여 다음 참조. 필립 뉴엘, 『하나님의 심장 박동소리 듣기 - 켈트 영성 이야기』, 정미현 역 (서울: 대한기독교서회, 2001); Timothy J. Joyce, 『켈트 기독교: 성스러운 전통, 희망의 비전』, 채천석 역 (서울: CLC, 2003); 리처드 포스터, "켈트 영성," 「국민일보」 2009년 6월 19일 (쿠키뉴스); Oliver Davies/ Th. O'Loughlin, *Celtic Spirituality* (New York: Paulist Press, 1999).
192) P. LeMasters, "Celtic Christianity: Its Call to Discipleship", in *Encounter* 60 (1999), 463-495(488).

조명하여 긍정적으로 재조명하려는 시도들이 행해지고 있다.[193]

펠라기우스주의는 교회의 역사 초기에 이미 이단으로 정죄되었음에도, 교회사에서 이것보다 더 계속하여 교회의 비판과 신학적인 시비를 일으킨 사상은 없다. 5세기 카시안(Cassian), 빈센트(Vincent von Lérins), 파우스투스(Faustus von Riez), 9세기 에리우게나(Johannes Scotus Eriugena), 12/13세기 알렉산더(Alexander von Hales), 아벨라드(Peter Abelard), 스코투스(Duns Scotus), 14세기 옥캄(Wilhelm von Ockham), 16세기 멜란히톤(Melanchthon)과 아르미니우스(Arminius), 17세기 웨슬레(John Wesley)[194] 등은 펠라기우스주의나 절충적 펠라기우스주의 또는 신인협력설을 주장한 자들로 여겨져 논란을 야기했다. 펠라기우스주의야말로 교회사에서 늘 반복되어 나타난 사상이라고 볼 수 있다.

이런 맥락에서 신학적으로 중요한 작품『데메트리아스에게 보낸 편지』를 근거로 펠라기우스의 신학을 재검토하는 것은 의의가 있을 뿐만 아니라 필요한 일이다.

이 연구에서는 펠라기우스의 신학, 특히 인간론과 은혜론을 데메트리아스에게 보낸 편지에 근거하여 고찰함과 동시에[195] 펠라기우스의 적대자인 어거

---

193) Cf. 정미현, "상실된 창조의 본래적 선을 찾아서",「조직신학논총」6 (2001), 213-236; 필립 뉴엘, "창조의 선함에 귀 기울이기",『하나님의 심장 박동소리 듣기 - 켈트 영성 이야기』, 19-36; M. F. Nicholson, "Celtic Theology: Pelagius", in J. P. Mackey ed., *An Introduction to Celtic Christianity* (Edinburg: T&T Clark, 1995), 386-413; P. LeMasters, "Celtic Christianity: Its Call to Discipleship", in *Encounter* 60 (1999), 463-495.

194) 감리교도인 필자는 웨슬레를 '신인협력주의자'나 '절충적 펠라기우스주의자'로 보는 대다수의 신학적 경향에 대해서는 더욱 연구가 필요하다고 생각한다. - 펠라기우스는 하나님의 은총이 보편적이고 조건 없이 주어지고, 그 은총을 받을 것인지 아닌지에 대한 선택권은 전적으로 개인에게 놓여 있다고 강하게 믿었다. 이와 관련하여 레마스터(LeMasters)는 자유의지와 그리스도인의 완전에 대한 문제에 관하여 펠라기우스와 웨슬레 사이에 분명히 유사한 점들이 있다고 주장한다. P. LeMasters, "Celtic Christianity: Its Call to Discipleship", 491. 이러한 일반적인 경향을 거부하는 연구로는 다음 참조. 김홍기/이선희,『존 웨슬리의 구원론에 관한 대화 - 김홍기 교수와 이선희 교수의 기독교 타임즈 지상 논쟁』(대전: 복음, 2009), 특히 75-82("웨슬리신학은 소위 '복음적 신인협력설'이 아니다"); 이선희, "John Wesley의 선행은혜 개념에 대한 소고",「신학과 현장」11 (2001), 96-136.

195) 이 편지에 대한 분석으로는 다음 참조: J. McWilliam, "Letters to Demetrias: A Sidebar in the Pelagian Controversy"; Geoffrey Ó Riada, "Pelagius: To Demetrias" (http://www.brojed.org/pelagius.html); Daniel J. Minch, "Nobler Before God: Virginity and the Pelagian Controversy"(http://www.publications.villanova.edu/Concept/2009/.../

스틴의 신학과 비교함으로써 오늘날 21세기 교회와 신앙을 위해 바른 신학과 은총론을 정립하고자 한다. 이를 위해 데메트리아스에게 보낸 두 편지, 즉 413(414?)년 펠라기우스가 보낸 편지와, 이 편지에 대해 우려하는 마음으로 어거스틴이 416년 보낸 편지를 분석할 것이다. 이 편지들은 동일한 상황에서 동일한 대상에게 보내졌기 때문에, 두 신학자 간의 은총론 논쟁을 파악하는 데 좋은 예가 될 것이다.

다음에서는 먼저 펠라기우스의 편지에 나타난 신학 2), 이에 대해 비판하여 쓴 어거스틴의 편지와 은총론을 다루고 3), 마지막으로 두 신학자의 은총론을 비교, 평가하고자 한다 4).

2) 펠라기우스의 편지

(1) 개론적 설명

우리에게 전해진 펠라기우스의 대부분의 작품을 보면 펠라기우스는 성서신학자처럼 보인다. 『해설』(*Expositiones*) 같은 주석적인 작품이 성서에 대한 그의 관심을 분명하게 보여 주는 것은 물론이거니와, 그의 다른 작품들에서도 펠라기우스가 얼마나 성서와 밀접하게 관련을 맺고 있는지를 알 수 있다. 즉 그는 논증을 할 때 많은 성서인용을 사용했고, 경우에 따라서는 그의 주장은 독자에게 성서본문을 주석하는 형태로 제공된다.[196] 예를 들어 펠라기우스는 편지에서 바로 전에 인용했던 빌립보서 2:14 이하를 강해한다.[197] 그는 빌립보서 2:14-15에 대한 자세한 주석을 통해, 하나님 마음에 합한 삶의 변화에 대한 권고를 한다.

펠라기우스는 성서에 근거한 논증방식을 선호하였다. 그는 성서의 언급과

Minch2.doc); Andrew S. Jacobs, "Writing Demetrias: Ascetic Logic in Ancient Christianity", in *Church History* 69 (2000), 719-748; 정미현, "상실된 창조의 본래적 선을 찾아서",「조직신학논총」6 (2001), 213-236.
196) Sebastian Thier, *Kirche bei Pelagius* (Berlin: Walter de Gruyter, 1999), 30.
197) *Ad Dem.* 16-17.

논증을 매우 밀접하게 연결시켰다. 이때 성서의 본문은 다양한 역할들을 한다. 그가 주장한 명제는 자주 성서인용을 통해 증명되거나 인용된 성서본문을 자세하게 주석함으로 설명되었다. 예를 들면 *Ad Dem.* 2장[198]에서 펠라기우스는 인간이 결정의 자유가 있음을 증명하기 위해 신명기 30:19을 인용한다. *Ad Dem.* 26장에서 펠라기우스는 마음으로 짓는 죄들의 위험성에 대해 설명한다. 이에 대해 펠라기우스가 주장한 명제는 인간은 행동을 하기 전에 마음속에서 행동에 대한 계획을 세우기 때문에 죄 된 생각은 죄 된 행동의 본질적인 원천이라는 것이다. 이 명제에 대한 근거로 말한 것은 마태복음 15:19-20의 악덕목록인데, 이 구절은 악한 생각이란 인간의 마음에서 나온다는 언급으로 시작한다. *Ad Dem.* 12장은 펠라기우스가 자신의 주장을, 성서본문을 주석하여 설명하는 좋은 예이다. 여기서 펠라기우스는 고린도전서 7:32-34에 근거해 결혼한 여인과 순결서원을 한 처녀 사이의 차이를 설명한다.

성서인용 그리고 성서의 언급에 대한 암시가 많지만, 펠라기우스의 논증은 명료함을 잃지 않았다. 왜냐하면 그는 성서의 다양한 언급들을 조직화하고, 또한 그것들을 전체적인 것으로 종합하려고 노력했기 때문이다. 그래서 성서의 다양한 언급들은, 모든 그리스도인이 순종해야 할 하나의 모순 없는 하나님의 말씀으로 연결되었다.[199]

편지의 구조에 눈을 돌려보자. 펠라기우스신학의 본질적인 특징에 속하는 하나님과 인간의 관계를 서술하기 위해, 그는 하나님께서 인간에게 부여하신 변하지 않는 구조들을, 이 구조들에 대한 인간의 잘못된 사용 또는 오용과 구별한다. 그는 이 체계를 편지의 서론 부분에서 조직적이고도 분명하게 전개한다. 2-4장은 인간이 믿음과 구원에 도달하도록 하나님께서 인간에게 부여하신 재능과 능력을 다룬다. 5-9장에서 펠라기우스는 구속사(救贖史)를 회고하며, 인간들이 이런 재능을 어떻게 사용했는지를 보여 준다. 즉 5-6장에서는 하나님에 대한 의지적인 결정으로 구원을 얻은 구약에 나오는 성인들이

---

198) 데메트리아스에게 보내는 펠라기우스의 편지는 이후로 '*Ad Dem.* 장의 수'로 인용한다.
199) Cf. Sebastian Thier, *Kirche bei Pelagius*, 31.

제시된다. 7-8장은 구원사 안에 존재하는 죄인들을 지시하는데, 이들은 자신이 스스로 책임져야 할 불신앙을 통해 파멸에 이른 자들이었다.

편지의 후반부는 데메트리아스가 선택한 영적인 길에 대한 실제적인 충고를 주는 내용이다. 그는 특별히 성경에 귀 기울일 것과 영적인 삶의 진보를 이룰 것을 권고한다. 또한 거룩과 완전을 위한 금욕적인 노력도 권한다.

(2) 신학적 내용

펠라기우스는 자신의 가르침을 위한 중요한 역할을 인간론에서 찾는다. 그래서 그는 편지에서[200] '거룩한 삶의 변화'라는 목표를 제시할 때 '인간 본성의 힘과 상태'에 관한 가르침으로 시작하곤 한다.[201] 이렇게 행하는 근거는, 인간은 오직 자기 자신의 능력을 바로 깨달을 때, 그리고 자신의 힘을 신뢰할 때만이 능력에 걸맞게 행동할 수 있다는 주장에 있다.

반면 인간은 자신의 능력을 알지 못하면 능력을 발휘하지 못하게 되는데, 왜냐하면 "영혼이 자신 안에 있는 것을 알지 못하는 한, 자신이 그런 능력을 소유하고 있지 않다고 생각하기 때문이다."[202]

그래서 펠라기우스는 편지에서 윤리적-도덕적 가르침에 앞서 서론 부분을 놓았는데, 이 부분에서 그는, 인간이 하나님께 부합하는 삶의 변화를 가능케 한 자연적인 재능을 논한다. 여기서 다루어지는 것은 이성(2장), 자유의지(3장), 그리고 인간의 양심에 위치한 본성적 거룩함 또는 본성적인 법(4장)이다.

펠라기우스는 창조에 걸맞은 인간 본래의 목적에 일치하게 인간의 능력을 보여주기 위해, 모델로 이전 역사의 인물 아담에게 집중한다. 그리고 그의 견해에 따르면 인간 역사의 시작을 표시하는 것이기도 한 타락과 함께, 죄는 하

---

200) 펠라기우스의 편지 원전은 PL 30,15-45; PL 33, 1099-1120에 들어 있다. B. R. Rees, *The Letters of Pelagius and His Followers*, 35-70; W. Geerlings/ G. Greshake ed., *Quellen geistlichen Lebens. Die Zeit der Väter* (Mainz: Matthias-Grünewald-Verlag, 1980), 140-178; 요셉 봐이스마이어 외,『펠라지오에서 시메온까지』전헌호 역 (서울: 가톨릭출판사, 2003), 32-117.
201) *Ad Dem.* 2.
202) *Ad Dem.* 2.

나님을 거스르는 세력으로서 나타나는데, 이것은 이제 인간들이 자신의 능력으로 하나님 마음에 합하는 삶의 변화를 하는 데 방해를 한다.

하지만 펠라기우스가 5-8장에서 강조하듯이, 인간은 역사의 테두리 안에서 또한 삶의 변화에 대한 능력을 지닌다. 아담 이후 점점 증가하는 죄성에도 불구하고, 오직 부여된 본성적인 능력에 따라서 또는 모세의 율법의 도움을 받아 거룩한 삶의 변화를 이룬 많은 성인들이 있었다. 또한 하나님께서 인간들에게 사제요 교사인 그리스도의 사역을 통하여 받도록 한 도움을 근거로 하여, 그리스도 이후 하나님에 합한 생활의 실현은 가능하게 되었는데, 이 가능성은 하나님 편에 설 것을 결정한 모든 사람들에게는 근본적으로 열려 있는 것이다.

① 인간론: 하나님의 형상

㉮ 배경

펠라기우스는 편지 앞부분에서 인간과 인간의 본성적 능력의 선함 및 숭고함을 상세하게 다루면서 그 가치를 높이 평가한다. 볼린(Bohlin)은 인간의 본성에 대해 펠라기우스가 높게 평가한 것은 고대 후기의 '얽히고 설킨 인본주의'로 볼 수 있을 뿐만 아니라[203] 이 당시 꽤 널리 퍼져 있던 마니교에 대한 의식적인 대응이었음을 처음으로 인식했다.[204]

펠라기우스의 관심사를 명확히 하기 위해, 마니교와 펠라기우스와의 신학적인 대립을 짧게 다루어 보자.[205] 마니교에 따르면 세상에서의 선과 악은 두 개의 신적인 왕국, 즉 빛의 왕국과 어둠의 왕국에서 그 기원을 갖는다. 이 두 왕국은 계속되는 싸움 중에 있다. 마니교의 신화에 따르면, 이 싸움은 우선적

---

[203] 로이터는 이것을 펠라기우스주의의 본질적인 기초라고 보았다. Cf. Hermann Reuter, *Augustinische Studien* (Gotha, 1887), 39. 이 견해는 옛 펠라기우스 연구에 있어 전형적인 것이다.

[204] Torgny Bohlin, *Die Theologie des Pelagius und ihre Genesis* (Wiesbaden/Uppsala, 1957), 2-4 (S. Thier, *Kirche bei Pelagius*, 52에서 재인용).

[205] 이 부분은 S. Thier, *Kirche bei Pelagius*, 52-3를 주로 참조했다.

으로 단지 우주에서 있었다. 그 다음 시간이 경과하여 다양한 천사와 악마의 존재들이 생겨났는데, 이들은 세상과 인간이 생겨나는 일에도 참여했다. 세상처럼 인간은 빛과 어둠으로 섞인 형상이다. 즉 육적인 부분은 어두움으로 만들어졌고, 그 안에 감금되어진 영혼은 빛으로 만들어졌다. 영혼과 육신은 서로 적대적인 실체에 속함에 따라, 인간 안에서 선하고 악한 원함을 일으킨다. 선과 악의 우주적인 싸움은 인간의 내면에서 선한 원함과 악한 원함의 충돌로서 나타난다.

하지만 펠라기우스는 편지에서 마니교에 반대하는 논쟁적인 주장을 가능한 한 자제하는데, 왜냐하면 그가 편지에서 우선으로 삼은 것은 삶의 변환에 대한 지침을 데메트리아스에게 주고자 하는 것이기 때문이다. 만약 논쟁적으로 신학적인 설명을 했다면, 편지를 분명하게 전개하는 데 방해가 되었을 것이리라. 하지만 그의 논증의 형태로부터, 왜 펠라기우스가 마니교를 위험하고 잘못된 것으로 보았는지를 읽을 수 있다. 즉 그는 마니교가 인간의 본질적인 인간다움을 부정한다고 보았다. 마니교의 결정론적 세계관에 따르면, 모든 인간은 신적인 세력들의 손에 놀아나는, 의지가 없는 꼭두각시에 불과하였다. 그렇게 되면, 인간과 그 외의 창조 사이에는 차이가 없게 되고 인간은 (동물과 마찬가지로) 신적인 세력들의 필연성에 굴복되어 결국 인간의 존엄성은 박탈된다.[206]

결정론적인 인간론에 대하여 펠라기우스는 창조 내에서 갖는 인간의 존엄한 위치를 변호하는데, 이 창조는 (분명 마니교를 반대하면서 강조하여) 한 분이신 선한 창조 하나님의 '선한' 창조로 묘사된다. 결국 그는 결정론적 세계관에 대항하여 인간의 자유와 위엄을 변호하는 데 특별한 관심을 가진 것이다.

펠라기우스가 편지 2-4장에서 자세하게 설명한 것은 이러한 반(反)마니교 사상으로 결정되어 있다. 여기서 펠라기우스는 마니교도들의 결정론적인 창조신학과, 인간 및 세상에서의 인간의 위치에 대한 기독교적인 고유한 해석

---

206) Cf. *Ad Dem*. 3. 펠라기우스는 여기서 여러 번 강조하는 것은, 인간의 의지는 결코 필연성에 종속되어 있지 않다는 사실이다.

을 대립시키려고 노력했다. 펠라기우스의 사상적 출발점은 창세기 1-2장의 창조기사인데, 펠라기우스는 이 말씀 안에 인간의 존엄성에 관한 많은 것들이 진술되어 있다고 보았다.

펠라기우스는 인간의 가치와 선함을 더욱 높이기 위해, 창세기 1-2장으로부터 추론된 인간에 대한 언급을 결정의 자유와 연결시킨다. 펠라기우스가 결정론을 반대하는 논쟁 신학적 사고를 가지고 성경 사상의 종합으로부터 얻은 인간론적인 구상은, (아래에서 자세하게 설명하게 되겠지만) 인간은 하나님의 형상으로 지어졌으며 인간을 위해 만들어진 동물들을 지배하기 위해, 그리고 하나님을 인식하고 섬기기 위해 이성을 갖고 있다는 사실에서 인간의 존엄성이 발견될 수 있다는 것이다. 그 외에도 하나님께서는 자유, 즉 이성적인 영혼의 장식품을 더하셨다.[207] 특별히 전체적으로 보면, 펠라기우스의 사상은 의지의 자유에 무게를 두고 있다.

㉯ 하나님 형상으로서의 창조

창세기 1:1-2:4에 따르면, 세상의 창조는 인간의 창조와 함께 종료되었다. 하나님의 마지막 피조물로서 인간은 창조의 질서 안에서 명예로운 위치를 갖는 바, 따라서 그의 창조는 또한 자세하게 보고된다.[208] 그러나 내용적으로 볼 때에도 이 보고는 그 이전의 창조의 일에 대한 묘사와 대조를 이룬다. 즉 하나님께서는 우선 인간을 '하나님의 형상과 모양'(ad imaginem et similitudinem eius)에 따라 창조하시기로 결정하셨다고 보고하고 있는데, 이것은 인간을 동물세계의 지배자로 삼으시기 위한 것이었다(창 1:26). 그 이후에 비로소 인간의 창조에 대해 보고하는데(창 1:27), 이 창조는 세상에서 인간이 지배자의 위치가 되도록 한 축복(창 1:28)과 위탁(창 1:29-30)으로 종결된다.[209]

이런 성경본문을 근거로 하여 펠라기우스는 편지의 수신자 데메트리아스

---

207) J. L. Jacobi, *Lehre des Pelagius. Ein Beitrag zur Dogmengeschichte* (Leipzig: Friedrich Fleischer, 1842), 30.
208) Cf. 창 1:26-30.
209) S. Thier, *Kirche bei Pelagius*, 55.

에게 인간과 인간 본성의 특별한 가치와 숭고함을 설명한다. 그의 첫 논증에 해당한 것은, 창조기사에 대해 거듭해서 말해진 하나님의 판결, 즉 창조는 선하다는 사실이다.[210] 인간이 만들어지기 이전의 창조가 선하다면, 하나님에 의해 창조된 세상에서 가장 존귀한 피조물인 인간은 더욱 선하지 않겠는가.

> 먼저 인간 본성의 선함을, 그것을 만드신 분, 즉 하나님으로부터 측량해 보라. 하나님은 성서가 말하는 것처럼 모든 세상과 세상 안에 있는 모든 것을 선하게, 매우 선하게 창조하셨다. 하나님께서 인간을 위해 모든 것을 분명 창조하셨다면 인간을 얼마나 뛰어나게 창조하셨겠습니까?[211]

인간이 모든 피조물 가운데 가장 뛰어나고 귀중한 존재라는 사실을 펠라기우스는 창세기 1:26에 나타난 사상, 즉 '땅의 주인'과 '하나님의 형상과 모양으로 창조됨'에서 찾는다.[212] 그는 이것에 대해 개별적으로 계속하여 다룬다.

펠라기우스는 동물세계를 지배할 수 있는 권리가 이미 인간의 존엄을 증명해 주는 것이라고 본다. 동물세계는 다양한 삶의 형태로 이루어져 있는데, 그것들 중 많은 것들은 인간을 물리적으로 능가한다. 그럼에도 하나님께서는 인간을 이러한 피조물들의 지배자로 삼으셨고, 이것을 통해 인간이 얼마나 귀하게 창조되었는지를 분명하게 보여 주신다.

> 하나님은 모든 동물을 인간 밑에 두시고, 육체의 크기, 근육의 힘, 이의 크기에 있어서 인간보다 훨씬 강하게 창조하신 모든 생물체의 주인으로 인간을 삼으시면서, 인간 자체가 얼마나 훌륭하게 창조되었는가를 완전히 드러내셨다.[213]

여기서 고대 교회와 펠라기우스의 하나님 형상에 대한 이해를 살펴

---

210) Cf. 창 1:4, 10, 12, 18, 21, 25, 31.
211) *Ad Dem.* 2.
212) *Ad Dem.* 2.
213) *Ad Dem.* 2.

보자.[214] 교부 시대 초기에는 하나님의 형상(imago Dei)과 하나님의 모양 (similitudo Dei)을 명확히 구분했다.

이레네우스는 창세기 1:26-27로부터 '기독론에 근거한 형상 이론'을 전개했다. 즉 그리스도는 하나님의 형상이며 인간은 이 모델에 따라 창조되었다. 그래서 인간은 본성적으로가 아니라 기독론적으로 중개된 하나님과의 관계를 갖는데, 이 하나님과의 관계가 인간을 하나님과의 연합, 그리고 하나님의 모양으로 결정짓는다. 하지만 이런 본질은 아담의 타락으로 부패되었다. 이때부터 지배적인 죄성 때문에 인간은 하나님의 모양을 이룰 수 없게 되었다. 물론 그렇지만 하나님의 형상은 소유하고 있다. 아담과 대립되는 존재로서 자신 안에 인간역사를 통합하는 예수 그리스도 안에서 하나님의 모양은 다시 회복된다(recapitulatio).[215]

터툴리아누스 역시 인간은 죄를 지은 후에도 하나님의 형상을 보유하고 있지만, 오직 성령의 새롭게 하심을 통해서만 하나님의 모양으로 회복될 수 있다고 주장했다.

오리게네스도 비슷한 이해를 하였는데, 하나님의 형상이라는 개념은 타락 후의 인간과 관련되지만, 하나님의 모양이라는 개념은 최종적인 완성 이후

---

214) 이 부분은 주로 다음 참조. Alister E. McGrath, *Der Weg der christlichen Theologie. Eine Einführung* (München, 1997), 432 이하 (역서:『역사속의 신학. 그리스도교 신학 개론』 김홍기 외 3인 공역 [서울: 대한기독교서회, 2007], 550 이하).

215) Wolf-Dieter Hauschild, *Lehrbuch der Kirchen- und Dogmengeschichte*, vol. 1: *Alte Kirche und Mittelalter* (Gütersloh, 2007), 11-2. Cf. 김승철, "악 이해의 두 가지 전통. -어거스틴과 이레니우스를 중심으로",『어거스틴 사상 연구. 오늘의 어거스틴』 (서울: 대한기독교서회, 1997), 165-184(178): "'상'(imago)은 이지적인 사회적 동물로서 인간의 성격을 의미한다. 즉 그것은 인간이 이성과 자유를 지니고 있음을 나타낸다. 이에 반해서 '유사함'(similitudo)이란 하나님이 우리들 안에서 형성하고자 계속 요구하는 궁극적으로 완성된 인간 본성을 의미한다. 따라서 그것은 인간이 성령의 역사를 통해서 초자연적인 은사를 누리게 됨을 의미하는 미래적인 개념이다. 그래서 인간은 그의 영혼이 성령을 받지 못할 때에는 동물의 본성과 같아져서, 비록 그의 외형은 하나님의 '상'을 소유하고 있지만 하나님과의 '유사함'을 지니지 못하는 불완전한 존재가 되는 것이다(*Adv. haer.* V. Vi. 1). 인간의 타락은 이 '유사함'의 상실을 의미한다. 완전한 존재로 지음 받은 것이 아니라 완전한 존재가 될 수 있는 가능성을 지닌 존재이다. 그러므로 최초 인간의 죄는 어거스틴적으로 이해된 것처럼 결정적인 파국적 사건이 아니라 최초의 인간의 미성숙함에서 비롯된 과정적 행위인 것이다. 인간의 창조는 완전한 것이 아니며 계속 발전되도록 창조되었다."

의 인간 본성을 의미한다는 것이다.

> 그리고 하나님께서는 "우리의 형상을 따라 우리의 모양대로 사람을 만들자"(창 1:26)라고 말씀하셨다. 그리고 "하나님께서 인간을 창조하시되, 하나님의 형상대로 창조하셨다"(창 1:27)라고 덧붙이셨다. 여기서 그는 "하나님의 형상대로 인간을 만드셨다"라고 말씀하시고 하나님의 모양에 대해서는 침묵하신다. 이것이 의미하는 바는 다름이 아니라 인간은 첫 번째 창조에서 하나님의 형상의 위엄을 받았지만, 하나님 모양의 완성은 인간에게 마지막을 위해 남겨두어졌다는 것이다…처음에 하나님 형상의 위엄으로 완전에 이르는 능력이 인간에게 주어진 후에, 그는 결국 마지막에 자신의 사역을 통하여 완전한 하나님의 모양을 이루게 될 것이다.[216]

교부 시대에 발견되는 두 번째 이해는 하나님의 형상을 인간의 이성 관점으로 해석하는 것이다. 하나님의 형상은 이성이라는 인간의 능력으로 이해되었는 바, 이것은 하나님의 지혜를 반영한다.

어거스틴은 인간을 동물과 구분하는 능력이 바로 이성이라고 하였다. 어거스틴이 강조하고자 한 것은, 인간 본성의 중심적이고 구별되는 특징은 하나님과 관계하도록 하나님께로부터 주어진 능력에 있다는 사실이다. 인간의 이성은 타락으로 부패되었지만 은혜로 말미암아 새롭게 될 수 있다.

인간이 하나님의 형상을 따라 창조되었다는 사실이, 인간 본성의 본래적인 고결함과 위엄성을 타당하게 한다는 것은 널리 인정받고 있다. 이런 사상은 락탄티우스(Lactantius)에 의해 정치적 관점에서 전개되었다. 락탄티우스는 『거룩한 제도들』(*Divinae Institutiones*, 약 304-311)에서, 하나님의 형상으로 창조되었다는 것은 모든 인간의 일반적인 정체성과 위엄의 근거가 되었다고 주장했는데, 이것은 인간의 권리 및 책임과 관련하여 정치적으로 중요한 많

---

216) Origenes, *De principiis / Vier Bücher von den Prinzipien* III, 4.1 (Darmstadt, 1976), 643 (Alister E. McGrath, *Der Weg der christlichen Theologie. Eine Einführung* [München, 1997], 433에서 재인용).

은 가르침을 이끌어 냈다.

하나님 형상으로 창조되었다는 가르침은 결국 구속론과 직접적인 관계를 맺고 있는 것으로 이해되었다. 구속이란 하나님과의 완전한 관계 속에서 하나님 형상을 성취하는 것을 의미했는데, 이것은 불멸에서 정점에 다다른다.

그러면 하나님 형상에 대한 펠라기우스의 이해를 알아보자.[217]

첫째, 인간의 하나님 형상은 정적, 존재론적이 아니라, 역동적, 실천적으로 이해된다. 형상이란 '행동'으로서, "하나님을 모방한다"를 의미한다. 인간이 하나님의 형상을 따라 창조되었다는 것은, 인간이 하나님처럼 의롭고 거룩하고 진실 되어야 함을 뜻한다.

이런 점에서 펠라기우스는 헬라교부들의 노선에 서 있다. 즉 하나님의 형상이란 본질적으로 하나님에 의해서 준비되고 가능케 된, 그러나 인간에 의해서 실현되어야 하는 목표인 것이다. 하나님과 유사하지 않은 인간은, 행동으로 하나님의 형상을 실현함으로써 비로소 본질적인 하나님의 형상이 되고 하나님과 유사하게 된다. 이런 점에서 볼 때, 펠라기우스의 가르침은 성장(진보)이라는 관념으로 결정되어 있다. 인간은 성장(진보)하는 행동에서 비로소 '하나님의 자녀'가 되고 '하나님의 성전'이 된다.

둘째, 형상이라는 개념은 다른 관점에서 '의'라는 관념과 연결되어 있다. 하나님은 의로우시기 때문에 예외 없이 모든 사람들의 구원을 원하신다. 그러므로 모든 인간은 하나님의 형상이다. 하나님께서 어느 누구도 멸망치 않기를 원하신다는 사실은 우리 신앙의 최고의 닻이 된다. 하나님께서는 하나님의 형상으로 인간을 창조하셨는데, 다시 말해 이 창조는 값없이 은혜롭게 주어졌으나 인간 행동 안에서 실현되어져야 할 하나님의 모습을 인간 안에 반영하였다. 모든 사람들은 하나님의 형상이기 때문에 이들 모두에게는 하나님과 유사하게 되며 이것을 통해 온전한 구원에 이르게 될 가능성이 주어졌다.

하나님은 의로우시며 모든 사람들에게 동일하게 적용되는 사랑을 가지셨

---

217) 이 편지에는 하나님의 형상이 구체적으로 나와 있지 않다. 펠라기우스의 '하나님 형상' 개념에 대해서는 G. Greshake, *Gnade als konkrete Freiheit. Eine Untersuchung zur Gnadenlehre des Pelagius* (Mainz: Matthias-Gründenwald-Verlag, 1972), 54 이하 참조.

기 때문에, 다음과 같은 원칙이 세워질 수 있다. "하나님께서 한 인간에게 행하신 것으로부터, 우리는 하나님께서 모든 인류에게 행하시는 것을 판단할 수 있다."²¹⁸⁾ 만인구원론만이 하나님의 의에 합당하다.

동일한 하나님의 의와 일치하는 것은, 성취된 구원, 하나님의 나라와 영광은 실제 하나님과 유사한 자들만이 가지게 된다는 사실이다. 반대로 하나님을 닮아가는 길을 가지 않는 자들은 심판과 엄한 벌을 기대해야 한다. 모든 이들을 향한 구원의 가능성, 그러나 보상 또는 처벌이라는 택일은, 역동적이고 윤리적으로 이해된 하나님 형상의 존재와 분리되지 않고 연결되어 있다.

셋째, 하나님 형상으로서의 인간에 대한 이해는 개인적인 구원사상과 연결되어 있을 뿐만 아니라 하나님께 드려야 할 봉사와 증언에 대한 사상과도 연결되어 있다. "하나님이 우리로부터 원하시고 요구하시는 것은 다름이 아니라, 우리의 행위를 통해 그분 자신의 이름이 모든 이들로부터 존경을 받는 것이다…다른 모든 피물보다 하나님을 더 바라고 사랑하는 피물은, 우리의 의로운 행위를 통하여 그분의 이름이 모든 것에서 찬양되고 하나님께서 그의 봉사자들의 행동과 행적을 통하여 진실한 분으로 증명되는 것이다."²¹⁹⁾ 하나님의 모방은 밖으로 보여야 한다. 이는 그렇게 함으로써 "하나님의 봉사자들이 행동을 통하여 하나님의 봉사자로 인식되고,"²²⁰⁾ "그것을 통해 주님이 찬송되고 다른 이들에게 모범이 제공되도록 하기 위함이다."²²¹⁾

펠라기우스가 이해한 하나님의 형상을 정리해 보자. 인간은 하나님의 형상이다. 하지만 그것은 다음과 같이 이루어진다. 즉 인간은 삶과 행동을 통하여 진보하는 과정에서 하나님의 형상을 실현해야 하는데, 이를 통해 자기 자신만 구원받는 것이 아니라 또한 모든 세상 앞에서 하나님의 실재를 증명

---

218) *De induratione cordis Pharaonis* 22 (G. Greshake, *Gnade als konkrete Freiheit*, 56에서 재인용).
219) *De vita Christiana* 9 (G. Greshake, *Gnade als konkrete Freiheit*, 57에서 재인용).
220) *Expositiones XIII epistularum Pauli* 263 (G. Greshake, *Gnade als konkrete Freiheit*, 57에서 재인용).
221) *Expositiones XIII epistularum Pauli* 427 (G. Greshake, *Gnade als konkrete Freiheit*, 57에서 재인용).

하고 하나님에 대한 찬양과 영광을 전하는 것이다.

㉠ **이성**: 창세기 1:26-27은 인간의 명예로서 하나님의 형상과 모양으로 창조된 것을 언급한다. 펠라기우스는 하나님의 형상을 전통적인 해석에 따라 [222] '이성'으로 이해하며, 이 이성을 인간의 존엄에 대한 또 하나의 지시로서 강조하였다.

그는 이성을 인간이 세상 안에서 하나님에 의해 자신에게 지정된 위치를 받아들이도록 하는 도구로 평가한다. 따라서 인간은 이성의 도움을 통해 한편으로는 동물세계에 대한 통치자 위치를 받아들이고 따라야 한다. 다른 한편으로 인간은 인간을 자신의 모양에 따라 창조하신 창조주를 인식해야 한다.

> 하나님께서는 겉으로 보기에는 인간에게 어떤 장비도 제공하시지 않은 것처럼 보이지만, 내적으로 보다 좋은 요소인 이성과 지혜를 주셨다. 그래서 다른 동물보다 뛰어난 지성과 정신적인 힘을 통하여(per intellectum vigoremque mentis), 인간만이 모든 만물의 창조자를 깨달을 수 있다. 또한 다른 것들을 지배하고 하나님을 섬길 수 있다.[223]

펠라기우스는 하나님 인식에 대한 개념을 자세하게 설명하지 않고 단지 짧게 말한다. 그러나 그의 논증의 전체 형식으로부터 알 수 있는 것은, 인간은 하나님 인식으로부터 하나님께 종속된 피조물로서의 자신의 존재 목적과 자신의 규정을 알게 된다는 것이다. 그러므로 펠라기우스는 하나님 인식이 인간 삶의 중심을 이루어야 한다고 확신한다. 즉 인간이 하나님을 창조주로 인식함으로써 창조에서 인간 자신에게 주어진 위치를 긍정하게 되면, 그는 질서가 잡힌 상태로 살게 되어 그의 삶은 성취되고 스스로 만족하게 된다. 하나

---

[222] 오리게네스-루핀과 어거스틴에게서 발견되는 주석적인 강해 전통은 하나님의 형상과 모양을, 하나님을 인식할 수 있는 이성, 그리고 그 임무와 연관시킨다. 이에 대해서는 다음 참조. S. Thier, *Kirche bei Pelagius*, 56-7 각주 17.

[223] *Ad Dem*. 2.

님으로부터 인간에게 주어진 역할을 긍정하는 것은, 하나님의 의지(뜻)에 대한 순종함에서 일어난다.[224]

따라서 인간 이성에 대한 펠라기우스의 자세한 설명은, 하나님을 인식하는 인간은 하나님께 순종한다는 생각에서 절정에 이른다.

> 지성과 정신적인 힘을 통하여…인간만이 모든 만물의 창조자를 인식할 수 있다. 그러므로 하나님을 섬길 수 있다.[225]

다시 말하면 인간의 이성이 지니는 중요성은 하나님을 깨달은 사람은 결국 그분께 순종한다는 사실에서 드러난다.[226] 하지만 여기서 펠라기우스는 인식을 통해 하나님께 순종하는 것을 강요에 의한 것으로 여기는 것에 반대하며, 인간에게는 그 밖의 피조물들이 갖는 필연성이 면제되어 있다는 사실을 인간의 특별한 존귀함으로 간주한다. 하나님께 대한 인간의 순종은 단지 자발적인 것이 되어야 하지, 강요될 수 없는 것이다. "의의 하나님께서는 인간이 자유롭게 행하고 강요받지 않기를 원하셨기 때문이다."[227]

인간에게 있어 하나님께 순종할 것인지 아닌지 결정하는 것은, 곧 창조질서 안에 있는 삶과 하나님께 거부하는 삶 사이의 선택에 해당한다. 선악을 알게 하는 나무의 열매를 금지한 낙원의 명령에 비추어, 펠라기우스는 이 선택을 생명과 죽음 사이의 선택으로 서술한다.

> 그러므로 "하나님은 인간에게 선택에 대한 의지를 맡기셨고"(시락 15:14), "그 앞에 삶과 죽음, 선과 악을 놓아, 그가 원하는 것은 그에게 주어졌다"(시락 15:17). 또한 우리는 신명기에도 이런 내용을 본다. "나는 너희 앞에 생명과 죽음, 축복과

---

224) Cf. S. Thier, *Kirche bei Pelagius*, 57.
225) *Ad Dem.* 2.
226) 이 관점에서 펠라기우스는 기독교 경건을 위한 신학적인 교육을 강조한다. 하나님의 뜻을 행하는 것이 하나님 뜻을 단순히 아는 것보다 더 낫지만, 앎(인식)은 행함보다 시간적으로 앞선다(*Ad Dem.* 9: "Et ut maius est voluntatem Domini facere quam nosse: ita prius est nosse, quam facere").
227) *Ad Dem.* 2.

저주를 놓는다. 네가 살고자 원한다면 생명을 택하라"(신 30:19).[228]

이런 선택의 자유에서 이성은 중요한 역할을 한다. 이성을 통해 하나님을 인식하고 결국 하나님께 순종하는 길을 선택하는 데 중요한 역할을 하기 때문이다.[229]

사실 인간론에 대한 펠라기우스의 고려들은 지성(인식)과 의지의 본질적인 관계를 숙고하지 않고는 종결될 수 없다. 많은 작품들에서 강조되는 바는, 하나님과 닮은 것을 실현하기 위한 인간의 자유로운 행동은 무엇보다도 바른 인식의 결과이고 반대로 죄에 속하는 거부는 오류와 인식하지 못했기 때문이라는 것이다.[230] 하지만 이성과 자유의지의 관계에 대해서 이 편지는 거의 다루지 않았고 선택의 자유를 고려하는 데 치중하였다.

ⓒ **본성의 법:** 펠라기우스가 편지 2장의 마지막에서 인용한 성구들(시락서와 신명기)과 더불어 자세하게 언급한 것은, 결정의 자유, 즉 펠라기우스가 마니교에 반대하여 수행하는 데 있어 매우 중요한 주제에 관해서이다. 편지 3장의 중심 주제는 자유의지이다. 3장에서는 2장에서 분명하게 암시된 인식과 의지적 결정사이의 맥락은 보이지 않다가, 비로소 4장, 본성적인 법에 대해 다루는 곳에서 의지적 결정의 조건이 되는 인식이 (비록 짧지만) 다루어진다.

이성의 역할에 대해 중요한 성경본문은 로마서 1:18-2:16이다. 바울이 여기서 말하고 있는 바는, 이방인들은 하나님의 진노를 받는 것이 당연하다는 것이다(롬 1:18). 이방인은 유대인과 달리 하나님과 그분의 계명에 대한 지식을 갖고 있지 못하다는 반대를, 인간은 본성으로부터 하나님과 그분의 뜻을 깨달을 수 있다는 주장으로 무력화시킨다.

인간이 하나님(하나님의 존재)과 그분의 뜻을 인식하는 것은, 창조를 고찰함

---

228) *Ad Dem.* 2.
229) Cf. S. Thier, *Kirche bei Pelagius*, 54 각주 12.
230) 자세한 것은 다음 참조. G. Greshake, *Gnade als konkrete Freiheit. Eine Untersuchung zur Gnadenlehre des Pelagius*, 79-81.

으로(롬 1:19-20), 그리고 양심을 통해서이다(롬 2:14-15). 펠라기우스는 이 두 성서 구절을 근거로 하여 하나님에 대한 자연적 인식에 관한 가르침을 발전시킨다. 성서 본문의 내용에 따라, 그는 로마서 1:19-20을 창조주 하나님의 존재에 대한 인식으로, 로마서 2:14-15을 하나님의 뜻에 대한 인식으로 파악한다.[231] 하지만 하나님을 바르게 인식하는 것은 하나님의 존재를 아는 것으로는 불충분하고, 하나님의 뜻을 알아야 한다.

그럼 어떻게 인간이 하나님 뜻을 인식할 수 있는가?[232] 이 질문에 대답하기 위해 펠라기우스는 로마서 2:14-16을 다루었다. 이 구절은 바울이 유대인의 구원확신에 반대하는 긴 문단의 맥락 안에 있다. 바울은 여기서 유대인이나 이방인이나 똑같이 하나님의 심판대 앞에 서게 됨을 강조하는데, 이때 이들은 모두 각자의 행함에 따라 심판받게 된다. 있을 수 있는 반대, 즉 유대인들은 계시된 시내산 율법 때문에 이방인보다 우월하다는 주장을 무력화시키기 위해 펠라기우스는 본성적인 법(lex naturalis)에 대한 사상에 의지한다(롬 2:14-16). 이를 통해 그는 이방인들 역시 하나님의 법을 소유하고 있고 또한 그 법을 뒤따름으로 유대인을 위한 시내산 율법의 가치가 상대화될 수 있음을 증명할 수 있었다.

고대 라틴 전통에서 본성적인 법은 긍정적으로 받아들여졌지만, 그 이후 이것은 점점 신학적으로 문제가 있는 것으로 이해된 것처럼 보이는데, 암브로시아스터(Ambrosiaster)의 주석에서 처음으로 나타난다.[233] 하지만 그리스도가 가져다주는 구원의 배타성을 확고하게 세운 이런 해석, 즉 그리스도에 대한 믿음만이 구원을 얻는 유일한 방법이라는 조건으로 간주하는 해석에 맞서 펠라기우스는 전통적인 해석을 따랐는데, 아마도 여기서 그의 신학적 관심은 결정론에 반대하는 사고이었을 것이다.

암브로시아스터는 시간상 또는 거리상 기독교로부터 동떨어져 사는 모든 이방인들로부터, 이들 스스로 구원을 얻을 가능성을 박탈했다. 만약 이런 견

---

231) 하나님의 존재와 뜻에 대한 인식에 대해서는 S. Thier, *Kirche bei Pelagius*, 58 이하 참조.
232) 이 부분은 S. Thier, *Kirche bei Pelagius*, 61 이하에 주로 의존했다.
233) Cf. S. Thier, *Kirche bei Pelagius*, 62.

해를 가지게 되면, 인간이 구원에 도달할 입구는 어디인가에 대한 질문은 단지 하나님의 역사계획에 대한 지시로써 대답될 수 있을 것이다. 그렇게 되면, 바울이 로마서 2장에서 말한 행위에 따른 하나님의 심판의 의(義)는 펠라기우스가 큰 가치를 둔 인간의 책임과 마찬가지로 의미가 없는 것이 되지 않는가. 그렇다면 우리는 이미 마니교적인 인간상, 즉 인간이란 자의적인 하나님의 손안에 있는 의지 없는 꼭두각시에 불과하다는 생각과 근접한 것이다.

하나님과 인간에 대한 이런 생각을 배제하기 위해, 펠라기우스는 인간의 책임과 하나님 심판의 의로움을 강조한다. 이런 의미에서 그는 본성적인 법을, 이방인이 마지막 심판에서 판단을 받는 기준으로 해석한다. 이방인은 이 법을 통해 선과 악에 대한 지시를 받게 되기 때문에, 이들은 자신의 행동에 대해 책임을 가지며 하나님으로부터 받는 판단은 의로운 것이 된다.

펠라기우스에게 인간의 책임성과 하나님 심판의 의로움은 중요한 사항이어서, 그는 암브로시아스터가 강하게 변호했던 기독교의 유일성에 대한 주장을 약화시킬 각오가 되어 있었다. 그래서 그는 로마서 2:14에 따라 본성의 법을 쫓아 산 사람들을, 모세 이전에 살았던 구약의 성인들에서 발견한다.

> 이 법에 대해 사도는 로마서에서 언급한다. 그는 이 법이 모든 인간에게 심겨져 있다고, 즉 마음판에 새겨져 있다고 증언한다. 그는 다음과 같이 말한다. "율법 없는 이방인이 본성으로 율법의 일을 행할 때는 이 사람은 율법이 없어도 자기가 자기에게 율법이 되나니 이런 이들은 그 양심이 증거가 되어 그 생각들이 서로 혹은 송사하며 혹은 변명하여 그 마음에 새긴 율법의 행위를 나타내느니라"(롬 2:14-15). 성서가 보고하는 것처럼, 아담부터 모세까지 거룩하고 하나님 마음에 합하게 살았던 모든 자들은 이러한 (본성적인) 법으로부터 도움이 가득한 유익을 얻었다.[234]

뿐만 아니라 그는 기독교적인 기준에 따라 덕스러운 삶을 산 이교도 철학

---

[234] *Ad Dem.* 4.

자들도 이 법을 쫓아 산 자들로 여긴다.

> 본성의 선은 예외 없이 모든 사람들 안에 타고난 것이어서, 하나님을 전혀 숭배하지 않는 이방인들에게서도 때로는 보이고 나타난다. 우리가 개인적으로 듣고 읽고 더욱이 스스로 보았던 얼마나 많은 철학자들이, 순결하고 인내하고 겸손하고 아낌없이 나누어 주고 절제하고 관대하지 않던가! 그들은 이 세상의 명예와 유혹을 가볍게 여기고, 의와 지혜를 사랑한다. 하나님으로부터 멀리 있는 사람들이 어디에서 하나님 마음에 드는 것을 갖게 되었는가? 그들이 본성의 선함으로부터 얻은 것이 아니라면, 어디로부터 이 모든 선을 얻었겠는가?[235]

물론 펠라기우스는 본성과 삶이 그리스도를 통해 보다 더 가르침을 받으며 하나님 은혜의 도움을 받는 그리스도인이 이교도의 삶보다 우월함을 인정하고 강조한다.

> 하나님을 믿지 않는 자들조차도 어떻게 자신들이 하나님에 의해 창조되었는가를 보여 준다면, 본성이 그리스도에 의해 향상되었고 하나님 은혜의 도움을 받게 되는 그리스도인이 무엇을 할 수 있는지 숙고해 보라.[236]

하지만 그리스도인의 우월함은 질적인 차이가 아니라 양적인 차이에 불과하다. 자세하게 말하면 암브로시아스터에게서 이 차이는 신앙인과 의롭지 않은 자들과의 차이이지만, 펠라기우스에게 이 차이는 의(義)라는 관점에서 볼 때 양적인 차이이다. 즉 덜 의로운 이방인들과 매우 의로운 기독교인 사이의 차이에 불과한 것이다.[237]

펠라기우스에게 본성의 법이란 결국 모든 인간들에게 심겨진 소질이었다. 그는 사도 바울의 말을 근거로 삼는다. "사도는 로마인들에게 쓸 때 이 (내면

---

[235] *Ad Dem.* 3.
[236] *Ad Dem.* 3.
[237] S. Thier, *Kirche bei Pelagius*, 64.

의) 법에 관해 언급하는 바, 그것은 모든 사람에게, 말하자면 마음판에 새겨져 있다고 증언한다."238)

펠라기우스는 편지 4장에서 이 내면의 법이 지닌 본질과 작용에 대해 서술한다. 이 본성 내면의 법은 자신의 행동을 선이나 악으로 평가하는 의로운 감정이다. 이 정의감은 하나님의 의지와 조화를 이루거나 일치한다. 펠라기우스는 그 근거를 하나님의 형상으로서의 인간에서 찾는 것 같다. 자세하게 말하면, 펠라기우스는 본성의 법을 인간의 '본성적인 거룩함'으로 여기는데, 본성의 법이란 본성적으로 주어진 하나님과 인간 사이의 독점적인 관계로 이해될 수 있을 것이다. 여기서 우리는 펠라기우스가 인간의 하나님 형상이라는 사상에 매우 접근하고 있음을 알 수 있다.239)

인간의 양심에 자리잡고 있는 이런 정의감은, 사람이 죄를 지을 때는 두려움을 일으키고 죄를 피할 때는 기뻐한다. 인간은 선한 행동뿐만 아니라 악한 행동도 가능하기 때문에, 이 본성적인 법은 긍정적인 역할뿐만 아니라 부정적인 역할도 한다. 편지에서 펠라기우스는 이 두 가지 면을 다 말하고 있다.

하나님의 뜻에 따라 살기로 결정한 사람에게 본성적인 법은 영혼의 가정교사 임무를 떠맡는다. 죄에 대한 수치와 선한 행위에 대한 기쁨을 통하여, 인간은 하나님 뜻에 맞는 선한 생활을 영위할 수 있다.

> 양심 스스로 본성의 선에 관하여 판단해야 한다. 우리 내면에 있는 교사로부터 가르침을 받고, 다른 곳이 아니라 오직 우리의 영혼 자체로부터 영적인 선한 것들을 받도록 합시다. 우리가 죄 앞에서 부끄러워하거나 죄를 두려워하는 원인, 우리가 얼굴이 붉어지거나 창백해짐으로 우리 자신의 잘못을 보여 주는 원인, 사소한 죄를 지을 때에도 그 사실을 혹시 누군가 알지나 않을까 노심초사하고 우리 양심이 고통을 받는 원인은 무엇인가? 반대로 선한 일을 할 때마다 기쁨을 느끼고 마음이 든든해지며 자부심을 갖는 원인, 선한 일이 비밀리에 일어났을 경우 그것이 알려지기를 원하는 원인은 무엇인가? 이런 모든 것들에서 본성이

---

238) *Ad Dem.* 4.
239) Cf. S. Thier, *Kirche bei Pelagius*, 64.

스스로 목격자가 아니고 무엇이겠는가?[240]

펠라기우스는 아벨부터 욥에 이르는 구약의 성인들(아벨, 에녹, 노아, 아브라함, 요셉, 욥)이 바로 이런 삶을 살았다고 말한다.[241]

하나님의 뜻에 거슬러 결정한 사람들에게서 본성적인 법은 무엇보다도 고발하며 양심을 괴롭히는 역할을 한다. 펠라기우스는 본성의 법에 대한 이런 면을 매우 자세하게 다룬다. 그는 본성의 법이 인간 내면에서 재판관의 역할을 한다고 특징짓는다.[242] 인간은 정의감에 힘입어 자신의 영혼 안에서 자신에 대해 심판을 한다. 여기서 본성의 거룩함이 인간 영혼에서 스스로에 대한 재판관이 된다. 그것은 양심의 증언을 검토하여 선은 칭찬하지만 악은 정죄한다. 그것은 판결을 감정으로 전달해 주어, 죄가 없는 사람은 양심의 무죄판결을 통해 평온함을 갖지만, 죄인의 경우 행한 악에 대한 처벌로 양심의 고통을 받게 된다.

> …죄를 짓지 않은 자는 비록 고문을 받을지라도 선한 양심으로부터 오는 마음의 평화를 즐기고, (처벌을 무서워하지만) 자신의 무죄를 자랑한다.[243]

그러므로 자주 살인자의 정체가 밝혀지지 않았을지라도, 양심의 고통이 그 범죄자를 혹독하게 공격하고, 마음의 감춰진 처벌이 숨어 있는 범죄자에게

---

240) *Ad Dem*. 4.
241) 펠라기우스는 *Ad Dem*. 4와 특히 *Ad Dem*. 5-6에서 이들의 거룩한 삶에 대해 자세하게 설명한다.
242) S. Thier, *Kirche bei Pelagius*, 65. - 펠라기우스는 인간 내면에 자리잡고 있는 재판관이라는 생각을 가지고 롬 2장에 이미 담겨 있는 사상을 펼친다. 롬 2장의 중심주제는 마지막 심판을 그리고 있는데, 이러한 심판의 주제는 펠라기우스에게 특히 성서본문을 통해 주어진 것이다. 펠라기우스가 본성의 법을 해석함에 있어서 양심은 또한 마지막 심판을 위한 척도가 되는 하나님의 바른 의지와 일치한다는 사실로부터 출발할 때, 그는 바울을 잘 이해했다. 그러나 그는 바울을 뛰어넘어 본성의 법이 아픔이나 기쁨을 통해 자신의 판단을 수행한다는 사실을 강조했다. 따라서 펠라기우스에게 있어서 본성의 법은 본질적으로 하나님의 바른 의지를 깨닫는 도구 이상인 것이다. 그것은 또한 심판인바, 모든 인간과 이들이 행한 악과 선에 대한 상과 벌에 관한 마지막 심판이다.
243) *Ad Dem*. 4.

앙갚음을 한다. 그리고 저지른 범죄에 대해 처벌로부터 달아날 여지가 전혀 없다. 왜냐하면 죄 자체가 처벌이기 때문이다.[244]

결론적으로 펠라기우스는 이 본성의 법을, "영혼의 성(城)에서 감시하며 선과 악에 대해 판단하고, 선하고 바른 행동에 대해서는 호의를 표하고 악한 행동에 대해서는 정죄하는 본성적인 거룩함"이라 보았고,[245] 또한 '본성의 숨겨진 소유물' 또는 '영혼의 보화'라고 불렀다.[246]

ⓒ **자유의지**: 마지막으로 하나님의 형상의 핵심은 자유로이 결정할 수 있는 자유의지이다. 인간의 이성이 하나님의 본질과 뜻을 깨달을 능력이 있고 하나님께 순종하도록 이끌지만, 그렇다고 자동적으로 인식이 행동과 실천에 도달하는 것은 아니다. 중요한 것은 인식한 것에 마음을 열어 놓고 자발적으로 동의하며 그것을 행하거나 거절하는, 자유로이 결정할 능력이 있어야 한다는 것이다. 이것이 바로 자유의지이다.

펠라기우스의 교리개념에서 모든 것은 자유의지라는 원칙에 달려 있다고 해도 과언이 아니다. 자유의지는 펠라기우스의 죄와 은총론을 결정짓는 기본개념에 속한다.[247]

인간의 자유는 근본적으로 하나님의 형상과 관련된다. 인간은 하나님의 형상이기 때문에 자유로운데, 특히 하나님의 형상을 점점 더 실현하기 위한 목표를 위해서 자유롭다. "하나님께서는 인간들에게 결정할 수 있는 자유를 부여하셨는데, 이는 그들이 순전하고 죄 없이 살고 하나님과 닮아 가도록 하기 위해서이다."[248] 이 자유가 우리 인간의 본성을 이룬다.

---

244) *Ad Dem.* 4.
245) *Ad Dem.* 4: "…in animis nostris naturalis quaedam…sanctitas, quae velut in arce animi praesidens, exceret mali bonique iudicium…."
246) *Ad Dem.* 6: 'occultas divitias naturae'; 'thesaurus animae.'
247) Ferdinand Christian Baur, *Lehrbuch der christlichen Dogmengeschichte* (Tübingen: L. Fues, 1858), 179.
248) 이것은 펠라기우스가 『본성에 관하여』(*De natura*)에서 교황 식스투스 2세(Sixtus II)의 말로서 인용한 것이다. Cf. G. Greshake, *Gnade als konkrete Freiheit*, 58.

자유는 우리 인간이 창조된 존재의 이유로서, 우리가 스스로를 '영예나 수치의 그릇'으로 만들도록 하기 위함이다.[249] 이것은 우리가 하나님을 인정하고 섬기며 우리 자신의 의지로 그분의 의지를 행하든가,[250] 또는 그분에게 마음을 닫고 우리의 삶을 타락시키는 것을 통해 이루어진다.

따라서 하나님은 인간을 독립적이고 자유롭게 하였고 다른 모든 창조물과 달리 필연성 아래에 두지 않으셨다. 다른 모든 피조물들은 하나님이 심으신 본성의 법을 피하지 않고 좇으며 "자신의 의지가 아니라, 그들이 어길 수 없는 명령을 하신 주님의 의지를 수행하며"[251] 또한 "자신의 존재를 근거로, 그리고 자신들 안에 놓여 있는 필연성을 근거로 하여 선한 존재를 갖는 반면,"[252] 하나님께서 피조물로서의 인간에게 원하신 것은 "강요가 아니라 자발적으로 정의를 행하는 것,"[253] 즉 "의지를 근거로 하여 선한 존재가 되는 것"이다.[254]

그러므로 하나님께서는 인간의 본성에 '자유와 이성'을 주셨고, 인간을 본성적인 필연성으로부터 자유롭게 하셨다. 하나님은 인간에게 의지를 선물로 주셨다. 다시 말하면 하나님의 선물은 피조물의 자유함이라고 할 수 있다.

피조물의 자유함이 지니는 이면(부정적인 면)은 악에 대해 결정할 수 있는 인간의 능력이다.[255] 오직 하나님만이 죄짓지 않을 자유를 지니신다. 그것과 반대로 피조물의 자유는 두 방향으로 결정할 수 있는 근본적인 가능성과 밀접하게 연결되어 있다. 그렇다고 두 길이 펠라기우스에게 있어 똑같은 무게를 지니는 것은 아니다. 악에 대한 자유는 단지 자유가 자유이도록 하기 위해 주어진 것이다.

펠라기우스의 편지에 나타난 자유의지를 좀 더 깊이 고찰해 보자. 결정의

---

249) *De induratione cordis Pharaonis* 40 (참고. G. Greshake, *Gnade als konkrete Freiheit*, 58).
250) *Ad Dem.* 3.
251) *Expositiones XIII epistularum Pauli* 14 (G. Greshake, *Gnade als konkrete Freiheit*, 59에서 재인용).
252) *Ad Dem.* 3.
253) *Ad Dem.* 2.
254) *Ad Dem.* 3.
255) Cf. G. Greshake, *Gnade als konkrete Freiheit*, 61 이하.

자유에 대한 펠라기우스의 가르침이 강한 반(反)마니교적으로 정해진 것은 특히 3장에서 분명하게 나타난다. 펠라기우스는 여기서 매우 일반화된 형태로 자유의지에 대한 자신의 해석의 개요를 표현하고 있으며, 그것과 연결되어 있는 신학적인 연관들을 언급한다. 이에 따르면 결정의 자유에서 중요한 것은 선한 행동과 악한 행동 사이의 선택자유이다. 왜냐하면 인간이 일방적으로 한 행동의 방향으로 고정되어 있는 곳에서가 아니라, 오히려 여러 가능성들 중에 선택할 수 있는 곳에서만 실제의 결정자유가 성립하기 때문이다.

다음은 두 가지 모두를 선택할 수 있는 자유가 지닌 의미를 잘 설명한다.

> 이성의 능력을 가진 영혼의 영예로움은 두 길 사이의 선택, 두 방향에 대한 자유에 있다. 이것이 우리 본성의 모든 명예요 우리의 존귀함이며, 선한 모든 사람들이 칭찬받고 상급을 받는 이유가 된다. 왜냐하면 인간이 또한 악의 길로 넘어갈 수 없다면, 선을 지속하여 행하는 자에게는 결코 어떤 덕도 존재하지 않을 것이기 때문이다. 하나님께서는 이성의 능력을 가진 피조물에게 자발적으로 선을 행하고 자유로운 선택을 할 수 있는 능력을 선사하기를 원하셨다. 그래서 하나님은 인간에게 두 방향에 대한 능력을 주시고, 그가 되고자 원하는 것이 이루어질 수 있도록 하였는데, 이것은 선과 악에 대한 능력을 가진 인간이 본성으로부터 두 가지를 할 수 있지만 그중 하나에 의지를 행사하도록 하기 위함이다. 왜냐하면 악으로도 향할 수 있는 피조물만이 자유의지로 선을 행함으로 선한 존재가 될 수 있기 때문이다. 최고의 선한 창조주께서는 우리가 두 가지를 다 할 수 있지만, 오직 하나, 즉 그가 명령한 선을 행하기를 원하신다.[256]

인간이 악을 택할 자유가 있을 때, 자유가 진정한 자유가 되게 하며 선을 더욱 선하게 만든다. 악을 택할 자유를 통해 인간의 자유의지는 두드러지게 되고 인간이 선을 행하는 것은 강요가 아니라 스스로 판단하고 원하고 행하

---

256) *Ad Dem.* 3.

는 자유의지에 놓이게 된다. 그럼으로써 선한 행동의 자발성이 보장된다.[257] 또한 인간은 스스로 선택하기 때문에, 그 결정에 대한 책임도 스스로 지게 되는 것이다. 그래서 선한 행동은 참으로 칭송을 받을 수 있는 반면, 악한 행동은 행위자 스스로 책임져야 하는 것이다. 그가 스스로 결정했기 때문이다.

펠라기우스는 7장에서 구약의 몇몇 구절들(창 34:25; 렘 9:12; 44:10; 사 1:19-20)을 인용하면서, 인간이 악한 행위를 할 수 있었던 것은 자유의지로 결정했기 때문임을 강조한다. 펠라기우스는 이런 의도를 편지의 서론 부분에서 명확히 표현한다. "이제부터는 몇몇 사람들이 악한 경우 그것은 본성이 악하기 때문에 그런 것이라고 생각하지 않도록 하기 위해, 성서의 말씀을 소개하면서 설명하려 한다. 성서의 모든 곳에서 말하는 것은, 어떤 사람이 악한 일을 하는 것은 본성의 악함 때문이 아니라 그가 악한 행위를 하기로 결정했기 때문이라는 것이다."

② 죄론

㉮ 배경

우리가 펠라기우스의 인간론, 즉 하나님의 형상으로 창조된 인간에 대한 교리를 받아들인다면, 인간이 창조에 맞는 규정을 따르고 하나님께 순종하는 일은 쉬워 보인다. 창조자 하나님은 결국 인간의 본질을 이런 목적을 향하도록 하셨다. 그래서 이성은 하나님께 대한 순종을 결정하는 것이다. 어떻게 그렇게 하는가? 이성이 인간에게 하나님의 본질과 의지에 대한 지식을 밝혀 주고, 이것에 근거하여 인간은 창조주의 의지에 순응하게 되면 스스로 만족과 행복을 얻게 된다는 사실을 이끌어 냄으로 그렇게 한다.

자유결정을 통해 이런 행동가능성에 찬성하도록 하는 자극은 본성의 법(lex naturalis)에 의해 이루어진다. 이 본성의 법은 인간에게 하나님 마음에 맞는 삶에 대한 영혼의 기쁨을 약속해 주고, 그렇게 하여 하나님에 대한 찬성이

---

257) *Ad Dem.* 3: "…ut voluntatem eius ex nostra voluntate faceremus."

호감 있게 보이도록 하는 것이다.

　이런 인간의 본질에 직면하여, 우리는 자신의 본성에 의해 인도된 많은 인간들이 하나님을 향한 길을 발견하고 자발적으로 하나님의 마음에 합한 생활을 이끌어 갈 것이라고 당연히 기대할 수 있을 것이다. 그러나 역사적인 현실은 아마도 완전히 정반대이다. 물론 펠라기우스는 성경에서 자유의지를 긍정적으로 사용하여 의롭고 거룩하게 살았던 사람들이 있었다는 증거들을 찾는다. 이런 예들은 하나님께 대한 자발적인 순종이 인간의 실제적인 가능성임을 보여 주는 증거로서 펠라기우스에게 의미를 지닌다.

　그러나 이런 사람들은 아주 소수의 예외적인 경우이며 무엇보다도 먼 과거에 속한 자들에 불과하다. 오히려 대부분의 인간들은 펠라기우스 스스로도 인정하는 것처럼, 하나님께 대하여 관심이 없으며 감각적이고 육체적인 쾌락을 향한 삶을 선택했다.

　로마서 3:1-19, 인간에 대한 죄의 보편적인 지배에 관한 주석에서[258] 펠라기우스는 바울이 주장한 죄의 해석을 약화시켰다. 즉 바울과 달리 그는 그리스도가 오시기 전에 모든 인류가 아니라 단지 거의 모든 인류가 죄에 놓여 있다고 본다. 데메트리아스에게 보내는 편지 5-6장에서 보이는 것처럼, 펠라기우스는 아주 드문 예외적인 경우들(펠라기우스는 이들의 모범역할 때문에 이들의 존재를 분명하게 강조함) 가운데 구약에 나오는 경건한 인물에게 관심을 가졌다.

　펠라기우스는 성경으로부터, 하나님을 거스르는 생각이 실질적으로 주도하고 있다는 사실은 죄의 세력에 그 원인이 있음을 배웠다. 개개의 인간에게서 죄는, 하나님에게 거스르는 생각으로 의도를 이끄는 충동으로서 나타난다. 인간이 죄에 노예가 되었다는 것은 곧 이러한 내적인 충동을 뒤따른다는 말이다. 인간은 아무리 선을 향하려고 노력할지라도 죄성에 대한 압박(충동)에서 벗어날 수 없다. 죄가 그를 내적으로 부자유하게 만들기 때문에, 선을 자발적으로 행하는 것은 그에게 더 이상 불가능하다. 오히려 죄는 그에게 극복할 수 없는 '바르게 사는 것의 어려움'이 되었고 그의 행동을 항상 죄를 향

---

258) *Expositiones XIII epistularum Pauli* 27, 21-32, 1.

하도록 조종한다.

이렇게 성경에 근거한 언급들을 가지고 펠라기우스는 죄를, 역사에서 실제적인 세력, 즉 인간의 행동을 죄로 몰아가는 힘으로 인정한다. 자유의지에 대한 펠라기우스 주장의 배경 앞에서 죄는 신학적인 문제가 된다. 즉 한편으로 인간이 결정에 있어서 자유하다는 주장이 유효하다면, 인간이 죄 아래에서 죄를 통해 하나님을 거스르는 행동으로 이끌어진다고 어떻게 동시에 주장할 수 있는가?

㉯ 악한 습성으로서의 죄

펠라기우스는 로마서 5:12-14과 연관하여 아담의 역사를, 보편역사 진행의 출발점, 다시 말해 역사의 진행과정에서 인류가 죄의 세력으로 들어가게 된 것으로 이해한다. 인류역사 처음에 살았던 인간으로서 아담은 사고(思考)에 있어서 아직 주위 환경으로부터 영향을 받지 않았다. 그의 의지적인 결정의 실행을 손상시킬 외적인 요소들은 아직 존재하지 않았다. 낙원에서의 계명에 대한 아담의 위반은, 에녹이 삶을 전적으로 하나님 의지에 따라 살도록 결정한 것처럼 자발적인 결정이었다.

> 아담은 낙원에서 쫓겨났고 에녹은 세상에서 벗어났다. 이 두 가지 사건에서 주님은 결정의 자유를 분명하게 보여 주신다. 잘못한 한 사람이 하나님 마음에 합할 수 있는 가능성을 가지고 있었던 것처럼, 하나님 마음에 합한 다른 사람도 죄지을 가능성이 있었다. 만약 두 가능성(즉 결정의 자유)이 다 있지 않았다면, 한 사람은 의로우신 하나님으로부터 처벌받을 까닭이 없었고, 다른 한 사람은 선택될 이유가 없었으리라.[259]

아담은 자유의지로 하나님을 거슬러 결정했다는 사실이 인류에게 아무런 결과를 가져다주지 않은 것은 아니었다. 왜냐하면 그는 자신의 행위로서, 자

---

[259] *Ad Dem.* 8.

신을 뒤따르는 세대에게 의지적인 결정(즉 육체적인 욕구의 충족을 목표로 하는 결정)에 대한 하나의 근본적인 모델(exemplum/forma)을 제공했기 때문이다. 이젠 뒤따르는 세대는 그것을 통하여 유혹하는 가능성, 즉 그런 결정을 통해 육체적, 감각적 즐김을 얻으려는 가능성에 관심을 갖게 되기 때문에, (이런 행동 가능성의 매력에 사로잡혀서) 아담의 행동을 본받는(모방하는) 사람들이 있게 된다. 이런 방식으로 아담 이후의 인간들은 점점 죄 된 생각에 편입되었고, 이 죄 된 생각은 점점 오래 실행되면 될수록 더욱 깊이 악한 습성으로서 개개의 인간 안에 뿌리박히게 되었다.

펠라기우스는 모범(exemplum)과 모방 사이에 사상적 맥락을 형성하면서, 개인이 악한 습성을 얻게 되는 것이 어떻게 죄 된 기본적 자세의 형성과 연결되는지를 분명하게 한다. 성장하는 인간은 자신의 주변에 있는 악한 모범에 의해 교육되면서 악한 습관을 형성한다. 결국 그가 악한 습성을 획득하게 되면, 그 스스로가 그의 후손들에게 악한 모범이 된다. 그렇게 함으로 그는 자신이 젊은 시기에 나이 든 사람들로부터 배운 것을 멀리 퍼지도록 할 수 있다.

> 우리가 선을 행하기 어려운 것은 다름이 아니라 악을 행하는 오랜 습관 때문이다. 이 오랜 습관이 어릴 때부터 우리를 감염시켜 여러 해 동안 점차로 우리를 부패시키고, 후에 우리를 속박하고 노예가 되게 한다. 그래서 마치 본성의 힘을 획득한 것처럼 보이는 것이다. 우리는 오랜 기간 부주의하게 교육받은 모든 것, 즉 악을 행하도록 교육받고 심지어 악을 추구하고, (죄를 짓지 않는 것 자체를 어리석은 것으로 여겼기에) 악을 더하도록 자극받아서, 지금 우리는 방해와 저항을 받고 있음을 발견한다. 옛 습관이 지금 새롭게 된 우리 의지의 자유를 공격한다.[260]

다시 말해 인간은 주위에서의 잘못된 모범에 의해 영향을 받아 악한 습성을 갖게 되고, 그 악한 습성은 다시 점점 인류 속에 더욱 깊이 뿌리박게 된다.

---

260) *Ad Dem.* 8.

그러므로 역사가 흐르면서, 즉 아담으로부터 멀어질수록, 본성에 주어진 의 롭게 살 수 있는 능력은 사라지고 의인의 수는 점점 줄어든다.

> …하나님께서는 인간 본성이 율법 없이도 의로운 실천을 하기에 충분하도록,
> 인간 본성을 만드셨음을 아셨다. 비교적 창조된 지 얼마 지나지 않은 본성이
> 활발히 작용하고, 죄짓는 오랜 습관이 인간 이성을 어둡게 감추지 않는
> 동안에는, 본성은 율법 없이 자유로운 상태였다. 그러나 인간의 본성이 과도한
> 악에 파묻히게 되고, 마치 무지(無知)의 독에 의해 오염된 것처럼 되었을 때…:[261]

부정적인 모범들의 수가 증가하는 것 외에, 죄 된 사고의 습관들이기는 또한 본성적인 법이 망각됨을 통해 더 조장되었다. 펠라기우스는 이런 경과를, 죄 된 생각이 지배하게 된 직접적인 결과로 간주한다. 즉 인간이 이미 어릴 때부터 악한 생각에 젖어있게 되면, 그들은 하나님을 인식할 수 있는, 그리고 본성적인 법의 인도하에 하나님께 순종할 수 있는 자신들의 자연적 능력을 사용하지 않게 된다. 이를 통해 이러한 능력은 정지되고 인간들은 자신이 그것을 소유하고 있음을 잊기 시작한다. 본성의 법에 대한 지식 없이는 인간은 단지 더욱 죄의 소용돌이에 빠지게 된다. 만약 인간이 감각적인 즐거움을 향한 생각에 대해 더 이상 대안을 보지 못하게 되면, 그는 다르게 행동하려고 노력하지 않는다. 오히려 그는 자신의 죄 된 행동을 자신 행동의 유일한, 따라서 자연스러운 형태로 생각한다.

결론적으로 여기서 고려할 점은 아담의 죄, 즉 원죄에 대한 펠라기우스의 신학이다. 아담이 하나님의 계명을 어겼지만 그것은 그의 자유로운 결정이었으며, 아담 이후에도 여전히 선택의 자유가 존재한다는 것이다. 물론 아담은 자신의 죄로서 인류에게 죄짓는 것을 본받도록 '모범'이 되었다.[262]

결국 펠라기우스는 전통적인 원죄론을 주장하지 않는다. 아담의 죄는 인

---

261) *Ad Dem.* 8.
262) 이에 대해서는 G. Greshake, *Gnade als konkrete Freiheit. Eine Untersuchung zur Gnadenlehre des Pelagius*, 81-5 참조.

간의 선한 본성 어떤 것도 본질적으로는 변화시키지 않는다. 죄를 짓도록 강요하지만, 절대적인 의미에서의 강요는 아니라는 말이다. 이는 아담 이후 자유의지로 하나님을 기쁘시게 해 드린 의인들이 있을 뿐만 아니라, 인간의 본성은 악의 습성을 깨뜨릴 수 있고 악한 습관을 선한 습관으로, 악한 사람을 선한 사람으로 바꿀 수 있기 때문이다.

> 죄짓는 오랜 습관으로 선한 본성을 묻어 버린 자들조차도 회개를 통해 회복될 수 있으며, 그들이 택한 삶의 방법을 바꿈으로 다른 습관으로 바꿀 수 있고, 최악의 부류들을 최상의 부류의 사람으로 바꿀 수 있다.[263]

③ 은총론

㉮ 배경

펠라기우스는 인류가 짓는 죄의 문제를 '습성'이라는 가르침을 가지고 설명했다. 인간을 죄짓게 하는 죄의 힘은 가능한 한 최대로 전개되었다. 인간은 구별 없이 모두 죄 된 습성하에 있고, 그 결과 본성적인 법에 대한 지식은 완전히 잊혀졌다. 정리하여 말한다면, 인류는 구원받을 수 없는 상태에 놓여 있다는 것이다.

이런 상황에서 하나님께서 인간에게 구원을 주도하면서 제공하시는 은혜의 도움은, 인간이 죄성에서 뛰쳐나올 수 있는 유일한 가능성이다. 인간의 죄성에 대한 하나님의 반응으로서 구원역사의 중심적인 사건에는 두 가지(시내산에서 율법의 계시와 그리스도의 삶과 죽음)가 있다.

㉯ 율법

인간이 죄의 세력에 노예가 되었지만, 인간이 구원받을 가능성이 전혀 없게 파멸된 것은 아니다. 왜냐하면 하나님께서는 죄인인 인간을 홀로 내버려

---

263) *Ad Dem.* 17.

두지 않으시기 때문이다. 하나님은 인간으로 하여금 새롭게 자유에 대한 능력을 주시면서, 인간의 억압된, 비능률적인 것이 된 '능력'(posse)을 일으켜 세우신다. 즉 인간에게 새로운 가능성이 주어지는데, 바로 하나님의 형상을 실현할 수 있는 가능성이다.

인간의 죄는 계속하여 만연하는 세력이기에 역사를 가진 것처럼, 인간의 불행상황을 돕는 하나님의 구원배려도 역시 역사를 갖는다. 즉 하나님께서 도우시면서 개입하시는 유형과 방법은 각각의 역사적 상황에 상응하며, 그러기에 다양한 형태를 띤다. 펠라기우스는 이러한 역사적 발전에서 세 시대를 구분하는 바, 율법 이전(본성의 시기), 율법 아래의 시기, 그리고 그리스도의 은혜 시기이다.

창조의 첫 시기에 하나님을 향해 내적으로 이루어진 자유, 즉 하나님의 돌보심에 의존된 자유본성의 원(原)은혜는 인간을 하나님과 닮은 모습으로 이끌기에 충분했다. 아담의 죄 이후 악은 점차 포괄적인 힘을 갖게 되었고 결국 이 힘 때문에 선에 대한 자유는 더 이상 오지 않았다. 그래서 비로소 인간역사의 전개에서 죄는 점점 강하게 퍼지는 죄의 추진력을 통하여 힘을 얻게 되었다. 그래서 인류가 계속하여 목표를 획득할 수 있기 위해서는 하나님께서 인간이 실제로 보편적으로 타락한 상태에서, 특별히 새로운 은총을 가지고 도우러 오셔야만 했다. 그래서 하나님께서는 율법(lex litterae)을 주신 것이다.

펠라기우스에게 있어서 율법의 신학적 의미와 중요성을 가장 잘 보여 주는 것은 다음의 글이다. "인류를 최상으로 인도하신 하나님은 (사람들이 아는 바대로) 하나님의 율법을 모세를 통해 선언하셨다. 왜냐하면 하나님은 인간의 본성이 사단의 영향 아래에서 하나님 인식에서 벗어났고, 하나님에 의해 본성에 주어진 율법이 말하자면 산산조각나고 부서졌다고 보았기 때문이다. 그것은 마치 금속조각을 만든 예술가 또는 금속공이 점토나 밀로된 모델을 그가 새로 붓거나 새롭게 하기로 결정한 모양에 따라 조형하는 것과 같다. 이것은 본성에 놓인 것을 재생하는 (율법의) 형상(Bild)을 통해서도 다시 바른 상태로 되돌려져야 한다. 그는 순종하지 않는 자들을 놀라게 하기 위해 진리의 힘을 이 율법에 고정시켜 집어넣으셨기 때문에 율법은 의심할 바 없이 '교정'(correctorium)으로서, 안내하는 본보기로서 인간에게 주어진 것이다."[264]

따라서 율법은 인간 본성에 주어졌으나 죄를 지어 타락하여 억눌러진 성향을 하나님 형상을 근거로 하여 보여 주는 형상이다. 그래서 율법은 타락한 본성에 대해 규정하고 비평하여 바로잡는 힘을 가진다. 율법에서 인간은 본질적인 자신, 즉 그가 깊이 추구하는 것과 대립된다. 바로 그것을 통해 본질적인 자신은 새로운 효율성, 새로운 자유를 획득한다. 그리스도가 아버지의 모습을 자신 안에 지닌 것처럼 믿는 자들은 자신의 삶 속에서 율법을 스스로 형성하고 그렇게 하여 원래 주어진 하나님의 형상을 다시 스스로 실현해야 한다.[265]

구약에서 선포되고 그 후 문자로 써진 율법(그것의 많은 부분은 결국 하나님 사랑과 이웃사랑의 계명에서 그 통일성이 있다)은 펠라기우스신학의 맥락에서 볼 때 단순히 도덕적 교훈이나 준법의 표준으로 이해되어서는 안 된다. 율법에는 인간을 죄에 빠져 있는 상태로부터 자유하게 하는 '진리의 힘'이 포함되어 있다.

펠라기우스는 하나님의 말씀이 신구약에 관계없이 능력을 갖고 있음을 말한다.

> 영혼은 하나님의 말씀으로 조명되어야 하고, 환하게 빛이 나서 어두운 악마의 권세들을 물리쳐야 한다. 왜냐하면…하나님 말씀이 조명하는 영혼으로부터는 악마가 재빨리 도망치기 때문이다.[266]

율법이야말로 재촉하고 깨우치는 강력한 요구이다. 그리고 인간의 본질적인 규정을 다시 눈앞에 보여 주면서, 인간 안에 파묻혀 있는, 하나님께 실천해야 할 것들을 다시금 깨우쳐 시작하도록 자극하는 힘이다. 펠라기우스는 편지 27장에서 하나님 말씀이 영적인 자극, 조명, 고무하는 힘을 갖고 있다고 말한다. 그렇게 하여 율법은 자유의 원래 창조상태를 되살리고, 인간을 마치

---

264) *De induratione cordis Pharaonis* 3 (Greshake, *Gnade als konkrete Freiheit*, 94 재인용).
265) Cf. Greshake, *Gnade als konkrete Freiheit*, 94-5.
266) *Ad Dem.* 26.

새롭게 낳는다.

아담의 모습과 이것에 의해 강력하게 시작된 죄의 맥락이 인간의 존재에 내적으로 영향을 끼치고 '존재론적인' 것이 된 것처럼, 율법 역시 똑같이 행하는데, 즉 죄의 맥락과 경쟁하여 인간의 존재에 내적으로 영향을 끼치는 것이다. 율법이 마치 그 안에서 인간이 본질적인 모습을 보는 거울처럼 작용하면서, 외부로부터 들어온 가르침은 본질적인, 죄에 의해 감추어진 존재론적인 기억(memoria)을 다시 발굴하게 한다.

> 네가 성서를 가장 잘 사용하는 방법은, 그것을 네 자신에게 마치 거울처럼 사용하는 것이다. 그래서 너의 영혼은 그 안에서 자신의 모습을 보고 추한 모든 것을 고치거나 매력적인 것들로 장식하게 될 것이다.[267]

율법의 의미를 펠라기우스의 편지에서 더 자세하게 살펴보자. 하나님께서 인간에게 율법을 전해 주신 것은 인간으로 하여금 잊어버린 본성적인 법을 새롭게 기억하여 "무지의 녹으로 때 묻은 본성이 그 빛을 되찾게"(*Ad Dem.* 8) 하기 위한 것이다.

> 아직 얼마 창조되지 않은 본성이 힘있게 작용할 수 있는 한, 그리고 오랫동안 죄를 행한 것이 인간 이성 위에 아직은 짙은 어두움과 같이 되지 않는 한, 본성은 율법 없이 존재했다. 그 후 본성이 많은 악으로 어두워지고 무지의 녹으로 때 묻어 더러워졌을 때, 하나님께서는 인간 본성에 여러 계명들을 주셔서 본성이 자주 견책을 통하여 정화되고 원래의 광채를 회복할 수 있도록 하셨다.[268]

하나님의 은혜로서의 율법에 대한 펠라기우스신학의 구조를 정리해 보자. 외부에서 율법이 인간에게 들어온 곳에서, 펠라기우스에 따르면 곧 공명(반

---

[267] *Ad Dem.* 23.
[268] *Ad Dem.* 8.

향)과 같은 사건이 발생한다. 다시 말하면, 선한 본성은 완전히 깨진 것이 아니라, 은폐되고 숨겨져 있고 불구가 되고 효과가 없게 되었다는 것이다. 그러나 이제 하나님의 가르침이 외부로부터 인간에게 다다랐기 때문에, 하나님의 가르침은 내면에서 다시 일깨워지고 강해지고 영향력 있게 된다. 그래서 인간은 새로이 자유를 지니게 되는데, 그가 이 자유를 근거로 하여 다시 죄로 돌아서지 않는 한 그렇다.

㉰ 그리스도의 은혜 형태

펠라기우스는 그리스도가 이 땅 위에서 행한 모든 일, 즉 태어나면서부터 죽음까지의 모든 일이 인간의 구원을 위한 사건임을 전제한다. 그리스도의 생애로부터 두 삶의 국면이 펠라기우스에게 있어 중요했는데, 그는 이 둘에 각각 다른 구원의 성질을 부여한다.

한편으로 그는 순회 설교자로서의 그리스도의 활동에 대하여 모든 인간의 교사로서의 측면을 말하고, 그리스도가 가르침과 모범을 통해 전달한 것이 구원을 준다는 특징에 대해 말한다. 다른 한편으로 펠라기우스는 십자가형에 대하여 죽음의 죄를 사하는 그리스도의 힘을 말한다. 이 힘을 근거로 하여 그는 인간을 위한 사제가 된다.

㉠ 구원은혜

ⓐ **가르침과 명령으로서의 은혜**: 구원역사에 대한 펠라기우스의 견해에 따르면, 교사로서의 그리스도의 사역은 율법의 계시 이후 죄의 세력이 다시 증가함으로 필요하게 된 것이다. 형식면에서 관찰한다면, 그리스도의 가르침은 근본적으로 율법을 통한 가르침과 다르지 않다. 그리스도의 가르침에서도 중요한 사실은 인간으로 하여금 잊어버린 본성의 능력을 기억하게 하며 하나님 뜻에 맞는 삶의 변화를 이루도록 자극한다는 것이다.

하나님이 없는 자들조차도 자신들이 하나님에 의해 창조되었음을 보여 준다면, 본성이 그리스도에 의해 더 낫게 개선되었고 하나님 은혜의 도움으로 후원받는 그리스도인이 할 수 있는 일이 무엇일지 생각해 보라![269]

그러므로 우리가 전제할 수 있는 사실은, 펠라기우스 견해에 따르면 그리스도의 가르침을 통해 자극된 영적인 과정은 본질에 있어 율법에 대해서 묘사되어진 것과 동일하다는 것이다. 그렇지만 펠라기우스는 이러한 구조적인 공통점에도 불구하고, 율법의 가르침보다 그리스도의 가르침이 훨씬 더 집중적인 영향력이 있음을 인정한다.

즉 그는 고린도후서 3:3에 대해 주석하는 것처럼[270] 그리스도의 가르침이 율법의 가르침보다 인간 삶에 더 가깝다고 여긴다. 돌판에 말씀이 새겨진 율법과 달리 하나님께서는 그리스도를 통해 인간에게 개인적으로 말씀하신다는 것이다. 그리스도의 말씀과 행위가 오늘날 단지 복음서 이야기의 형태로 우리에게 중개될지라도, 펠라기우스의 견해에 따르면 그리스도의 가르침이 갖는 개인적인 성격은 그 안에 담겨 있다. 그래서 "또한 우리는 들음으로 개인적으로 주님의 말씀을 우리 마음에 받아들인다."

ⓑ **모범**: 율법을 통한 명령보다 그리스도의 가르침이 더 낫다는 사실을, 펠라기우스는 그리스도가 단지 말씀으로만이 아니라 또한 자신의 모범을 통하여 인간을 가르치셨다는 점에서 인식한다.[271] 따라서 여러 명제로 제공된 율법보다 그리스도의 가르침이 훨씬 명료성을 가지게 된다.

펠라기우스는 그리스도의 모범이 갖는 높은 설득력을 아담-그리스도 모형

---

269) *Ad Dem.* 3.
270) *Expositiones XIII epistularum Pauli* 244, 15-245, 4 (고후 3:3). 이 부분은 S. Thier, *Kirche bei Pelagius*, 85-6 참조.
271) Cf. Greshake, *Gnade als konkrete Freiheit*, 117: "인간의 지식은 자주 공허하고 오히려 추측에 해당하는 반면, 하나님에 의해 주어진 가르침은 생생한 모범을 통하여 얻는 장점이 있다."

론(롬 5:12-21)에 관한 주석에서 강조한다.[272] 여기서 그는 아담의 악한 행위의 모범(이것은 악한 생각의 습관들이기를 인류에서 고무시킴)에 그리스도의 모범을 대비시킨다. 펠라기우스는 그리스도의 모범에 힘이 있음을 인정한다. 즉 그리스도의 모범은 인간으로 하여금 자신의 죄 된 태도를 버리고 의로운 삶의 변화를 하도록 고무한다는 것이다. 그런 점에서 그리스도의 모범은 아담 이후의 인류에게 의로 들어가는 입구를 열어준 것이었다.

예수의 사랑과 선은 우리에게 모범으로서 빛나기 때문에, 우리가 그것을 닮아 가도록 고무한다. 펠라기우스는 뒤따르고 모방하도록 자극하는 그리스도의 모습들을 여러 번 제시한다. 그리스도는 가난하고 순종하고 자신의 유익을 구치 아니하고, 오히려 자신을 버리고 겸손함으로 사람들을 섬겼고, 이런 모습들을 닮도록 격려하신다.[273]

ⓒ **소망에 대한 소식**: 그 외에도 소망에 대한 소식이 은혜인데, 하늘의 상급에 대한 미래의 약속은 인간을 소망 가운데 바른 행동을 하게 하고 승리하도록 이끈다.[274] 즉 소망의 내용은 사람으로 하여금 약속에 따라 행동하도록 만든다는 것이다.

[고전 15:41-2] 하늘나라에는 개인의 공로에 따른 다양한 거주 장소가 있다. 업적이 다양한 만큼 보상도 다양하고, 사람이 이 땅에서 거룩함으로 빛난 만큼 천국에서도 영광으로 빛날 것이다. 그러므로 도덕의 완전함을 추구하는 데 네 마음을 집중하고, 하늘의 보상을 위해 삶을 살도록 준비하라.[275]

---

272) *Expositiones XIII epistularum Pauli* 45, 1-15 (롬 5:12). 이 부분은 S. Thier, *Kirche bei Pelagius*, 86 참조.
273) *Ad Dem.* 20.
274) Cf. "…coeleste praemium incitamentum victoriae facit"(*Ad Dem.* 14).
275) *Ad Dem.* 17.

ⓛ **구속의 은혜**

그리스도의 가르침이 지닌 힘을 높이 평가함에도 불구하고 펠라기우스는 그것 자체만으로는 죄 된 인간을 하나님의 마음에 합하는 변화로 이끌기에는 부족하다는 것을 인식했다. 그래서 펠라기우스 자신은 로마서 7장에 대한 주석에서, 죄 된 습성을 통해 사고가 지배되는 인간에게서 하나님의 뜻에 대한 가르침은 죄 된 습관의 힘을 깨뜨릴 수 없다고 분명하게 말했다. 게다가 인간은 자신의 죄 된 행위를 통하여 들어오게 한 죄로 말미암아 지속적으로 하나님으로부터 분리되어 있다고 하였다.

펠라기우스는 죄성에 의해 생겨난 이런 두 가지 봉쇄가 없어진 것을, 사제로서의 그리스도의 사역 덕택으로 돌린다. 즉 사제이신 그리스도의 사역 때문에 인간은 다시 하나님 뜻에 합하는 삶의 변화를 영위할 수 있는 능력을 획득하게 된다는 것이다.[276]

좀 더 자세히 보자. 로마서 7장에 대한 펠라기우스의 주석이 분명하게 하는 것은, 이러한 습성의 가르침 이외에도 죄인의 죄책에 대한 성경의 모티브 역시 펠라기우스의 죄 이해에 있어서 중요성을 갖는다는 사실이다. 그리스도의 구원사역에 대한 해석에서 펠라기우스는 자신의 죄론(罪論)의 이 두 가지 요소를 동일하게 유효하게 하려고 노력했다. 성경과 연결하여 그가 전제한 것은 이생에서의 그리스도의 모든 행적, 즉 출생부터 죽음까지의 모든 행적은 인간을 위한 구원의 사건이라는 사실이다. 펠라기우스 자신에게 그리스도의 생애에서 무엇보다도 삶의 두 국면이 중요한데, 그는 이 둘에 서로 다른 중요성을 부여한다.

첫째, 앞서 말한 것처럼 그는 순회설교자로서의 그리스도의 사역을 바라볼 때 그리스도를, 인간을 위한 교사로 간주하며, 그리스도 자신이 가르침과 모범을 통하여 전하여 준 것은 구원을 실현한다는 특징에 대해 말한다. 이 언급은 그의 죄론의 심리적-인간론적 해석노선을 계속하여 전개하는 것이며, 여기서 문자로 된 법(율법)에서처럼 중요한 것은, 인간의 죄짓기 쉬운 본성 때문

---

[276] S. Thier, *Kirche bei Pelagius*, 86.

에 가르침은 인간을 위해 구원의 가치를 지닌다는 사실이다.

둘째, 펠라기우스는 십자가의 죽음 측면에서 그리스도의 죽음이 죄를 지우는 힘에 대해 말하는데, 그리스도는 결국 인간을 위한 사제가 된다. 성경의 가르침과 연결되는 이러한 언급들은 펠라기우스의 죄론의 두 번째 중요한 동기, 즉 죄책이라는 생각과 밀접한 관련 속에 있다. 펠라기우스는 그 외에 그리스도의 사제로서의 사역이 인간영혼에 결정적인 영향이 있음을 인정한다.

그리스도의 가르침의 힘에 대한 존중에도 불구하고 펠라기우스가 의식한 것은, 그것만으로는 죄 된 인간을 하나님께 합한 삶의 변화로 이끌기에 충분치 못하다는 것이다. 그래서 펠라기우스 자신이 로마서 7장에 대한 강해에서 확실하게 한 것은, 생각이 죄 된 습성에 의해 지배되는 인간에게서 하나님의 뜻에 대한 가르침은 죄 된 습성의 힘을 깨뜨릴 수 없다는 것이다. 게다가 그런 인간은 자신의 죄 된 행동을 통한 죄책으로 말미암아 영원히 하나님으로부터 분리되어 머문다. 펠라기우스는 죄로 인한 이 두 가지 차단막이 제거되고, 그래서 인간이 다시 하나님 마음에 맞는 삶을 살 수 있게 되는 것을, 그리스도가 사제로서 행한 사역 덕택으로 간주한다.[277]

펠라기우스는 사제로서의 그리스도의 행적에 대한 설명에서, 신약성서에서 전개된 해석범주들에 소급하여 골고다에서의 그리스도의 죽음이 지닌 구원의미를 이해하도록 만들었다. 사제로서의 그리스도에 대한 펠라기우스의 언급은 이미 신약에서 나온 것이다.[278]

그는 그리스도의 죽음을 죄과(罪過)의 지움과 연결시킬 뿐만 아니라, 인간의 사고를 지배하는 힘인 죄를 보편적으로 무력화하는 것과도 연결시킨다. 그런 점에서 사제로서의 그리스도의 행적에 또한 인간의 영혼에 영향을 주는 결과가 더해진다. 그리스도의 가르침 영향 아래에서 하나님의 뜻에 대한 믿음의 동의에 도달한 사람에게 세례를 통하여, 죄를 사하는 그리스도의 죽음

---

277) S. Thier, *Kirche bei Pelagius*, 86.
278) 히 7장; 롬 3:25-26; 고후 5:14,21 - 대제사장으로서 그리스도가 인간의 죄를 위해 자신을 드림/ 단 한 번의 제사로 인간의 모든 죄가 사해짐; 골 2:14 - 구매가격으로서의 그리스도 죽음을 통해 인간을 되사심.

의 능력이 더해지면, 회심 때까지 행해진 모든 죄의 잘못이 용서될 뿐만 아니라 죄 된 습성도 무력화된다. 이와 같은 맥락에서 펠라기우스는 세례받은 그리스도인에게 침해받지 않는 결정의 자유가 있음을 인정한다. 왜냐하면 그들은 회심 이전의 시기와 달리 "악덕에 대한 뿌리박고 있는 습성을 극복하고 육의 격정 속에 있는 약함을 이겨낼 수 있는" 힘을 소유하고 있기 때문이다.[279]

이제 그리스도인은 새로 얻은 자신의 결정의 자유를 사용할 수 있어, 창조에 맞는 규정과 조화하여 하나님께 순종할 수 있게 되었다. 그래서 펠라기우스가 강조한 요구는, 그리스도인은 자신의 원함 가운데 전적으로 하나님께 대한 신앙적인 동의에 따라 행하고, 이를 통해 세례받지 못한 자의 죄 된 생각과 구분되어야 한다는 것이다. "우리는 아직 세례받지 않고 아직도 옛 생활의 오류에 연루된 자들이 원하는 것들을 바래서는 안 된다."[280]

3) 어거스틴의 편지

데메트리아스에게 보낸 펠라기우스의 편지는 고대의 관습에 따라 주위에 퍼지고 필사되어 지중해 많은 교양층에게 보내졌다. 그 중 하나의 필사본이 북아프리카에 있는 어거스틴에게도 도착했다. 그는 펠라기우스의 편지 속에서 문제점을 발견하고 416년 데메트리아스와 그녀의 어머니에게 편지를 썼다.[281]

---

279) Cf. *Expositiones XIII epistularum Pauli* 453, 7-9 (골 1:11) (S. Thier, *Kirche bei Pelagius*, 88 재인용-).

280) Cf. *Expositiones XIII epistularum Pauli* 49, 23-25 (롬 6:4) (S. Thier, *Kirche bei Pelagius*, 88 재인용-).

281) 사실 어거스틴은 데메트리아스의 회심을 계기로 이미 413년에 그녀의 할머니 프로바와 어머니 율리아나에게 편지를 보냈다(*Ep*. 150). 여기서는 데메트리아스의 결정이 영광스럽고 유익하다고 강조되고, 그녀는 젊은 부인들에게 모범으로 제시되어졌다. 그러나 인간 본성에 대해 너무 긍정적인 관점을 갖거나 모든 좋은 것은 하나님으로부터 왔다는 사실을 잊는 것을 주의시키는 암시들은 없었다. 그러나 그 후 3년간 어거스틴은 펠라기우스주의가 아니끼 가족과 그 주위에 영향을 주고 있음을 간파한 것처럼 보인다. 그러는 사이 프로바는 세상을 떠났고, 어거스틴은 이제 율리아나와 데메트리아스에게 편지를 쓰며 하나님 은혜와 대립하는 모든 견해를 피하도록 경고한다. 어거스틴은 전에 이 주제에 대해 율리아나에게 썼고, 이에 대해 그녀의 가족은 이단에 대해서는 아무것도 모르며 심지어 가장 사소한 부류조차도 모른다고 답했는데, 어거스틴은 이 대답을 인용한다(*Ep*. 188, 3). Cf. J. McWilliam, "Letters

제4장 펠라기우스 논쟁에서의 은총론 227

어거스틴 편지[282]의 전체 경향은 펠라기우스의 잘못된 가르침을 지적하고 비판하며,[283] 독자에게 그 잘못을 확신케 하는 것이다. 편지는 논쟁적이며 펠라기우스의 문제를 집요하게 들춰내고 비판한다. 어거스틴은 먼저 감사의 인사를 전하며 다음과 같은 우려로 편지를 시작한다.

…우리 안에 있는 모든 의, 절제, 경건, 순결을 마치 우리 자신의 힘으로 행한 것으로 생각하는 자들의 잘못은 진실로 사소한 것이 아니다. 또한 우리를 창조하신 하나님께서 (올바른 지식을 계시하신 것 외에는) 올바른 행동에 대한 지식을 사랑의 마음으로 행할 수 있도록 우리를 도우시지 않는다는 생각 역시 큰 오류이다. 이 사람들의 가르침대로라면, 바르고 의로운 삶에 대한 하나님의 은혜와 도우심이란 다만 인간 본성 자체와 하나님의 가르침뿐이다.[284]

이 말로부터 우리가 생각할 수 있는 어거스틴의 기본 사상은, 인간은 스스로의 힘으로는 사랑으로 행하는 바른 행동을 할 수 없다는 것이다. 인간이 그것을 하기 위해서는 오히려 하나님께서 사랑으로 감동시키심으로, 인간의 의지를 선한 의지로 변화시키시면서 인간 내면에 영향을 주셔야 한다는 것이다.[285] 어거스틴은 마음에 부어 주시는 하나님의 사랑 없이, 자유의지로 하나님의 계명을 지킬 수 있다는 주장을 비판하면서, 자기 주장을 위한 근거로 로마서 5:5을 제시했다.

그러나 펠라기우스주의자들은 우리가 바른 삶의 바탕이 되는 선한 의지를 갖기

---

to Demetrias: A Sidebar in the Pelagian Controversy", 136.
282) 어거스틴의 편지(*Ep.* 188)는 PL 33, 848-854에 포함되어 있고, 한글번역으로는 요셉 봐이스마이어 외,『펠라지오에서 시메온까지』, 121-138 참조.
283) 율리아나는 자신의 가족이 삼위일체 하나님을 믿는다고 고백했다. 사실 이 당시에 이단은 원칙적으로 삼위일체와 관련된 신학이었다. 1/2차 에큐메니칼 공의회가 이 주제와 관련된다. 어거스틴은 편지에서 이단은 삼위일체에 대해서만 있는 것이 아니고 더욱 파괴적인 이단이 있음을 말한다. 즉 어거스틴은 하나의 새로운 정통, 즉 원죄, 자유의지와 은혜에 대한 이해를 추가하고 있으며, 반대로 하나의 새로운 이단, 즉 펠라기우스주의를 언급하는 것이라 볼 수 있다.
284) *Ep.* 188, 3.
285) S. Thier, *Kirche bei Pelagius*, 318.

위해서는 하나님의 도움이 필요함을 거부하고 또 하나님의 모든 선물 가운데 뛰어난, 하나님 자신이라고 불리는(요일 4:8) 하나님의 사랑을 갖기 위해서도 하나님의 도움이 필요하다는 것을 거부한다. 우리는 하나님 사랑에 의해서만 하나님 계명과 지침들을 실천할 수 있다. 대신에 그들은 우리 자신의 자유의지로 스스로 그것들을 하기에 충분하다고 말한다. 그리스도인임을 자처하면서 그리스도 사도의 가르침에 귀를 기울이기를 거부하는 것이 사소한 오류라고 생각해서는 안 된다. 왜냐하면 "하나님의 사랑이 우리 마음에 부어졌다"고 말한 후에, 사도는 누구도 이것을 단지 자신의 자유의지로 갖게 되었다고 생각지 않기 위해 "우리에게 주어진 성령을 통해서"(롬 5:5)라는 말씀을 즉시 덧붙였기 때문이다.[286]

여기서 어거스틴은 펠라기우스의 신학 중에 무엇보다도 세 가지 문제점에 대해 지적하고 있다.[287]

첫째, 의로운 행위를 행하는 주체가 인간인 이상, 이 행동은 그의 의지로부터 나온다는 사실은 인정하지만,[288] 동시에 "자유의지도 하나님 은총의 도움을 받지 않으면, 선한 의지라는 이름으로조차 불릴 수 없다"는 사실이다.[289] 즉 의로운 행위는 인간의 자유의지만으로는 할 수 없다는 것이다.

둘째, 선한 행위의 목표를 아는 것이 원함과 행위를 앞선다는 주장은 맞지만,[290] 단지 그런 앎이 인간을 선한 의지로 움직이게 하기에는 충분하지 않다는 것이다. 오히려 거기에는 절대적으로 하나님만이 부어 주실 수 있는 사랑이 필요하다.

…하나님께서 우리를 도우시는 것은, 우리가 무엇을 해야 하는지 알도록 하기 위해서만이 아니라, 우리가 배움을 통해서 알게 된 것을 또한 사랑하면서

---

286) *Ep.* 188, 3.
287) 이 부분은 S. Thier, *Kirche bei Pelagius*, 318-9 참조.
288) Cf. *Ep.* 188, 5: "…arbitrium proprium sine quo non operamur bonum."
289) *Ep.* 188, 7.
290) *Ep.* 188, 8.

행하도록 하시기 위해서이다. 그러므로 어느 누구도 하나님의 은혜가 없으면 절제에 대해 알 수도 없고, 바르게 절제할 수도 없다.[291]

셋째, 어거스틴은 율법과 그리스도의 모범을 은혜의 한 형태로 보는 펠라기우스 관점에 동의하지 않는다. 은혜란 인간의 의지에 영향을 주는 하나님의 역사이고, 율법과 그리스도의 모범은 인간의 지식과 관련된 것으로, 인간의 의지와는 관련이 없다는 것이다. 어거스틴은 펠라기우스의 은혜 개념이 지닌 부족한 점을 다음과 같이 지적한다.

하나님의 은총 또는 하나님의 도우심을 찬성하여 말하는 것처럼 보이는 그런 말들조차 주의 깊게 관찰해 보면, 그것들은 애매모호하여 본성이나 지식 또는 죄의 용서를 언급하는 것임을 발견할 수 있다. 왜냐하면 그들이 우리가 시험에 빠지지 않도록 기도해야 한다고 어쩔 수 없이 인정하는 말들은, 우리가 기도하고 두드리면 진리에 대한 이해가 우리에게 열리도록 하나님께서 우리를 도우신다는 의미로 이해될 수 있기 때문이다. 그렇게 하면 우리가 해야 할 것을 배울 수는 있지만, 우리의 의지는 우리가 배운 것을 행할 힘을 얻지는 못한다. 그리고 그들은, 하나님의 은총과 도움으로 그리스도 주님이 우리 앞에 선하고 의로운 삶을 사는 모범으로 세워졌다는 사실 역시, 어떻게 우리가 살아야 하느냐는 가르침으로 제한시킨다. 하지만 그들은 우리가 배움을 통해 알게 된 것을 또한 사랑으로 행하도록, 하나님께서 도우신다는 것을 인정하지 않는다. 본성과 본성에 속하는 의지의 자유 외에, 죄의 용서와 가르침의 계시 외에 성서가 고백하는 그런 하나님의 도우심을[292] 인정하고 있음을 어느 곳에서든 발견할 수

---

291) *Ep.* 188, 8. 또한 *Ep.* 188, 7: "(빌 2:13)…우리가 해야 할 것을 알도록 하기 위해서 지식을 주실 뿐만 아니라, 배움으로 알게 된 것을 선택하여 실행할 수 있도록 하기 위해서 기독교의 사랑을 부어 주신다."

292) *Ep.* 188, 12: "'나는 하나님께서 허락지 않으시면 어느 누구도 절제할 수 없다는 것을 알고 있기 때문에, 이 선물이 누구로부터 온 것인지를 아는 것 또한 지혜의 선물이다. 때문에 나는 주님께 가까이 가서 간구한다'(지혜 8:21). 기도했을 때, 그는 창조된 본성을 받고자 원한 것이 아니다. 또한 그는 자신이 창조되었을 때 가지고 있던 본성적인 의지의 자유에 관해 관심을 가졌던 것도 아니다. 죄의 용서를 원한 것도 아니다. 왜냐하면 그는 죄를 피할 수 있는 절제를 바랬기 때문이다. 그는 해야 할 것을 알기 원한 것도 아니다. 이미 이것이 누구로부터 오는

있다면, 무엇이든 찾아보라!²⁹³⁾

편지에서 어거스틴은 인간 스스로 영적인 재산을 획득했다는 말에 가장 민감하게 반응하며, 인간의 영적인 재산은 인간 스스로의 힘으로 얻은 것이 아니라, 하나님으로부터 유래했다고 말하고 있다.²⁹⁴⁾ 어거스틴은 펠라기우스의 말을 세 번 이상 인용하며 이에 대한 문제점을 깨닫게 했다.

> 당신은 다른 이들보다 진정 앞서 있도록 하는 근거를 갖고 있다. 사실 그것보다 더한 것이 있다. 당신의 출생이 지닌 고귀함과 당신 가족의 부유함은 당신의 것이 아니지만, 영적인 재산은 유일한 것일 수 있고 오직 당신 스스로 얻어낸 것일 수 있다. 영적 재산은 오직 당신 자신으로부터 왔고, 당신 안에서만 존재할 수 있기 때문에 당신이 칭송을 받는 것은 당연한 일이다. 이런 재산 때문에 당신은 다른 이들보다 당연히 앞서 있을 수 있는 것이다.²⁹⁵⁾

펠라기우스에 대한 어거스틴의 비난은, 펠라기우스가 하나님께 감사하지 않도록 암시적으로 가르쳤다는 것이다. 펠라기우스의 자유의지론은 결국 인간이 획득한 영적 재산을 인간 자신의 공로로 보게 함으로써, 이 재산에 대해 하나님께 감사하지 못하도록 한다는 것이다.²⁹⁶⁾

선물인가를 안다고 시인했기 때문이다. 그는 절제라는 위대한 일을 수행하기에 충분한 의지의 힘, 사랑의 열정을 지혜의 영으로부터 받기를 원했다."

293) *Ep.* 188, 11-12.
294) 어거스틴은 *Ep.* 4/5/6에서 거룩함, 영적 재산, 은사는 인간의 것이요 인간에게 속한 것임을 인정하지만, 동시에 그것의 유래는 결코 인간으로부터가 아니라 하나님으로부터임을 강조한다. 즉 인간 혼자서 얻어낸 것이 아니라 하나님의 선물이라는 것이다. Cf. *Ep.* 188, 6: "이것들은 하나님의 선물이며, 그것들이 물론 당신의 것이지만 당신으로부터 온 것은 아니다(엡 2:8). 왜냐하면 당신은 이 보배를 질그릇같이 흙으로 되고 깨지기 쉬운 육체에 가졌으니, 그 덕의 탁월함은 하나님의 것이지 당신의 것이 아니다(고후 4:7). 이러한 것들이 당신의 것이 아니며 당신으로부터 유래한 것이 아니라고 해서 놀라지 말라. 왜냐하면 매일 먹는 빵을 우리의 것이라고 말하지만, 그것이 우리 자신으로부터 온 것이라고 생각하지 않도록 '우리에게 일용할 양식을 주소서'라고 덧붙이기 때문이다."
295) *Ep.* 188, 4. - 이것은 펠라기우스의 편지 *Ad Dem.* 11을 인용한 것으로, 어거스틴은 *Ep.* 188, 5/ 7/ 8에서도 이것을 부분적으로 반복해서 인용한다.
296) S. Thier, *Kirche bei Pelagius*, 319.

…그녀는 자신의 동정녀의 성결과 모든 영적인 재산이 오직 자신으로부터 온 것이라고 믿게 되고, 그렇게 함으로 그녀가 완전한 행복을 얻기도 전에 하나님께 감사할 줄 모르는 자가 되게 한다. 하나님, 그녀를 이것으로부터 지켜주소서![297)]

우리가 가진 좋은 모든 것, 즉 영적인 재산은 우리 자신으로부터 온 것이 아니라 하나님으로부터 왔다는 사실이 어거스틴 편지의 핵심 주제라고 할 수 있다. 어거스틴은 이런 생각이 성서와 완전히 일치한다고 보았다. 그 핵심되는 말씀은 바울이 고린도교회를 충고하면서 던진 물음(고전 4:7)인데, 편지는 이 말씀의 맥락에서 전개된다.

누가 너를 아담으로부터 유래하는 죽음과 파멸의 무리로부터 건져내시는가? 잃어버린 자를 찾고 구하러 오신 그분이 아닌가? 누가 너를 구별하였는가라는 물음에, 내 선한 의지, 내 믿음, 내 의라고 대답하고 나서, 곧 뒤따르는 다음의 말씀을 무시할 자 있는가? "네게 있는 것 중에 받지 아니한 것이 무엇이뇨 네가 받았은즉 어찌하여 받지 아니한 것같이 자랑하느뇨?"[298)]

귀하고 아름다운 절제를 포함하는 영적인 재산에 대해 (데메트리아스에게 편지를 쓴 사람, 즉 펠라기우스는) "그것은 당신 안에 있을 수 있고 당신 자신으로부터 유래할 수 있다"라고 말하지 않았다. 오히려 "영적인 재산들은 오직 당신 안에 존재할 수 있고 오직 당신 자신으로부터 유래할 수 있다"고 말함으로, 그녀로 하여금 그것들이 오직 그녀 자신 안에 존재할 수 있는 것처럼, 또한 그것들이 오직 그녀 자신으로부터 유래할 수 있다고 믿도록 하고, 그녀가 이것을 마치 외부로부터 받지 않은 것처럼 자랑하도록 했다.[299)]

그녀는 모든 좋은 은사를 하나님께로부터 받는 바, 이것 때문에 그녀는 선하고 또 모든 것들을 받게 되는 것이다. 이것을 통해 그녀는 이 땅에서 성장해 나갈 수 있는 만큼 성장할 것이고, 인간의 칭찬이 아니라 하나님의 은혜가 그녀를

---

297) *Ep.* 188, 4.
298) *Ep.* 188, 7.
299) *Ep.* 188, 8.

완전하게 만든다면 그녀는 완전해질 것이다.[300]

저자(펠라기우스)는 그리스도의 동정녀를 칭찬하되, 마치 그녀 혼자의 힘으로만 영적인 재산을 획득한 것처럼, 그리고 이것들이 오직 그녀 자신으로부터 유래한 것인 양 말하면서, 그녀의 영광을 하나님에게서 찾도록 하는 것이 아니라 마치 그녀가 그것들을 받지 않은 것처럼 자랑하도록 한다.[301]

결론적으로 어거스틴의 편지에 나타난 핵심주제는, 하나님의 은총과 도움 없이는 인간의 모든 선은 불가능하다는 것이다. 이런 생각의 배경이 되는 어거스틴의 은총론은, 인간은 스스로의 힘으로 선한 일을 할 수 없고 인간의 내면을 어루만지시는 하나님의 은총만이 필요하다는 것이다. 때문에 인간이 비록 선하고 많은 영적인 재산을 갖고 있다고 할지라도, 그것들은 인간 자신으로부터가 아니라 하나님으로부터 유래한 것이어서 인간이 하나님께 취해야 할 태도는 감사뿐이라는 사실이다. 이 사실에 대해 티어(Thier)는 다음과 같이 옳게 말하였다. "영적인 재산에 대해 주님이 아니라 자기 자신을 자랑하는 것(어거스틴에 따르면 이것은 펠라기우스가 장려한 것이다)은 어거스틴 입장에서는 인간의 독선적인 오만불손에 해당한다."[302]

4) 나가는 말

이상에서 데메트리아스에게 보낸 펠라기우스와 어거스틴의 편지에 담긴 신학을 살펴보았다. 이 두 편지는 물론 그들의 인간론과 은총론에 대한 조직적이고 일관된 저술은 아니지만, 어거스틴 편지가 펠라기우스의 잘못된 가르침에 대해 비판을 가하는 논쟁적 성격을 띠고 있다는 면에서, 두 편지에 담겨 있는 그들의 은총론은 비교할 만한 가치가 있다.

펠라기우스의 편지는 펠라기우스의 전형적인 권고, 즉 인간은 창조된 선한

---

300) *Ep.* 188, 9.
301) *Ep.* 188, 14.
302) S. Thier, *Kirche bei Pelagius*, 319.

본성으로 하나님의 뜻을 행할 수 있음을 강조한다. 다만 실제 생활에서 인간은 잘못을 행한 오랜 습관 때문에 그렇게 하지 못한다는 것이다. 그러나 어거스틴에 따르면 이것은 원죄를 부정하는 것이 되고, 인간의 자유의지의 힘으로만 선을 행할 수 있다는 주장은 하나님의 은총과 반대되는 가르침으로, 인간의 모든 선함이 하나님께로부터 왔음을 부인하여 결국 하나님께 감사하지 않도록 한다고 어거스틴은 비판한다.

두 신학자의 이런 차이는 먼저 인간 본성의 가능성에서 출발한다. 펠라기우스는 창조된 인간 본성의 선함과 능력, 자유의지를 강조한다.[303] 그는 인간의 본성 그 자체를 은혜(더 정확히 말하면 보편적인 선행 은혜)로 보았다. 이 은혜를 근거로 하여 인간은 도덕적인 능력을 충분히 지닐 수 있어서, 죄를 짓지 않을 수 있을 뿐만 아니라(posse non peccare) 계속해서 선을 행할 수 있고 완전한 삶도 가능하다는 것이다. 이런 과정에서 물론 은혜가 도움을 주지만, 구원을 얻는 데 반드시 필요한 것은 아니라고 보았다. 다시 말하면, 인간은 영적인 삶을 실천해 나갈 수 있지만, 이것을 더 수월하게 하도록 은혜가 주어진다는 것이다. 펠라기우스의 이런 낙관주의적 인간론에 대하여, 어거스틴은 인간의 본성이 부패되어 절대적으로 하나님의 은혜가 필요함을 강조한다. 그는 인간이 영적인 삶과 선을 행할 수 있도록 은혜가 주어진다고 보았다.

결국 문제의 초점은 인간 본성에 대한 이해에 있다. 펠라기우스에게 있어 인간의 본성은 하나님의 창조 은혜이다. 양심, 율법, 자유의지를 통해 인간은 선을 행할 수 있다. 본성적인 죄란 없는 것이고, 아담 이후 죄를 짓는 습성 때문에 인간은 죄의 강력한 모습에 의해 유혹을 받았다는 것이다. 반대로 어거스틴은 인간 본성을 은혜의 주요 형태로 보는 것에 이의를 제기한다. 인간의 본성은 죄로 타락했고, 하나님이 주신 율법은 이 본성에서 지워지고 하나님

---

303) 펠라기우스가 인간의 본성을 높이 평가한 것은, 고대후기의 '얽히고설킨' 도덕적인 인문주의를 기독교적으로 수용한 것으로 간주될 수 있을 뿐만 아니라(로이터[H. Reuter]는 이것을 펠라기우스주의의 본질적인 영적 기초로 보았다), 이 당시 널리 펴져 있던 마니교에 대한 의도적인 반발로 나온 것이라고 볼 수 있다. Cf. Hermann Reuter, *Augustinische Studien* (Gotha: Perthes, 1887), 39; S. Thier, *Kirche bei Pelagius*, 52-53.

의 모습은 일그러졌다는 것이다.[304] 인간은 병든 자로서 자유하지 못하기 때문에 자유하게 하는 존재가 필요한 것이다.

두 신학자 사이에 깊은 차이를 드러내는 또 하나의 쟁점은 하나님의 은총을 무엇으로 보느냐이다. 펠라기우스는 율법, 예수 그리스도의 가르침과 모범을 하나님 은혜의 구체적인 형태로 본 반면, 어거스틴은 이것들이 이미 은총을 받은 기독교 삶에 중요한 의미가 있음을 인정하지만, 은혜의 본래적인 형태는 아니라는 것이다. 율법, 곧 그리스도의 계명과 모범은 아직 은총을 받지 못한 이들에게는 단지 외적인 것, 즉 외적인 요구인 바, 본질적인 은총이 인간 마음에 부어지지 않는 한, 인간은 이 요구들을 결코 이룰 수 없다는 것이다. 성령을 통해 인간 내면에 작용하는 사랑이 없는 상태에서, 인간이 무엇을 해야 한다는 요구는 가르침이나 모범들을 통해서는 결코 이루어질 수 없는 것이며, 어거스틴에게는 단지 죽은 문자에 불과한 것이었다.[305] 어거스틴에게 있어 은총이란 본질적으로 내적 은총으로, 하나님의 사랑, 즉 성령이며 하나님께서 직접 주시는 선물이다.[306]

이로부터 인간이 구원받는 길은 확연히 차이가 있다. 신학적인 구원론 용어로 말한다면, 펠라기우스에게 있어서는 '모범'(exemplum)으로 구원이 가능하다. 바른 가르침, 바른 모범, 바른 계명을 따라가면, 구원받을 수 있다는 것이다. 그러나 어거스틴은, 그것만으로는 충분하지 못하고 하나님의 도우심이 필요함을 인정했다. 즉 '모범과 성례'(exemplum et sacramentum)를 강조했다.[307] 하나님의 도우심이 없으면 인간의 능력과 자유의지는 바르게 작용할 수 없다. 인간이 선을 행하고 의롭게 산다면, 그것은 인간 스스로 이룩한 것이 아니라 하나님께로부터 온 것이라고 어거스틴은 초지일관 펠라기우스의 견해를 비판한다. 인간의 모든 선(선한 일을 성취하는 것뿐만 아니라, 그것을 원하

---

304) W. Geerlings, *Augustinus* (Freiburg: Herder, 2004), 83.
305) G. Greshake, *Geschenkte Freiheit. Einführung in die Gnadenlehre* (Freiburg: Herder, 1977), 48.
306) Cf. G. Greshake, *Geschenkte Freiheit*, 50.
307) Cf. W. Geerling, "Christus als exemplum", in V. H. Drecoll, *Augustin Handbuch* (Tübingen: Mohr Siebeck, 2007), 434-8.

는 것조차도)은 하나님께로부터 왔으므로 인간은 늘 하나님께 감사할 수밖에 없다는 것이 어거스틴이 편지에서 주장한 은총론의 의의라고 볼 수 있다.

오늘날 펠라기우스는 재평가되고 있고, 그의 긍정적인 면이 부각되는 경향이 있다.[308] 어거스틴이 펠라기우스를 오해했다는 견해들도 있다. 필자도 펠라기우스가 의도했던 바를 높이 평가한다. 당시 로마는 410년을 전후로 사회적으로 혼란하였다. 기독교는 이런 불안의 기운 속에서 성장하면서 교회의 매력은 한층 더해졌다. 많은 사람들이 물밀듯이 교회로 들어왔다. 그 결과 '인습적인 이교도들'은 단지 '인습적인 그리스도인들'이 되었을 뿐이다. 펠라기우스는 이런 기회주의적 그리스도인들과 방종주의의 삶에 대항하여, 그리스도인 본연의 삶의 방식을 구성하고 그리스도인의 정체성을 부여하고자 하였다.[309] 다시 말해 그는 그리스도인과 비그리스도인 사이에 확연히 구분되는 삶의 방식을 강조하고, 이것을 인간의 자유에 호소한 것이다. 펠라기우스가 가르친 핵심은 무조건적인 자유의지와 책임감이다. 펠라기우스의 가르침은 오늘날 도덕적인 삶에 해이해진 한국교회에 적절해 보이며, 또한 성공적인 삶을 지향하는 교인들에게 '할 수 있다'는 신념을 줄 수 있어 매력적으로 보이기도 하다. 하나님의 은혜를 '값싼 은혜'로 만드는 그리스도인들에게 충고하며 시사하는 면도 적지 않다.[310] 그래서인지 강단에서도 서서히 펠라기우스와 유사한 가르침들이 선포되고 있고 인기를 끌고 있다. 그러나 이

---

308) 펠라기우스에 대한 긍정적 평가로는 다음 참조. 필립 뉴엘/ 정미현 역,『켈트 영성이야기』(서울: 기독교서회, 2001), 19-36; R. F. Evans, *Pelagius: Inquiries and Reappraisals* (New York: Seabury Press, 1968).
309) 이런 점에서 교회사가 브라운(Brown)은 펠라기우스를, 세례에 대한 그리스도인의 경험을 근거로 하여 옛 이교의 환경과 강한 단절을 강조한, 기독교의 가장 급진적인 전형의 한 사람으로 특징짓는다. Cf. P. Brown, "Pelagius and his Supporters: Aims and Environment", 200; M. E. Brinkman, *The tragedy of human freedom: the failure and promise of the Christian concept of freedom in Western culture* (Amsterdam: Rodopi, 2003), 115-6.
310) 그리스도인의 삶에 대한 펠라기우스의 사상은, 개인 모두가 하나님의 요구에 따른 완전한 삶을 살 수 있다는 것이다. 그는 명목상의 그리스도인들과 구분되는 참된 그리스도인의 중요성을 가르쳤다. 펠라기우스는 "수동적인 태도, '하나님께서 모든 것을 하시도록 하라'고 하는 태도, 즉 무관심과 무책임에 이를 수 있는 태도"와 싸웠다. 대신에 그는 모든 사람이 최고의 거룩함에 도달할 수 있음을 가르친 성인들과 신비주의자들을 기억하도록 했다. Cf. Elizabeth Dreyer, *Manifestations of Grace* (Collegeville: Liturgical Press, 1990), 68.

제 목회자와 성도들은 발을 멈추고 바른 은총론, 성경이 가르치는 은총론이 무엇인가 생각해야 할 때가 왔다. 인간이 하나님의 형상임을 강조하며 낙관주의적 인간관에 근거해 인간의 자유, 능력 그리고 책임을 강조하는 펠라기우스의 은총론은, '은총'을 말하지만 결국 '행위에 의한 구원'의 가르침에 불과할 뿐이다.[311] 어거스틴은, 인간의 원죄를 주장하며 죄인 된 모든 인간은 오직 하나님의 은혜를 통해서 구원받을 수 있다고 전하는 성경의 가르침을 전인격적으로 체험한 후, 결국 '은총에 의한 구원'의 대변자가 되었다.[312] 역사에서 어거스틴의 가르침은 정통으로 인정받고, 펠라기우스주의는 이단으로 정죄되었지만, 펠라기우스주의는 역사에서 여러 가지 형태로 계속 출현하였고 논쟁의 대상이 되어왔다. 또한 누구도 어거스틴의 은총론이 옳음을 부인하지 않지만, 강단에서는 부지불식간에 펠라기우스적인 은총론과 인간론이 선포되고 있다. 원죄보다는 하나님의 형상으로서의 선한 본성을, 인간의 불가능성보다는 가능성을, 비관적 인간론보다는 낙관적 인간론을, 오직 하나님 은총에 달려 있다는 것보다는 인간의 자유와 책임을 선포하여, 결국 하나님의 뜻보다는 인본주의적 가르침을 통해 성경의 본래 의미를 희석시키고 있다. 필자는 성경에 정확히 근거한, 그리고 '은총 박사' 어거스틴의 은총론에 대한 재이해를 통해 바른 신앙으로 돌아가는 것이 오늘날 한국교회에 절실히 필요하다고 생각한다.

---

311) A. E. McGrath, 『역사 속의 신학. 그리스도교 신학 개론』, 김홍기 외 3인 공역 (서울: 대한기독교서회, 2007), 46-7.
312) 하르낙에 따르면 펠라기우스신학의 주요개념은 자유의지를 포함하는 본성이고, 어거스틴 신학의 주요개념은 은혜, 즉 그리스도를 통한 하나님의 은혜(gratia dei per Christum)이다. 그래서 펠라기우스주의자들은 어거스틴의 본성에 대한 가르침을 공격한 반면, 어거스틴은 그들의 은총론을 비판했다. Cf. Adolf von Harnack, *Lehrbuch der Dogmengeschichte*, vol. 3: *Die Entwicklung des kirchlichen Dogmas II/III*, 201.

제 5 장

어거스틴의 후기 은총론
- 절충적 펠라기우스주의 논쟁을 중심으로 -

1. 들어가는 말

어거스틴의 은총론은 펠라기우스주의자들과 논쟁하는 가운데 명료하게 형성되었다. 어거스틴은 인간의 본성이 죄로 타락했고 하나님의 법이 이 본성에서 지워졌고 하나님의 형상이 일그러졌음을 강조한다. 즉 모든 인류는 아담 안에서 타락하였고 죄는 유전한다는 원죄론을 주장했다. 저주의 무리로서 인류는 구원하는 은혜 없이는 순전한 선한 의지로부터 어떤 행동도 할 수 없다. 모든 인류가 지옥으로 결정되어져 있다면, 그것은 단지 하나님의 엄격한 의에 상응하는 것이다. 그렇지만 하나님의 자비하심은 너무나 커서, 신비한 뜻 속에서 예정을 통하여 몇몇 영혼을 구원하기로 선택하셨다. 이 선택이 공정하지 못하다고 하소연하는 것은 원죄와 자범죄에 속한 죄책의 무게를 부인하는 것이 된다. 인간이 더 이상 선을 행할 의지의 자유를 가지지 못할 만큼 타락했다면, 은총이 모든 것을 해야만 한다. 인간이 덕을 행할 뿐만 아니라 삶의 마지막까지 궁극적인 인내를 이루는 것은, 공로와는 무관하게 미리 정하신 하나님의 선물로서 은총의 작용인 것이다.

당시(오늘날 역시!) 사람들이 어거스틴의 작품으로부터 종종 도출한 결론은, 구원은 미리 결정되어져 있고 인간은 선을 행하려고 노력할 필요가 없다는 것이었다. 이런 이해는 어거스틴의 은총론으로부터 당연한 결과였을지도 모른다. 은혜란 본질상 조건 없이 하나님께로부터 값없이 선물로 주어지는 것을 의미한다. 은혜가 은혜이기 위해서는 인간의 선행이나 공로 없이 주어져야 한다. 인간의 구원은 오직 하나님의 역사이다. 하나님이 모든 일의 원인이 되시며 주권을 갖고 계시다. 그렇다면 하나님께서 모든 일의 원인이 되신다는 것과 인간의 자유의지는 어떻게 조화를 이루는가? 하나님의 은총이 모든 것을 이룬다고 할 때, 인간의 자유의지는 무슨 의미가 있는가? 하나님의 은총이 인간의 공로에 상관없이 거저 주어진다고 할 때, 어거스틴은 예정(선택)을 주장하는데, 하나님의 예정 안에서 인간의 의지는 무슨 역할을 하는가?

일반적으로 어거스틴은 엄격한 은총론의 옹호자이지만, 의지의 자유를 포기하거나 무효화시키지 않았다고 간주된다. 비록 인간은 자신 안에 있는 선을 자신의 업적으로 인정할 수 없지만, 반면에 인간의 의지는 무엇인가를 스스로 행할 수 있는 가능성을 갖고 있어야 한다. 이런 생각을 가지고 어거스틴은 은혜와 자유의 변증법에 도달하여, 자유란 은혜를 받고 은혜가 작용하는 데 필요한 전제조건의 역할을 한다고 하였다.[1] 물론 때로는 어거스틴이 은총론을 위해 인간의 자유를 포기한 것처럼 보이는데, 가령『고백록』의 "나의 선한 것은 모두 당신이 이루신 것, 당신의 선물이니이다. 그리고 나의 악한 것은 모두 나의 죄과요 당신의 심판이니이다"(X, 5)에서 볼 수 있다. 특히 어거스틴은 펠라기우스주의자들과 논쟁을 하는 가운데, 한편으로는 은총이 인간의 자유의지를 회복하는 것임을 주장을 하였으나, 다른 한편으로 어거스틴의 은총론은 예정론으로 발전하였다. 은혜가 말 그대로 은혜가 되고, 구원이 실제로 원하고 노력하는 자에게가 아니라 오로지 하나님의 자비하심에 의존하려면, 예정론의 주장은 당연한 귀결이라고 생각된다. 특히 예정론에 따

---

[1] 이런 관점의 연구로는 다음 참조. Nobert Fischer, "Freiheit und Gnade. Augustins Weg zur Annahme der Freiheit des Willens als Vorspiel und bleibende Voraussetzung seiner Gnadenlehre", in Nobert Fischer et al. ed., *Freiheit und Gnade in Augustins Confessiones* (Paderborn: Ferdinand Schöningh, 2003), 50-69.

르면 하나님이 예정하시고 시작하시고 완성하시고 견인케 하심으로, 인간의 자유의지는 어거스틴의 은총론에서 설 자리가 없어 보이게 되었다.[2]

이러한 하나님의 은혜와 인간의 자유의지에 관한 문제들은 물론 펠라기우스 논쟁 이전이나 펠라기우스 논쟁 가운데 쓰인 작품에도 많이 언급되어 있지만, 더욱 본격적으로 다루어진 것은 펠라기우스주의자들과의 논쟁이 끝난 이후, 즉 426년 이후의 작품들에서이다. 이 작품들의 배경이 되는 것은 소위 '절충적(semi) 펠라기우스주의'이다.[3]

제5장에서는 소위 절충적 펠라기우스주의 논쟁 역사 전체를 다루는 것이 아니라, 그 시작 단계, 즉 어거스틴이 생애 마지막에 그들과 벌인 논쟁을 다루고자 한다. 이 논쟁의 시작과 배경, 그리고 그에 대한 어거스틴의 작품들을 은총론, 즉 하나님의 은혜(예정)와 인간의 행위(자유의지)의 관계를 중심으로 살펴보고자 한다.

---

2) 여기서 언급되어야 할 연구는 공성철, "어거스틴의 은총론과 예정론 관계 연구", 「조직신학논총」 3 (1998), 275-357이다. 이 연구에 따르면 어거스틴의 초기 은총론, 즉 펠라기우스주의를 만나기 이전의 은총론은 자유의지를 회복시키는 은총을 주장하지만, 펠라기우스주의자들과 논쟁하면서 그의 은총론은 예정론이 되며 자유의지를 폐기하게 된다는 것이다. 예정론이 자유의지의 폐기로 간 원인을 논문의 저자는 믿음과 행위를 불분명하게 구분한 어거스틴의 신학에서 찾고 있다.

3) '절충적 펠라기우스주의'(semipelagianisch)는 16세기 『일치신조』(Konkordienformel)에서 처음으로 나타나는 표현으로서(BSLK 778, 39-44), 학문적 논의 가운데서 잘못하여 어거스틴의 은총론에 대한 특정의 금욕주의적 비판가들에게 사용되었다. 절충적 펠라기우스주의 논쟁은 백년에 걸쳐 이루어진 것은 아니고 3단계로 나뉘는데, 440년까지, 그리고 다시 470/1년경, 마지막으로 오랑쥐 공의회의 배경이 되는 519-529년이다. 이 세 단계 동안 무엇보다도 세 가지 큰 주제가 논의되었는데, 이 주제들은 예정론에 관한 어거스틴의 후기 작품에서 나온 것들이다. 첫째, 믿음의 시작(initium fidei)은 어떻게 서술될 수 있는가? 둘째, 하나님의 미리 결정하심 혹은 예정은 정확히 무엇에 연관되는가? 인간의 행동, 하나님의 처벌 또는 하나님의 선택인가? 셋째, 하나님의 뜻은 인간 모두를 구원하시는 것인가, 아니면 단지 선택된 일부뿐인가? Cf. Uta Heil, "Die Auseinandersetzungen um Augustin im Gallien des 5. Jahrhunderts (bis 529)", in *Augustin Handbuch*, ed. V. H. Drecoll (Tübingen: Mohr Siebeck, 2007), 558-564(558); Ekkehard Mühlenberg, "Dogma und Lehre im Abendland: Von Augustin bis Anselm von Canterbury", in Carl Andresen et al. ed., *Handbuch der Dogmen- und Theologiegeschichte*, vol. 1: *Die Lehrentwicklung im Rahmen der Katholizität* (Göttingen: Vandenhoeck & Ruprecht, 1982), 406-566(465 이하).

2. 절충적 펠라기우스주의의 시작(1): 북아프리카에서

은총과 자유의지에 관해 다루는 반(反)펠라기우스작품들에서 어거스틴은 인간의 구원이 완전히 공로 없이 주어진 은총의 선물이라고 일관되게 주장하였는데, 인간의 노력이 지닌 의미에 이의를 제기하는 것처럼 보였다. 특히 이런 관점은 북아프리카의 하드루메툼(Hadrumetum) 수도원에서 시작되었다.

1) 식스투스에게 보낸 어거스틴의 편지와 하드루메툼 수도사들

426년 북아프리카의 수도사 플로루스(Florus)는, 어거스틴이 펠라기우스논쟁의 절정 시기인 418년 식스투스(Sixtus)에게 보낸 편지를 한 도서관에서 접한 후, 필사본을 하드루메툼의 동료수도사들에게 보내게 된다.[4] 식스투스에게 보낸 편지[5]에서 어거스틴은 아직도 펠라기우스주의의 잔재들이 존재함을 탄식하면서,[6] 구원과정에서 선한 의지는 은총보다 선행해야 하며(그렇지 않으면 의지의 자유는 제거되기 때문) 그리고 나서 자기 자신의 의지의 공로가 은총을 선행하게 되면 인간에 의해 행해져야 할 의는 하나님에 의해서 단지 도움을 받는다는 펠라기우스주의자들의 주장을 비판했다.[7]

어거스틴에게 있어 중요한 것은 전혀 값없이 주어지는 은혜의 성격이다. 하나님께서 은총을 주시는 것이 인간의 공로와는 어떤 연관도 없다는 것은 은혜의 본질에서 기인한 것으로, 그렇지 않을 경우 하나님의 은총은 인간의 공로에 의존하게 되고 결국 은혜는 은혜가 아니라 보상이 되기 때문이다. 어

---

4) P. Brown, *Augustin of Hippo. A Biography* (Berkeley: University of California Press, 2000), 401.
5) *Ep*. 194 (PL 33, 874-891).
6) *Ep*. 194, 2.
7) *Ep*. 194, 6. 이들은 하나님께서 롬 9:13-18에 따라 홀로 인간의 마음을 강퍅하게 하신다면, 자신의 행동에 대한 인간의 책임에 문제가 있음을 본 것이다. 구원을 자신의 능력으로 이룰 수 있다는 본성의 능력에 대한 펠라기우스의 가르침은 물러났지만, 아직도 최소한 인간이 해야 할 것(믿음, 기도) 등이 언급되는데, 하나님께서는 이것을 근거로 하여 충분한 도움을 베푸신다는 것이다.

거스틴은 이것을 조금이라도 허용할 수 없었던 것이다.[8] 본래 선하게 창조된 모든 인간은 원죄로 말미암아 저주의 무리에 속하기 때문에 구원받을 수 없고 저주받아 마땅하다. 그래서 구원은 오로지 하나님의 자비에 달려 있다. 그런데 하나님께서 구원하기를 원하는 자들을 구원하시되, 인간의 공로를 전혀 고려하지 않고 값없이 행하신다는 것이다.[9]

죄인 가운데 행하시는 하나님의 역사, 즉 누구는 은혜가 주어져 구원받고, 누구는 은혜가 주어지지 않아 정죄받는 문제에 대해 어거스틴은 이해할 수 없는 것으로 여기지만, 하나님의 행동은 공정하다고 강조한다. 저주받게 된 자는 자신의 악한 의지로 죄를 지어 파멸의 무리에 속하였기 때문이고, 하나님에 의해 강퍅하게 된 것이 아니라 하나님께서 그들에게 자비하지 않으셔서 단순히 역사하시지 않았기 때문이기에[10] 결코 변명의 여지가 없다.[11] 이와 반대로 은혜는 인간의 차이에 근거해서가 아니라, 측량할 수 없는 하나님의 결정에 근거해 선택하여 주어지는 것이다. 하나님께서 값없이 은혜를 주심으로 믿음을 갖도록, 믿음으로 기도하도록, 믿음으로 그리스도에게 가도록,

---

8) R. H. Weaver, *Divine Grace and Human Agency. A Study of the Semi-Pelagian Controversy* (Macon: Mercer Uni. Press, 1996), 5.
9) *Ep.* 194, 4: "하나님은 인간의 어떠한 선행(先行)하는 공로에 상관없이 원하는 자에게 자비하시고 부르고자 하는 자를 부르시고 원하는 자를 의롭게 만드시기 때문에, 그들이 하나님께서는 사람을 차별하는 분이라고 생각하기를 즐겨한다면, 당연한 처벌은 저주받은 자들에게 주어지고 과분한 은혜는 구원받은 자에게 주어져, 전자는 자신이 부당하다고 불평할 수 없고 후자는 자신이 받을 가치가 있다고 자랑할 수 없게 된다는 사실을 그들은 간과하는 것이다. 모두 저주와 범죄의 토기라는 점에서 어떤 차별대우도 있을 수 없기에, 구원받은 자는 버림을 받는 자들로부터 은혜가 자신을 구하지 않았다면 동일한 처벌이 자신의 몫이었음을 알게 된다. 그것이 은혜라면 그것은 분명 어떤 공로에 대해 주어지는 것이 아니라 순순히 관대한 행위로서 부여되는 것이다."
10) 마음이 강퍅해지고 저주를 받게 된 것은 은혜를 주시지 않은 하나님께 원인이 있다거나 하나님은 공정하지 않으신 분이라는 주장에 대해, 어거스틴은 여러 번 자세히 반증한다. 마음이 그렇게 강퍅하게 된 궁극적인 원인은 (물론 하나님께서 허락하신 것이지만) '파멸의 전체무리'(universa massa damnata, *Ep.* 194, 14)가 저주에 속하기 때문이며 자신의 '매우 악한 의지'(pessima voluntas, *Ep.* 194, 24)로 행했기 때문이다. 다시 말하면 그들의 마음이 강퍅해진 것은 하나님의 행위에 의해서 그렇게 된 것이 아니라, 단순히 하나님께서 행하지 않으셔서, 즉 하나님께서 그들에게 자비롭지 않으셨기 때문이라는 것이다.
11) *Ep.* 194, 22/27.

믿음으로 선을 행하도록 하신다.[12]

이 편지의 핵심은 은총을 앞서는 공로란 없다는 것이다. 즉 믿음과 그 작용의 유일한 근원은 은총이요, 그 은총을 선행하는 인간 공로의 여지는 전혀 없다는 것이다. 이 하나님의 은총은 결국 '예정'에 근거하는 바,[13] 하나님께서 원하시는 자를 긍휼히 여기시는 것이다.[14] 이 편지에서 예정론은 어느 것에도 매이지 않는 은총의 자발성에 대한 훌륭한 예일 뿐만 아니라, 공로에 관계없이 선한 행동에 앞서는 은혜의 근거로서 인식되고 논의된다. 그렇다고 어거스틴이 모든 공로를 배제하고자 한 것은 아니다. 그는 영생을 신앙인의 신실한 삶(공로)의 보상이라고 주장했다. 하지만 이 신앙인의 신실한 삶(공로)은 하나님의 자비로운 거주하심의 결과(은총)이기 때문에, 그것의 성취는 은총에 보답하는 은총에 달려 있는 것이다.[15]

이 어거스틴 편지의 필사본이 하드루메툼의 수도원에 도착하자 혼란이 야기되었는데, 수도사들은 자신의 수도생활이 위험에 처하게 될 것을 두려워하게 되었기 때문이다. 다시 말해 수도사들은 어떤 공로 없이 주어지는 은총이라는 개념을 통해 자신들의 금욕주의 생활의 공로가 무효화된다고 생각한 것이다. 인간의 구원과정 처음부터 끝까지 전적으로 하나님의 은혜에 의존하고 그 은총에 대한 이론적 설명이 수수께끼 같다면, 하나님의 뜻에 일치하여 살고 완전에 이르고자 하는 모든 노력의 근거는 무너지고 인간의 자유의지는

---

12) *Ep*. 194, 9/10/12/16. - 어거스틴은 믿음이 어느 정도는 공로의 면이 있음을 인정한다. 이를 위해, 겸손한 믿음 때문에 죄사함을 받고 의롭게 된 자를 예로 든다(눅 18:13-14). 그러나 동시에 믿음이 하나님의 값없는 은총임을 강조한다. "우리는 믿음 자체를 (반대자들이 자랑하는) 인간의 자유의지나 선행하는 공로로 여기지 않는다. 왜냐하면 모든 선한 공로는 믿음으로부터 시작하기 때문이다. 오히려 우리가 공로 없이 마음에 참된 은총을 가진다면, 우리는 그것이 하나님의 값없이 주시는 선물임을 인정해야 한다. 왜냐하면 동일한 편지에 하나님께서 각자에게 믿음의 분량을 나눠주신다(롬 12:3)고 쓰여 있기 때문이다. 선한 행위는 인간에 의해 행해지지만 믿음은 사람에게 주어지는데, 이 믿음 없이는 선한 행위는 어떤 인간에 의해서도 행해지지 않는다. 왜냐하면 믿음으로 하지 않는 모든 것은 죄이기 때문이다(롬 14:23)"(*Ep*. 194, 9).
13) 'electio gratiae'(*Ep*. 194, 39); 'Dei praedestinatio per gratiam'(*Ep*. 194, 34).
14) 어거스틴은 야곱과 에서의 예를 들어 설명한다. Cf. *Ep*. 194, 34-41.
15) *Ep*. 194, 18/19/21.

제거되는 것처럼 보인 것이다. 플로루스는 하드루메툼에 돌아와서, 수도사들 간의 분쟁을 모르는 수도원장 발렌티누스에게 사실을 알렸다. 발렌티누스는 에보디우스(Evodius)와 야누아리우스(Januarius)에게 자문을 구했으나 별로 도움을 얻지 못했다. 그래서 발렌티누스는 두 명의 수도사, 크레스코니우스(Cresconius)와 펠릭스(Felix)를 어거스틴이 있는 히포로 보내, 식스투스에게 보낸 편지가 수도원생활에 대해 지니는 의미에 관해 조언을 구하도록 하였다.

어거스틴은 하드루메툼에서의 논쟁소식을 접하고 두 통의 편지를 발렌티누스에게 보냈다.[16] 은총이 공로에 대한 보상이라고 여기는 오류뿐만 아니라 심판이 행위에 따라서 이루어짐을 거부하는 가르침을 경계하는 편지에 우리는 어거스틴이 간파한 세 가지 오류를 알 수 있다. 즉 자유의지에 의존함으로써 은총의 필요를 부인하는 것, 선에 대한 자유의지의 효력이 부인될 정도로 은총을 의지하는 것, 자유의지로부터 나온 악에 대한 책임이 부인될 정도로 은총을 의지하는 오류이다. 어거스틴은 이런 오류들을 거부하며 은총의 필요성과 우선성, 인간의지의 자유, 의로우신 하나님의 판단이라는 어려운 긴장관계에 있는 세 가지 개념을 옹호하였다.[17]

> 하나님의 은혜가 없다면 어떻게 하나님께서 세상을 구원하시겠는가? 자유의지가 없다면 어떻게 하나님께서 세상을 심판하시겠는가?…자유의지를 하나님의 은혜로부터 분리하는 방법으로 하되, 마치 하나님의 은혜 없이도 우리는 하나님에 따라 생각하고 모든 것을 행할 수 있기라도 한 것처럼 당신들이 그렇게 하나님의 은총을 부인하거나 자유의지를 지지하지 않기를 본인은 원한다.[18]
> 우리의 선행과 경건한 기도와 바른 믿음은, 하나님께로부터 받지 않았다면 우리 안에 있을 수 없었을 것이다…어느 누구도 하나님의 은혜가 자신에게 주어진 것은 자신의 선행이나 기도의 공로, 또는 신앙의 공로에 의해서라고 말할 수 없다. 또한 이단들이 하나님의 은총은 우리 자신의 공로에 비례하여 주어진다고

---

16) *Ep.* 214/215 (PL 33, 968-974/ PL 44, 875-880). 번역으로 차종순 역, 『어거스틴의 은총론』 제4권 (서울: 한국장로교출판사, 1998), 204-216.
17) R. H. Weaver, *Divine Grace and Human Agency*, 14.
18) *Ep.* 214, 2.

주장하는 가르침은 옳다고 생각할 수 없다…경건한 자의 선함이나 경건치 않은 자의 악이 전혀 공로가 아니기 때문이 아니라(왜냐하면 그렇지 않다면 어떻게 하나님께서 세상을 심판하시겠는가?), 하나님의 자비와 은총에 의해 회심되었기 때문이다…그래서 불의한 자는 의롭게, 즉 불경건 대신 의롭게 되며 세상이 심판받을 때 하나님께서 면류관을 씌워 주시는 그런 선한 공적을 소유하기 시작한다.[19]

사람의 의지는 자유로우며 하나님의 은총이 존재함을 믿되, 은총의 도움 없이는 사람의 자유의지는 하나님께로 돌아설 수 없고 하나님 안에서 어떤 진보도 할 수 없다…자유의지가 존재하는 이유는 우리가 지혜로운 깨달음을 갖도록 하기 위함이다…이해력이 있고 지혜롭기를 우리에게 요구하는 이 교훈과 명령은 또한 우리의 순종을 요구한다. 그리고 우리는 자유의지 없이는 순종할 수 없다. 그러나 우리가 만일 하나님 은총의 도움 없이 자유의지로 이해할 수 있고 지혜로우라는 교훈을 우리 힘으로 순종할 수 있다면, "내게 깨달음을 주셔서 당신의 계명을 배우도록 하소서"라고 하나님께 기도할 필요가 없을 것이다.[20]

선한 사람은 자신의 선한 의지의 공로에 따라 보상을 받을 것이 분명하지만, 그들은 이 선한 의지를 하나님의 은총을 통하여 받은 것이다.[21]

선한 행위를 하나님의 은총 없이 자유의지 때문이라고 간주할 정도로 자유의지를 지지하지 마시오. 또한 은총 때문에 당신이 악한 행위를 사랑하는 것으로부터 안전할 수 있기라도 한 것처럼(하나님 은총 자체가 당신에게서 이것을 막을 수 있다) 은총을 강조하여 주장하지 마시오.[22]

2) 어거스틴의 작품

어거스틴은 두 편지와 함께 하드루메툼의 상황에 반응하여 쓴 논문 『은총

---

19) *Ep.* 214, 4.
20) *Ep.* 214, 7.
21) *Ep.* 215, 1.
22) *Ep.* 215, 8.

과 자유의지에 관하여』를 보냈는데, 그는 수도사들이 이것을 열심히 읽고 바르게 이해한다면 수도사들의 오해는 없어지리라는 소망을 가졌다.[23]

(1) 은총과 자유의지에 관하여

『은총과 자유의지에 관하여』(*De gratia et libero arbitrio*)[24]라는 작품은 『보정록』에서 요약된 것처럼[25] 두 개의 극인 은총과 자유의지가 어떻게 함께 유지될 수 있는가에 대한 것이다.[26]

먼저 어거스틴은 자유의지가 있음을 논증한다. 무엇보다도 하나님께서 주신 계명이 자유의지의 존재를 증명한다고 보는데, "사람이 자유의지를 갖고 있지 않다면, 하나님의 계명 자체는 아무런 유익이 없기" 때문이다.[27] 그렇지만 '하나님의 도우심과 은혜'(adiutorium et gratia Dei)가 필요하다고 강조된다. 선한 생활, 즉 결혼하지 않은 정결의 삶은 인간의 자유의지에 근거하는 동시에 하나님의 선물이라는 것이다. 결국 금욕의 생활과 정욕에 대한 저항은 은총과 자유의지의 상호 존재와 협력 없이는 불가능한 것이요, 인간의 선한 의지의 수행은 하나님의 도움이라는 은총을 받지 않고는 불가능한 것이라고 강조된다.[28]

어거스틴은 계속하여 자유의지와 은총의 관계에 집중하는데, 은혜는 인

---

23) 어거스틴은 이 논문과 함께 다른 여러 문서도 보냈는데, 펠라기우스주의에 대한 교회의 반대를 나타내는 권위 있는 문서들이다. Cf. *Ep.* 215, 2.
24) PL 44, 883-912. 번역으로 차종순 역, 『어거스틴의 은총론』 제4권, 221-291이 있다.
25) *Retractationes* 2, 66 (PL 32, 656): "내가 '은총과 자유의지에 관하여'란 책을 쓴 이유는 하나님의 은총을 지지하면 자유의지는 부인된다고 생각함으로 자유의지를 의지하면서, 하나님의 은총은 우리의 공로에 따라 주어진다고 확언함으로 하나님의 은총을 부인하는 자들 때문이다."
26) Cf. Donato Ogliari, *Gratia et Certamen. The Relationship between Grace and Free Will in the Discussion of Augustine with the so-called Semipelagians* (Leuven: Leuven Uni. Press, 2003), 57-59.
27) *De gratia et libero arbitrio* 2-4.
28) *De gratia et libero arbitrio* 6-9. "따라서 죄를 이기는 승리는 다름이 아니라 하나님, 곧 이 싸움에서 자유의지를 도우시는 분의 선물이다"(8); "그러므로 모든 이들은, 자신의 정욕과 싸울 때 유혹에 빠지지 않도록 기도해야 한다…그러나 선한 의지로 악한 정욕을 정복하며 그는 시험에 빠지지 않는다. 그러나 만약 유혹에 빠지지 않게 해달라고 기도하는 자에게 주님으로부터 승리가 주어지지 않는다면, 인간의 자유의지로는 충분치 못하다"(9).

간의 자유의지를 잃어버리도록 주어진 것이 아님을 강조한다. 고린도전서 15:10의 '나와 함께하신 하나님의 은혜'에 근거해 하나님의 은혜와 인간의 자유의지가 모두 존재함을 말하는 동시에, 사람의 의지는 하나님의 은총 없이는 어떤 선한 행위도 할 수 없다고 강조한다.

> (선한 행위를 한 것은) 내 자신이 홀로 한 것이 아니라 나와 함께하신 하나님의 은혜라는 것이다. 그리고 하나님의 은총만으로도 그 자신만으로도 아니고, 그와 함께하신 하나님의 은총만으로 말미암은 것이다. 그러나 하늘로부터의 부르심과 그 위대하고 가장 효과적인 부르심에 의한 그의 회심에 있어서는 하나님의 은총만이 홀로 있었는데, 왜냐하면 그의 공로는 위대할지라도 아직 악했기 때문이다.[29]

어거스틴은 자유의지가 은총을 통하여 행사하는 단계를 회심, 선행, 영생(보상)이라는 세 단계로 설명하는데, 이를 위해 바울을 예로 든다. 바울의 회심에 오직 하나님의 은총만이 있었던 것처럼,[30] 은총이 없이는 어느 누구도 하나님께로 향하지 못하는데, 바로 은총이란 하나님께로 향할 수 있는 능력을 주는 것이다. 여기서 중요한 것은, 하나님의 은총은 인간의 공로에 관계없이 주어진다는 사실이다. 은총은 '선이 없을 뿐만 아니라 앞서 행한 많은 악한 공로가 있을 때에' 주어지고, 하나님의 은총이 주어짐으로 인간은 비로소 선한 공로의 행위가 가능하고, 은총 자체가 물러나면 "인간은 넘어지고 자유의지로 일어나는 것이 아니라 떨어진다." 은총이 주어지면 공로는 쌓이는데, 하지만 이 공로들은 항상 은총의 결과이지 결코 원인은 아닌 것이다. 그러므로 은총은 의롭게 되기 위해서 뿐만 아니라, 선한 생활을 지속하기 위해서 필요한 것이다.[31]

그렇다면 인간의 공로는 무슨 의미가 있는가? 선한 싸움을 싸우고 믿음의

---

29) *De gratia et libero arbitrio* 12.
30) *De gratia et libero arbitrio* 12.
31) *De gratia et libero arbitrio* 13.

경주를 끝까지 하는 자는 의의 면류관을 기대할 수 있는데, 이것은 그의 공로이지만 이 모든 것이 하나님의 은총에 의해 가능한 것이라고 어거스틴은 말한다. 하나님께서는 사람의 행위에 상을 주시지만, 사실 이 행위를 가능하게 하는 분은 하나님 자신이라는 것이다.[32] 인간의 선행, 공로는 하나님의 은총이 작용한 결과, 즉 하나님의 선물이고, 이런 선행에 하나님께서는 영생이라는 은총으로 보답하시는데,[33] 그렇다면 "하나님께서는 당신의 공로 자체가 아니라, 하나님 선물로서의 당신의 공로에 면류관을 씌워주시는" 것이다.[34]

> 우리는 하나님으로부터 우리의 선행조차 받고, 하나님으로부터 우리의 믿음과 사랑이 오기 때문에…(사도 바울은) 영원한 생명 자체를 하나님의 은혜로운 선물이라고 여겼다.[35]

하나님께서 행위에 따라 각 사람에게 갚으신다는 로마서 2:6의 말씀은 어떻게 이해해야 하는가? 이것에서 선행이 부인되거나 가치 없는 것이 아니라는 사실은 분명하게 된다. 그러나 선행(공로)은 인간의 행위에 속할지라도 그 자체는 하나님의 은혜로 말미암아 가능하게 되고, 결국 "영원한 생명으로 보상받게 되는 우리의 선행들조차도 하나님께 속한다"라고 어거스틴은 강조한다. 즉 영생은 그것을 얻게 한 선행 자체가 하나님의 선물이기 때문에, 그것은 결국 값없이 주어지는 선물이 되는 것이다.

우리의 선한 삶이 바로 하나님의 은총이라면, 분명한 것은 선한 삶의 보상으로 주어지는 영원한 생명도 하나님의 은혜이다. 그러므로 영생 자체는 값없이(gratis) 주어지는데, 왜냐하면 주어지는 자에게 선행은 값없이 주어졌기 때문이다. 주어지는 자에게 선행은 오직 은혜이다. 하지만 선행에 주어지는 영생은 선행의 대가이기 때문에, 의에 대한 보상처럼 은혜 위에 은혜인

---

32) *De gratia et libero arbitrio* 14.
33) *De gratia et libero arbitrio* 15-20.
34) *De gratia et libero arbitrio* 15.
35) *De gratia et libero arbitrio* 18.

것이다(gratia est pro gratia).[36]

어거스틴에게 있어 영생은 선행에 대한 보상으로서 선행이라는 '은총에 상주시는 은총'(grace rewarding grace),[37] 어거스틴의 말로 하면 '은혜 위에 은혜'이다.

이 책의 후반부는 은혜의 본질에 대하여 다루고 있다. 먼저 은혜가 아닌 것을 설명하는데, 즉 펠라기우스주의자들이 은총으로 간주하는 율법과 인간의 본성은 결코 본질적인 은총이 아니라는 것이다.[38] 계속해서 어거스틴은 하나님의 은총이 선행(先行)하는 선한 의지에 따라 주어지는 것이 아니라, 은총은 믿음, 기도, 선한 의지를 앞선다고 강조한다.[39] 자유의지, 신앙, 기도 자체가 하나님의 선물이다. 하지만 어거스틴은 이 말을, 인간은 자유의지로써 아무 것도 할 수 없다고 생각하는 것, 즉 인간은 자신의 자유의지를 행사하여 협력할 수 없는 수동적인 존재로 여기는 것을 경계한다.[40] 다시 어거스틴은 은총과 자유의지의 관계를 설명하여 선을 원하는 갈망은 전적으로 은총의 작용이라고 언급한다.

> 우리가 원하기만 하면 계명을 지킨다는 것은 확실하다. 그러나 의지는 주님에 의해 준비되는 것이기 때문에, 원함으로 우리가 충분히 행할 수 있는 의지의 힘을 위해 주께 간구해야 한다. 우리가 원할 때 원하는 것은 분명 우리이지만, 선한 것을 원하게 하시는 분은 주님이시다.[41]

---

36) *De gratia et libero arbitrio* 20.
37) Weaver, *Divine Grace and Human Agency*, 19.
38) *De gratia et libero arbitrio* 22-26. 어거스틴은 펠라기우스주의의 은총론에 반대하여, 율법과 인간의 본성으로 하나님의 뜻과 계명을 깨달을 수 있지만 이것이 율법을 행하고 의를 획득할 수 있는 힘을 주지는 못한다고 주장한다. 결국 어거스틴에게 있어 은총이란 과거의 죄를 씻는 것에만 해당되는 것(펠라기우스주의자들의 주장)이 아니라, 현재의 유혹을 극복하고 미래의 죄를 피할 수 있도록 하는 것이다. "하나님의 율법을 아는 것, 본성, 죄 사함만이 우리 주 예수 그리스도를 통해 우리에게 주어지는 은총이 아니라, 이 은총은 율법의 완성을 수행하고 본성을 해방시키고 죄의 지배를 없앤다"(*De gratia et libero arbitrio* 27).
39) *De gratia et libero arbitrio* 28.
40) *De gratia et libero arbitrio* 31.
41) *De gratia et libero arbitrio* 32.

어거스틴에 따르면 하나님의 은총은 인간의 의지가 선을 향하도록 역사한 후, 이제 은총은 의지를 지탱하고 강하게 하면서 바라고 의지한 것을 성취하도록 의지와 협력하신다는 것이다.[42] 다시 말하면 "첫째로 외적으로 은총은 인간의 의지가 선을 원하도록 준비하게 작용한다. 그런 다음 내적으로 은총은 선한 의지에 작용하는데, 선한 의지를 확대시키고 선한 의지가 원하는 선한 행위를 할 수 있도록 한다."[43]

어거스틴은 이 작품에서 하나님의 은총과 인간 자유의지의 존재와 역할을 인정하는데, 선한 의지를 위해서는 은총이 필요하지만 그렇게 자유롭게 된 의지는 행사되어야 한다는 것이다. 인간의 자유의지를 바꾼 은총은 선을 지속하기 위해 의지의 협력을 필요로 한다. 은총과 인간의 의지가 선의 성취를 위해 필요하다. 어거스틴은 마지막으로 하드루메툼의 수도사들에게 자신의 은총론을 분명하게 정리하여 말한다. "여러분이 선한 결심으로 성장하고 마지막까지 간다면 여러분의 일이 결코 헛되지 않으리라고 확신하십시오. 왜냐하면 구원하시는 자들에게 행위에 따라 갚지 않으시는 하나님은 각 사람에게 행위대로 갚으시기 때문입니다. 하나님은 악을 악으로 갚으시는데, 이는 하나님은 의로우시기 때문이고, 악을 선으로 갚으시는 것은 그가 선한 분이기 때문이고, 선을 선으로 갚으시는 것은 그가 선하고 의로우시기 때문입니다."[44]

(2) 견책과 은총에 관하여

발렌티누스는 『은총과 자유의지에 관하여』를 받은 후, 수도원에서 전개된 논쟁과 감사의 내용을 담은 편지를 어거스틴에게 보냈는데,[45] 그에 따르면 수도원의 상황은 좋아진 것처럼 보인다. 하지만 어거스틴은 수도사 플로루스를 통해 새로운 문제가 수도원에 생겼음을 알게 된 것으로 추측된다.[46] 즉

---

42) *De gratia et libero arbitrio* 33.
43) Weaver, *Divine Grace and Human Agency*, 21.
44) *De gratia et libero arbitrio* 45.
45) *Ep.* 216 (PL 33, 974-978).
46) Cf. Weaver, *Divine Grace and Human Agency*, 23; Ogliari, *Gratia et Certamen*, 70.

일부 수도사들이 하나님의 뜻을 원하고 이룰 수 있는 능력은 하나님의 선물이고 선을 참고 행하는 것은 전적으로 은총에 의존한다고 생각했기 때문에, 하나님의 계명을 지키지 않는 것에 대해 견책하는 것은 부적절하고 다만 그를 위해 기도만을 해야 한다고 주장한 것이다.[47] 이런 새로운 국면에 직면하여 어거스틴은 『견책과 은총에 관하여』(De correptione et gratia)[48]라는 작품을 썼고, 이 작품은 은총과 자유의지에 대한 어거스틴의 신학을 이해하는 데 중요한 작품이 되었다.[49] 여기서 어거스틴은 주요한 수행자는 하나님이실지라도 인간의 수행에 여전히 역할이 있음을 보여 주고자 했다.

견책을 다루는 첫 부분에서 어거스틴은 견책이 계속 이루어져야 한다고 주장하는데, 은총을 간구하는 동시에 비난과 견책의 도구들을 사용한 바울의 예를 든다.[50] 견책은 하나님의 은혜가 도우시는 하나의 계기로 간주될 수 있는데, 회개를 위한 견책은 자신의 악이 자신의 잘못된 자유의지의 결과임을 깨닫게 해주기 때문이다.[51] 즉 선택된 자들 중에 회심하지 않은 자는 견책을 통하여 중생의 의지를 받거나, 이미 중생했지만 죄를 범한 자들은 악으로부터 돌이켜 선으로 향하게 된다는 것이다.[52] 그러나 이것은 하나님이 개입하시는 경우에만 가능한 것으로서 은총역사의 한 흔적으로 간주될 수 있다. 그러나 이런 형태로 은총이 누구나에게 작용한다고 할지라도, 이 사람이 은총을 영속적으로 갖고 있다는 말은 아니다. 여기에는 지속(견인)의 은총(donum perseverantiae)이 필요하다. 선을 끝까지 지속하는 것은 하나님의 선물이다.[53] 끝까지 지속하지 못하는 자는 자신의 잘못으로 말미암아 나쁜 삶에 빠지게 된 것이다. 하나님은 누구에게 아무것도, 즉 은총이나 지속의 은총을 빚지시

---

47) Cf. *Retractationes* 2, 67.
48) PL 44, 916-946; 차종순 역, 『어거스틴의 은총론』 제4권, 299-363.
49) 이것은 인간의 원상태, 은혜, 예정론에 대한 어거스틴 후기의 성숙한 작품이다. 어거스틴은 후의 작품 『견인의 은총에 관하여』에서, 이 작품 이전까지는 그렇게 분명하게 지속케 하는 은총 개념을 전개하지 못했다고 말한다. Cf. *De dono perseverantiae* 55.
50) *De correptione et gratia* 2.
51) *De correptione et gratia* 7.
52) *De correptione et gratia* 9.
53) *De correptione et gratia* 10.

지 않았다. 사람은 이것을 아담 안에서, 원죄 가운데서, 스스로 유죄가 된 타락 안에서 잃어버렸다. 그럼으로써 인간은 타락의 무리가 되었다.[54] 지속의 문제는 결국 예정과 연결된다. 하나님께서는 '자신의 의지에 따라', 즉 세상 창조 전 영원부터 타락의 무리로부터 일부를 부르셨을 뿐만 아니라 구원을 위해 미리 결정하시고 선택하셨다. 이들만이 예정된 자들이고 선택된 자들이다. 하지만 하나님의 결정은 설명할 수 없다(롬 11:33). 즉 우리는 하나님에 의해 정해진 선택받은 자의 수를 알지 못한다.[55] 그렇기 때문에 비난과 훈계는 계속 사랑으로 행해져야 한다고 어거스틴은 말한다. 견책은 선택받은 자들에게는 자비의 도구로 작용하나, 선택받지 않은 자들에게는 의의 도구로서 처벌로만 작용한다.[56] 다시 말하면 견책이 정당한 경우에는 그것을 통하여 은총이 역사할 수 있고, 견책이 정당하지 않은 경우 견책받는 자는 (그에게는 숨겨져 있는) 선택된 자의 수에 포함되지 않기 때문에 견책은 그에게 심판이 된다.[57]

두 번째 부분에서 어거스틴은 아담마저도 견인의 은총을 갖지 못했다는 이의에 대해 인간의 원상태와 현상태를 비교한다. 아담은 자신의 힘으로, 자유의지로 원래의 의로움에 머무를 수 있었고 지속할 수 있었다. 즉 아담은 큰 은총을 받았고 축복을 누렸는데, 만약 자신의 자유의지로써 이 상태를 지속하고자 했다면 그는 충만한 축복에 도달했을 것이라고 어거스틴은 주장한다.[58] 여기서 어거스틴은 인간 원상태의 은총이 그리스도의 구속의 은총과 다름을 강조한다. 아담에게 은총은 '원하기만 하면 의를 가질 수 있도록' 하는 것이고, 그리스도의 은총은 그보다 더 강력한데, 성령의 의지로써 탐욕스러운 육체의 소욕을 이기도록 하기 때문이다.[59] 어거스틴은 개념을 구별함으

---

54) *De correptione et gratia* 12.
55) *De correptione et gratia* 13-24.
56) *De correptione et gratia* 25. - 선택받지 않은 자들이 바르게 응답하는 데 실패함을 통하여 죄책을 증가시키며 마지막 처벌을 정당화한다. Cf. *De correptione et gratia* 11/42-43.
57) *De correptione et gratia* 25. 즉 견책받은 자는 견책을 통하여, 자신을 기다리고 있는 최종적인 심판에 대해 미리 적거나마 맛보게 된다는 것이다.
58) *De correptione et gratia* 27-28.
59) *De correptione et gratia* 31.

로 이런 차이를 분명하게 하는데, 먼저 죄지을 가능성 측면에서이다.

> 첫 번째 사람은 죄를 짓지 않을 수 있었고, 죽지 않을 수도, 선을 버리지 않을 수도 있었다…그러므로 의지의 첫 번째 자유는 죄를 짓지 않을 수 있는 것이고(posse non peccare), 마지막 의지[두 번째 아담의 의지]는 보다 위대한 것으로 죄를 지을 수 없는 의지이다(non posse peccare). 첫 번째의 불멸은 죽지 않을 수 있는 것이고(posse non mori), 마지막 것은 더 위대하여 죽을 수 없는 것이다(non posse mori). 첫 번째는 선을 버리지 않을 수 있는 지속의 능력이고, 마지막 것은 선을 버릴 수 없는 지속의 더할 수 없는 축복이다.[60]

다음으로 아담에게 주어진 은총의 도움과 구속받은 자에게 주어지는 은총의 도움에 차이가 있다. 아담에게 주어진 도움은 '그것이 없이는 어떤 것도 일어날 수 없는 도움'이고, 구속된 사람을 위한 은총의 도움은 '그것이 주어진 목적이 이루어지도록 하는 도움'이다.[61] 예정된 신앙인은 아담의 타락으로 인한 인간의 연약함을 항상 유효하게 도우시는 큰 은혜를 받고, 마지막 견인의 은총과 영생의 축복을 받았다. 그러므로 인간은 하나님 앞에서 자랑할 것이 하나도 없으며 "자랑하는 자는 주 안에서 자랑해야 한다"(고전 1:31).[62]

하나님은 인간의 약해진 의지를 도우시기 위해 오시고, 이 하나님의 은혜는 인간의 의지를 '변함없고 떨어지지 않게'[63] 지속하도록 이끈다.

> 하나님께서는 성도들이 (선 자체를 지속한 것에 대해서조차) 자신의 힘을 자랑하는 것이 아니라, 하나님을 자랑하는 것을 원하셨다. 하나님께서는 그들에게 첫 사람에게 주셨던 도움을 주셨을 뿐만 아니라(이 도움이 없다면 그들이 원한다고 해도 지속할 수 없다), 그들 안에서 의지를 일으키셨다. 그들이

---

60) *De correptione et gratia* 33.
61) *De correptione et gratia* 34. 이 차이를 설명하기 위해 예를 드는데, 즉 사람은 음식 없이는 살 수 없으나(여기서 음식은 아담의 은총을 의미) 음식은 살고자 하는 의지 없이는 아무 소용도 없다는 것이다.
62) *De correptione et gratia* 37.
63) "indeclinabiliter et insuperabiliter[inseperabiliter]."

할 수 없거나 하고자 하지 않는다면 그들은 지속할 수 없기 때문에, 지속할 수 있는 능력과 의지가 하나님 은혜의 관대함에 의해 그들에게 주어져야 한다. 성령에 의해 그들의 의지는 불붙여져 그들은 그렇게 원하기 때문에 할 수 있게 된다. 하나님께서 그들 안에서 의지를 일으키시기 때문에 그들은 그렇게 원한다… 그러므로 인간의지의 연약함은 도움을 받아 하나님 은총에 의해 불변하게, 그리고 정복될 수 없게 영향을 받는다. 그래서 의지는 비록 약하지만 넘어지지 않을 수 있고 어떤 다른 불운에 정복당하지 않을 수 있다. 그래서 인간의 의지는 아직 작은 선에도 약하고 무능할지라도 하나님의 힘으로 지속할 수 있다.[64]

그러나 이러한 견인의 은총은 예정된 자들을 위한 것이요, 이 예정된 자들의 수는 정해져 있다. 하지만 불손함과 교만을 막기 위해 이 수는 알려져 있지 않았고 어느 누구도 자신이 이 수에 속하는지 확신할 수 없다.[65] 하나님에 의해 구원으로 선택된 자들은 하나님의 자비의 대상으로서 하나님의 자비 덕택으로 영생의 선물을 받는다. 그들의 선한 행위 자체는 선택된 자의 삶에서 항상 역사하는 하나님의 은총의 결과인 것이다. 그러므로 영생의 보상은 '은혜 위에 은혜'(요 1:16)로 간주될 수 있는데, 이는 하나님의 은총 자체가 신앙인들에게 부여한 공로에 따라 그들에게 주어진 것이기 때문이다. 선택받은 자의 수에 포함되지 않은 자들은 상태나 행동에 따라 하나님에 의해 공정하게 심판받을 것이다.[66]

---

64) *De correptione et gratia* 38.
65) *De correptione et gratia* 39-40.
66) *De correptione et gratia* 41-42. "하나님의 은총이 하나님의 나라로 이끈 이런 예정된 자들의 수에 속하지 않은 자들(이들이 의지의 자유선택을 가지지 못했거나, 은총으로 말미암아 자유로워졌기 때문에 의지의 선택으로 자유로이 했든지), 가장 확실하고 축복받은 자의 수에 속하지 않은 자들은 그들의 공적에 따라 가장 의롭게 심판을 받은 것이다. 왜냐하면 그들은 원래의 출생에 의해 상속된 죄 아래 있고 중생으로 제거되지 않은 상속된 빚으로 시작하거나, 자유의지로 다른 죄들을 첨가시켰기 때문이다. 그들의 의지는 자유하지만 자유롭게 되지 못했다. 의로부터 자유하나 죄의 노예가 됨으로 말미암아, 그들은 각양 해로운 정욕, 즉 때로는 큰 악이요 때로는 적은 악에 해당하는 모두 악한 것에 의해 이리저리로 떠밀려 다니게 되었다. 그들은 그런 다양한 악에 따라 다양한 처벌을 받아야 한다. 또는 그들이 하나님의 은혜를 받으나, 그것은 단지 일순간이며 지속하지 못한다. 그들은 스스로 저버리고 버림을 받는다. 왜냐하면 그들은 견인의 선물을 받지 못했기 때문에 자유의지로써, 하나님의 의롭고

어거스틴은 다시 견책의 문제를 거론한다. 견책과 은총은 서로 대립되는 것이 아니라는 것이다.

> 사람이 죄를 지으면 비난받아야 하고, 은총에 거슬리는 견책이나 견책에 거슬리는 은총에 대한 결론이 도출되어져서는 안 된다. 왜냐하면 죄에 대한 의로운 처벌이 합당할 뿐만 아니라, 비록 병든 사람의 구원이 불확실할지라도 의로운 비난이 치료하는 것으로 적용된다면, 의로운 견책도 의로운 처벌에 속한다. 그래서 견책을 받는 사람이 예정된 자의 수에 속한다면, 견책은 그에게는 건전한 치료약이 될 수 있다. 그리고 그가 그 수에 속하지 않았다면, 견책은 그에게 처벌이 될 수 있다.[67]

어거스틴은 견책의 필요성을 강조하지만, 견책을 통한 사람의 회심은 견책 자체에 의존하는 것이 아니라 하나님께서 원하시는 자들에게 회심의 은총을 부여하신 자비에만 의존한다는 사실이 중요하다. 결론적으로 말해 하나님의 은총과 인간의 견책은 다 필요하고 긍정적인 긴장관계 속에서 유지되어야 하는데, 이것을 알고 인정하는 표현이 바로 기도이다. 은총은 견책을 금지하지 않고, 견책은 은총의 필요성을 없애지 않는다.[68]

3. 절충적 펠라기우스주의의 시작(2): 갈리아에서

하나님의 은총과 인간의 자유의지의 관계에 대한 어거스틴의 작품『견책과 은총에 관하여』 이후 하드루메툼의 수도원에서의 반응에 대해서는 전해지지 않는다. 그들이 의심한 문제가 해결된 것처럼 보인다. 하지만 얼마 후 갈리아 남부에서 이 작품은 새로운 갈등을 일으키게 되었다. 이들은 소위 '절

비밀스러운 심판에 의해 버림을 받는다"(42).
67) *De correptione et gratia* 43.
68) *De correptione et gratia* 49.

충적 펠라기우스주의'인데,[69] 이것에 관해 프라스퍼와 힐라리우스가 어거스틴에게 보낸 두 편지와 어거스틴의 작품을 살펴보자.

1) 프라스퍼와 힐라리우스의 편지

갈리아 남부지역(특히 마르세유[Marseille])에서는 빈센츠(Vinzenz von Lérins)와 카시안(Johannes Cassian)과 같은 신학자들의 영향하에서 어거스틴의 가르침에 문제가 있음을 주장하는 무리들이 있었다. 우리는 이런 반대를 프라스퍼(Prosper)와 힐라리우스(Hilarius)의 편지로 알 수 있다.[70] 소위 절충적 펠라기우스주의의 가르침은 구원에 필요하고 영향을 주는 것은 선행이 아니라 은총임을 말하나, 선한 삶을 영위하는 모든 세례자들은 은총을 근거로 하여 구원에 대한 정당한 소망을 갖는다고 주장했다. 즉 그들은 선택이 하나님의 자의적인 행위이고 단지 소수만이 선택되고 구원을 바라보고 압도적인 다수는 영원한 저주로 벌 받게 된다는 사실을 받아들일 근거가 없다고 보았던 것이다.[71]

어거스틴의 가르침에 반대한 중심문제는 먼저 은혜의 논리, 즉 값없이 이루어지는 예정이다. 어거스틴의 반대자들은 구원의 시작, 선한 의지의 출발점은 인간에게 있다고 보았다.

많은 이들이 새 생명을 얻지 못하는 이유는, 하나님께서 그들이 그것을 받고자

---

69) 절충적 펠라기우스주의가 갈리아에 존재하고 있음을 가장 먼저 알린 것은, 약 427년경 프라스퍼가 루핀에게 보낸 편지이다(PL 51, 77-90). 이 편지에 대해서는 다음 참조. Clemens M. Kasper, "Der Beitrag der Mönche zur Entwicklung des Gnadenstreites in Südgallien, dargestellt an der Korrespondenz des Augustinus, Prosper und Hilarius", in A. Zumkeller ed., *Signum Pietatis. Festgabe für Cornelius Petrus Mayer osa zum 60. Geburtstag* (Würzburg: Augustinus-Verlag, 1989), 153-182(156-166).
70) *Ep.* 225/226 (PL 33, 1001-1007/ 1007-1012). 이 편지에 관해서는 다음 참조. Ogliari, *Gratia et Certamen*, 93-106; Kasper, "Der Beitrag der Mönche zur Entwicklung des Gnadenstreites in Südgallien", 166-180.
71) J. Lössl, "De praedestinatione sanctorum et de dono perseverantiae", in *Augustin Handbuch*, 344-347(344).

하지 않을 것이라는 것을 예지하셨기 때문이다. 그러므로 하나님과 관련되는 한, 영생은 모든 이들을 위해 준비된 것이다. 그러나 의지의 자유와 관련되는 한, 영생은 하나님을 믿는 자들이 자신의 선택으로, 그리고 그들의 믿음에 대한 상급으로서 은혜의 도움을 받는 자들이 얻게 된다…구원은 구원하시는 자가 아니라 구원받는 자에 의해 시작되는 것이고, 은혜가 인간 의지 자체를 경시하는 것이 아니라 인간의 의지는 스스로 하나님의 은혜의 도움을 획득하는 것임을 믿어야 한다.[72]

하나님께서는 은혜를 통해 모든 인간에게 자유의지와 이성적인 본성을 주셔서 모든 인간이 선과 악을 알 수 있고 택할 수 있다는 것이다. 책임은 인간에게 놓여 있고 거부하는 자는 변명의 여지가 없게 된다.[73]

이들은 두 번째로 하나님의 구원의지가 보편적인 것으로(딤전 2:4) 모든 인간에게 관련되는 것이지, 선택된 자들에게만 한정되는 것이 아니라고 주장하며,[74] 어거스틴의 예정론은 절망과 운명론에 빠지게 한다고 보았다. 하나님의 결정에 따라 천한 그릇과 귀한 그릇으로 결정되었다는 것은, 운명론으로 이끌어 죄인들에게 구원받을 희망을 빼앗고 선택된 자들의 노력을 불필요한 것으로 만든다는 것이다. 그래서 '기도로 얻어질 수 없고, 강퍅함으로도 잃을 수 없는' 견인, 신앙생활에서 인간의 노력을 부적절한 것으로 만드는 견인의 가르침을 거부하였다.[75] 여기서 그들은 자신들의 주장을 정당화하기 위해 교회전통에 기대며 어거스틴이 새로운 것을 가르쳤다고 주장한다. 즉 교회교부들과 일치하는 것은 어거스틴이 아니라 자신들이라는 것이다. 심지어 그 가르침은 어거스틴(그의 초기 작품)에게도 낯선 것이라고 주장했다.[76]

---

72) *Ep.* 225, 6.
73) *Ep.* 225, 3-4.
74) *Ep.* 225, 5.
75) *Ep.* 225, 3; 226, 4.
76) *Ep.* 225, 3; 226, 2/3.

2) 어거스틴의 작품

프라스퍼와 힐라리우스의 편지를 받은 어거스틴은 은총과 인간 본성의 상호작용을 더 분명하게 하고 방어하는 문제에 직면했다. 어거스틴의 가르침에 대한 반대는 은혜의 논리와 은혜에 대한 새로운 가르침이 주어졌다는 것이다.77) 이에 대해 어거스틴은 선한 의지의 시작이라는 문제와 값없이 주어지는 예정문제를 『성도들의 예정에 관하여』(De praedestinatione sanctorum)에서, 권고와 설교의 의미와 값없이 주어지는 견인의 은혜문제를 『견인의 은총에 관하여』(De dono perseverantiae)에서 다루었다.78)

(1) 성도들의 예정에 관하여

믿음의 시작(initium fidei)이 인간의 반응에 있다고 보는 견해에 대해 어거스틴은 믿음의 시작은 인간이 아니라 하나님께 있다고 주장한다. 그것을 인간의 반응으로 보게 되면, 공로가 되기 때문이다.79) 하나님께서는 '우리 마음속에서 놀라운 방식으로 역사하셔서' 믿음을 갖도록 하시는데,80) 결국 믿음의 시작이나 완성 모두 하나님의 선물인 것이다.81)

어거스틴은 은총에 대한 자신의 가르침이 어떻게 발전했는가를 설명하는데, 이것은 어거스틴의 은총론을 이해하는 데 중요하다. 그는 이전에 신앙이

---

77) Cf. Weaver, *Divine Grace and Human Agency*, 47-9.
78) PL 44, 959-992; 차종순 역, 『어거스틴의 은총론』 제4권, 367-438/ PL 45, 993-1034; 차종순 역, 『어거스틴의 은총론』 제4권, 441-529. 이 두 작품은 원래 『성도들의 예정에 관하여』라는 하나의 책이었다. 어거스틴은 이 두 작품을 한 책의 두 부분으로 쓴 것이다. Cf. Ogliari, *Gratia et Certamen*, 153 각주 294.
79) *De praedestinatione sanctorum* 3: "…우리는 이제, 믿음을 스스로 가지게 되나 믿음의 증가는 하나님으로부터 온다고 우리를 설득하려고 하는 자들에게 대답해야 한다. 그들은 믿음이 하나님에 의해 우리에게 주어진 것이 아니라, 우리로부터 시작된 믿음의 공로를 근거로 하여 단지 하나님에 의해서 증가된 것처럼 주장한다. 이것은 펠라기우스 자신이 팔레스타인 감독들의 재판에서 부득이하게 정죄했던 의견에서 벗어나지 않았다…만약 우리가 믿기 시작하는 것이 하나님으로부터가 아니라, 이 시작을 근거로 은총이 더해져 보다 완전한 믿음을 갖게 된다면, '하나님의 은총은 우리의 공로에 따라 주어지는 것이다'가 된다."
80) *De praedestinatione sanctorum* 4-6.
81) *De praedestinatione sanctorum* 16.

선행(先行)하는 은총에 의한 하나님의 선물이 아니라 인간행위에 의한 것이라고 생각했는데, 이것은 갈리아 남부에서 주장된 가르침과 동일한 것이었다. 다시 말하면, 선포된 복음에 동의하는 것은 '우리로부터' 온다고 본 것인데, 어거스틴은 이런 오류를 감독서임 전에 쓴 작품들에서 범했다고 회고한다.

> …나는 비슷한 오류에 빠졌는데, 즉 우리가 하나님을 믿는 신앙은 하나님의 선물이 아니라 우리 안에서 우리 자신으로부터 오는 것이고, 그 믿음으로써 하나님의 선물을 얻는데, 그것으로 말미암아 우리는 절제 있고 의롭고 경건하게 이 세상에서 살 수 있다고 생각했다. 나는 은총이 믿음보다 앞서 있어서 그 은혜에 의해서 우리가 구하여 유익한 것을 받는다고는 생각하지 않았고, 다만 진리의 선포가 앞서지 않는다면 우리는 믿을 수 없다고 생각했을 뿐이었다. 복음이 우리에게 선포되어질 때 우리가 동의하는 것은 우리의 행함이고, 우리 자신으로부터 우리에게 오는 것이라고 생각했다.[82]

어거스틴은 고린도전서 4:7에 대한 키프리안의 작품을 읽고 자신의 생각이 바뀌었음을 언급하며, 감독서임 직후에 쓴 『몇 가지 질문에 관하여 심플리키안에게 보내는 편지』에서 믿음과 믿고자 하는 의지는 인간 행위의 결과라는 생각을 버리게 되었다고 말한다.[83] 믿음, 믿고자 하는 의지는 순전히 하나님의 선물이고, 설명할 수 없는 하나님의 계획과 값없는 예정에 의존한다. 미래의 행위나 믿음에 대한 예지를 통해 하나님께서 택하셨다는 사상은 공로이지 값없이 주시는 은총이 될 수 없기 때문에 거절된다. 어거스틴에게 있어 믿

---

82) *De praedestinatione sanctorum* 7. - 어거스틴이 신앙을 하나님의 값없이 주시는 선물이 아니라 인간의 행위로 이해한 대표적인 작품은 『로마서에 관해 제기된 몇몇 질문들에 대한 강해』이다. Cf. Ogliari, *Gratia et Certamen*, 156-7 각주 303.

83) *De praedestinatione sanctorum* 8. - 어거스틴은 『심플리키안에게 다양한 질문에 관하여』(I, 2)에서 생각을 바꾸게 되었다고 『보정록』(2, 27)에서 언급한다(cf. Ogliari, *Gratia et Certamen*, 156 이하). 그런데 믿음과 믿고자 하는 의지를 인간 행위의 결과로서 본 것은 바르게 교정되었지만, 여전히 잘못 생각하고 있던 것이 있었다. 바로 롬 7장에 대한 해석인데, 7:14의 '육신에 속한 사람'을 율법 아래 있는 사람으로 간주한 것이다. 어거스틴이 롬 7장을 은혜 아래 있는 사람과 관련된 것으로 이해해야 한다고 확실하게 말한 것은, 펠라기우스주의와의 논쟁 결과였다고 볼 수 있다. Cf. *De nuptiis et concupiscentia* 30-36.

음의 시작도, 그리스도인 삶의 지속도, 구원도 하나님의 선물인 것이다. 어거스틴은 "너희가 믿으면 구원을 받으리라"라는 말씀을 통하여 믿음의 출처, 믿음의 시작에서 성장에 이르기까지 모두 하나님의 선물이라고 강조한다.

> "너희가 믿으면 구원을 얻으리라"는 말씀에서 믿음이 우리에게 요구되고 구원이 보상으로서 제시되고 있다고 할지라도, 믿음은 역시 하나님의 선물이다. 이것들[영으로써 믿음의 행실을 죽이면; 믿으면]은 모두 우리에게 명령되었고 하나님의 선물임이 밝혀졌기에, 우리가 그것을 행하고 하나님께서 우리가 그것을 하도록 하신다고 이해해야 할 것이기 때문이다…"내가 너희로 율례를 행하게 하리니"(겔 36:27)…하나님께서는 행해지도록 명령하시는 것들을 그들이 행하도록 하실 것이라고 약속하신다.[84]

어거스틴은 이렇게 믿음과 구원이 모두 하나님의 의지에 의존한다는 은총의 주권을 강조하면서도, 인간의 행위 측면을 결코 부인하지 않는다. 믿음은 인간의 본성에 속한 것인 동시에, 믿음의 소유는 하나님의 선택에 의해 은혜 받은 믿는 자에게 속한 것이다.[85] 믿음과 행함 모두 성령에 근거하나, 동시에 '우리의 것'이 되는데 왜냐하면 '우리의 의지로 일어나기' 때문이다.[86]

작품 후반부에서 어거스틴은 예정의 신비를, 세례받은 후 죽은 유아와 그리스도의 예를 통해 설명한다.[87] 두 경우 모두 공로는 아무 역할도 하지 않고 있는데, 세례받은 후 죽은 유아가 공적을 쌓을 만큼 충분히 살지 못했어도 구원을 받는 것은 자범죄를 짓지 않아서가 아니라 은혜에 기인한 세례 때문이

---

84) *De praedestinatione sanctorum* 22.
85) *De praedestinatione sanctorum* 10.
86) *De praedestinatione sanctorum* 7: "신앙과 선행은 의지의 선택을 근거로 하여 우리의 것이지만, 또한 둘 다 믿음과 사랑의 영에 의해 주어진다…믿고 의지하는 것은 우리이지만, 믿고 원하는 자들에게 성령을 통하여 (사랑이 우리 마음에 부어져) 선행을 행할 힘을 주시는 분이 하나님이시라는 것은 참으로 옳다. 그러나 동시에 둘 다 하나님의 것인데, 왜냐하면 하나님은 의지를 준비하시기 때문이다. 둘 다 또한 우리의 것인데, 왜냐하면 그것들은 우리의 선한 의지로만 일어나기 때문이다."
87) *De praedestinatione sanctorum* 23 이하.

고,[88] 예정과 은혜의 가장 현저한 예가 되는 그리스도의 구원 중재자 되심은 어떤 공로 때문이 아니라 오직 은혜에 의해 하나님의 예정에 근거한 것으로, 그리스도가 값없이 예정된 것처럼 그리스도인들도 아무 공로 없이 그리스도에 속한 자로 예정되어 있다.[89] 이 두 경우를 근거로 하여 어거스틴은 값없이 이루어지는 예정의 필요성을 설명하고자 한 것이다. 실제적인 공로나 예지된 공로가 이 경우들에 적용될 수 없듯이 모든 경우에도 적용될 수 없음을 어거스틴은 주장한다.

어거스틴은 계속하여 예정을 공로사상으로부터 지켜 내려고 한다. 신적인 행동에 대한 신적인 예지에만 의존하여 선택은 (하나님께서 예정하신 것을 성취하시는) 신적인 부르심에 의해 개인의 삶에서 이루어진다. 그렇게 부르심을 받은 자는 반드시 의롭게 되고 영화된다. 하나님께서는 의롭게 하시려고 사람을 택하셨고, 그 사람은 믿게 되고 의롭게 된다는 것이다. 그래서 선택의 근거는 전적으로 하나님께 놓여 있고, 인간에게는 전혀 있지 않다.[90] 선택의 근거가 전적으로 하나님께 있다하더라도 또한 기억해야 할 중요한 사실은, 어거스틴에게 있어 사람은 실제로 의롭게 되고 선을 원하고 행하게 된다는 것이다. 이것은 공로와 보상을 말하는 것으로 참된 인간의 의지와 행동이 있고, 이에 대해 하나님은 호의를 가지고 반응하신다는 것이다. 문제는 인간의 의지와 행동이 인간 행위자에 의해서가 아니라, 하나님에 의해 형성되고 조

---

88) 어거스틴에 따르면, 유아가 죽기 전에 세례를 받고 구원을 받은 것은 그에게 은혜가 있었기 때문이고, 반대로 세례를 받지 않고 죽은 유아는 구원받지 못하는데, 이것은 원죄 때문이라는 것이다. 그러나 어거스틴의 적대자들(예를 들어 갈리아의 수도사들)은 구원을 받거나 받지 못함은 세례 때문이 아니라 '살았다면 행했을 일에 대한 하나님의 예지'에 따른 것으로, 세례 전에 죽은 유아가 구원을 받지 못하는 이유는 '살았다면 행했을 악', 즉 '미래의 악한 공로'(futura merita mala) 때문이라고 주장했다. 이를 반박하기 위해 어거스틴은 고후 5:10과 지혜 4:11(그리고 이 구절에 대한 키프리안의 해석)을 인용한다. 그러면서 어거스틴은 하나님의 은혜가 인간의 공로에 따라 주어지는 것이 아니라는 사실과, 구원을 주는 것은 예지가 아니라 은총임을 다시 한 번 강조한다. Cf. *De praedestinatione sanctorum* 24-29.

89) *De praedestinatione sanctorum* 30-31.

90) *De praedestinatione sanctorum* 32-36. - 어거스틴의 논증은 엡 1:3과 요 15:16과 같은 성경구절을 반영하고 있다.

절되고 인도되는 인간 행위자에 의해서 이루어진다는 데 있다.[91]

어거스틴 입장의 냉정한 논리는 믿음의 시작에 대한 가능성을 인간 능력 안에서는 전혀 허락하지 않는다는 것이다. 그것은 하나님의 선물이어야 한다. 인간이 먼저 믿을 수 있는 가능성은 전혀 없다. 마지막 부분에서 어거스틴은 성서를 인용하면서, 인간의 예정은 인간의 행위에 대한 하나님의 예지를 근거로 했다는 절충적 펠라기우스주의를 분명히 거절하며 하나님은 은총을 통해 부르시고 선택하셔서 믿고 구원받도록 하신다는 사실을 강조한다.[92] 결국 이 작품에서 어거스틴의 주요 과제는 절충적 펠라기우스주의에 반대하여 하나님의 은총 없이는 어느 누구도 믿음과 구원의 경륜에 참여할 수 없다는 것을 증명하는 것인데, 은총은 신앙의 근거가 되고 신앙은 처음부터 끝까지 각각의 단계에서 은총에 의해 생기고 유지된다. 신앙의 기초가 되는 은총은 인간의 공로에 전혀 의존하지 않는데, 왜냐하면 은총 자체를 통하지 않고는 인간은 공로를 얻을 수 없기 때문이다.[93]

(2) 견인의 은총에 관하여

어거스틴은 예정론으로 구성된 은총론을 이 작품에서 견인과 관련시킨다. 신앙 안에서 끝까지 지속하는 것이 은총의 선물임을 강조하고자 하였다. 『성도들의 예정에 관하여』와 함께 이 작품은 은총에 관한 어거스틴의 가르침에 대한 보증으로서 전통에 호소하고 있다. 그리고 『견책과 은총에 관하여』에서 견책이 은총의 논리에 대한 어거스틴의 해석에서 나타난 문제이었듯이, 이 작품에서도 권고와 설교가 문제였다.

---

91) Cf. Weaver, *Divine Grace and Human Agency*, 58.
92) *De praedestinatione sanctorum* 37-42. 신적인 부르심은 신앙 및 신앙의 시작과 관련하여 항상 인간의 행위를 앞선다. 어거스틴은 신앙의 시작에 관한 문제를 언급하는 다양한 성서구절을 통하여 증명한다. 예를 들어 에베소인(엡 1:13-16)과 데살로니가인(살전 2:13)들에게 복음의 설교를 통해 주어진 믿음의 선물에 대해 바울이 감사하는 것은, 사도가 그의 설교의 결과, 즉 새로 회심한 자의 믿음을 하나님의 선물이라고 생각했다는 분명한 표시이다. 바울의 설교에 의해 회심한 자주 장사 루디아(행 16:14)는 신앙의 시작이 하나님의 선물이라는 것에 대한 분명한 증거이다.
93) Cf. Ogliari, *Gratia et Certamen*, 168.

이 작품은 견인의 개념을 분명하게 정의하는 것으로 시작하는데, 견인이란 하나님의 선물로서 이를 가진 자는 이것을 통하여 그리스도 안에서 이생 마지막까지 인내하게 된다는 것이다.[94] 우리는 주기도문에서 날마다 견인을 간구하는데, 키프리안처럼 어거스틴도 이 간구는 우리가 은혜에 의존하고 우리의 힘과 의지와 자유로는 믿음에 굳게 설 수 없는 우리의 무능함을 증명한다고 주장한다.[95] 만일 믿음이 공로에 의존한다면 누구도 믿음을 갖지 못하고 모든 인간은 저주를 받을 것이다. 그러나 하나님께서는 자비로우시기 때문에 믿음을 선물하신다.[96] 하나님의 은혜가 전적으로 값없이 주어지는 것은 세례받고 죽은 유아의 경우와 하나님의 의지(인간의 생각과 마음을 주관한)의 결과 평생 견인된 어른의 경우에서 명백하다. 하나님의 자녀가 되는 것, 끝까지 지속하는 것 모두 하나님의 능력 아래에 있다.[97]

어거스틴은 결국 선택을 받거나 받지 못하는 차이, 지속하거나 지속하지 못하는 구분은 하나님의 예정에서 기인함을 주장하는데, 마지막까지의 견인의 선물은 하나님의 계획에 따라 부르심을 받은 자들, 즉 예정된 자들에게 주어진다는 것이다.[98] 그러나 하나님의 결정은 설명할 수 없다. 하나님의 은총, 견인의 은총은 결국 인간의 공로에 따라 부여되는 것이 아니라, 설명할 수 없는 하나님의 결정에 따른 것이다. 어느 누구도 살아 있는 동안에는 이 은혜를 가지고 있다고 자만해서는 안 된다.

…사람의 믿음을 시작하게 할 뿐만 아니라 끝가지 지속하게 하는 하나님의

---

94) *De dono perseverantiae* 1/10.
95) *De dono perseverantiae* 4-15.
96) *De dono perseverantiae* 16.
97) *De dono perseverantiae* 17-20. "그러므로 사람이 하나님의 자녀가 되는 힘을 얻게 되는 것은, 인간의 힘에 있는 것이 아니라 하나님의 힘에 놓여 있다. 그들은 사람 마음에 경건한 생각을 주시는 하나님으로부터 이 힘을 받으며 이를 통해 사랑으로 역사하는 믿음을 갖는다. 그 유익함을 받고 보전하기 위해서, 그리고 끝까지 그것을 지속하여 수행하기 위해서 우리는 어떤 것도 우리 자신으로부터 온다고 생각할 만큼 충분치 못하고, 오히려 우리의 충분함은 하나님께로부터 오는 바, 하나님의 능력 안에 우리의 마음과 생각이 있는 것이다"(20).
98) *De dono perseverantiae* 21.

은총은, 우리의 공로에 따라 주어지는 것이 아니라 하나님의 가장 비밀스럽고, 동시에 가장 의롭고 지혜롭고 인정 많은 의지에 따라 주어지는 것이다. 하나님께서 정하신 자들을 또한 부르시는데, 이 부르심은 "하나님의 은사와 부르심에는 후회하심이 없느니라"고 말씀하신 바와 같다. 어느 누구도 이 세상을 떠나기 전까지는 이 부르심에 속했다고 확신 있게 말할 수 없다…(빌 2:12-13). 그러므로 우리가 원하나, 하나님께서 또한 우리 안에서 원하도록 역사하신다. 그러므로 우리가 일하지만 하나님께서 우리 안에서 역사하셔서 하나님의 선하신 뜻을 위해 행하도록 하신다…경건의 길과 참된 하나님 예배에 관련하여서, 우리는 모든 것이 우리 자신으로부터 온 것이라 생각하는 것은 충분치 못하고, 오히려 우리의 충분함은 하나님께로부터 온다. 왜냐하면 우리의 마음과 생각은 우리 자신의 힘 안에 있는 것이 아니기 때문이다.[99]

작품 전반부에서 마지막 견인의 문제가 다루어지고, 후반부에서는 예정의 문제가 다루어지는데, 예정론 가르침이 사람들을 절망으로 채우고 설교나 권고를 불필요한 것으로 만든다고 주장하는 사람들에게 답한다. 어거스틴에게 있어 예정의 의미는 '예정, 설교, 권고, 견책'과 결코 모순되지 않는다. 이것은 성서와 교회전통에서 발견된다고 어거스틴은 강조한다.[100] 그는 바울의 가르침, 두로와 시돈에 관한 예수님 말씀, 키프리안, 암브로시우스, 그레고리(Gregor von Nazianz)의 가르침을 언급하는데, 이들 모두 예정, 선물로서의 믿음, 하나님이 의지를 준비하심에 대해 가르치는 동시에 믿고 기도하고 순종하라고 명령했음을 말한다.[101]

만약 견인이 하나님의 선물이고 그것을 위해 기도해야 한다면, 순종하여 들을 수 있는 사람들에게 기도하라고 권면하지 않는 것은 그들을 자만하게 할 위험이 있다.[102] '들을 귀'(눅 8:8)가 주어진 자들의 유익을 위해 설교하고 권고하여, 그들이 자신의 상황과 하나님께 완전히 의존되어 있음을 깨달

---

99) *De dono perseverantiae* 33.
100) *De dono perseverantiae* 34.
101) *De dono perseverantiae* 34-36/48-49.
102) *De dono perseverantiae* 39.

고 그에 맞게 살도록 해야 한다. '들을 귀'를 가진 자들은 그 설교에 의해 해를 받을 수 없는데, 이는 '들을 귀'의 선물은 '순종의 선물'과 동일하기 때문이다. 그들이 들을 수 있다면 순종할 것이고, 순종하기 위해 그들은 순종의 요구를 들어야 한다. 예정은 설교되어져, 어느 누구도 자신이 아니라 하나님께 영광을 돌리게 될 것이다.[103] 여기서 설교의 행위와 믿음의 형성에는 직접적인 관계가 있지 않고, 설교가 믿음을 불러일으키기 위해서는 하나님의 선물, 즉 듣는 귀가 주어지는 것이 중요하다. 분명 설교의 효과는 전적으로 하나님께만 의존하지만, 인간의 행위, 설교도 구원과정의 도구로서 부인할 수 없는 중요성을 지닌다고 볼 수 있다.[104]

---

103) *De dono perseverantiae* 37/51.
104) Cf. Weaver, *Divine Grace and Human Agency*, 66-7. 하나님의 행동이 있을 때 설교는 믿음을 불러일으킨다. 그러나 인간 행위는 중요한 의미를 지닌다. 선택된 자들이 죄를 지을 수 있기 때문에, 설교는 그들로 하여금 죄를 상기시키고 계속되는 순종의 삶을 살도록 격려하는 효과를 가지고 있다. 설교는 외적인 수단이지만, '들을 귀'라는 내적인 선물을 받은 사람들에게 전해지면 의지를 생성시키며 선을 지속하는 행동들을 촉구한다.

부록

어거스틴, 펠라기우스주의, 절충적 펠라기우스주의 구원론 비교[1]

1. 인간의 원상태

1) 어거스틴

첫 인간은 지적인, 도덕적인, 물리적인 관점에서 전적으로 오류가 없고 죄가 없는 본성을 갖고 있었다. 아담은 최고로 합리적이고 이성적인 본성을 가졌는데, 바로 하나님의 형상이다. 그는 의지의 자유를 갖고 있어서, 죄를 지을 수도, 짓지 않을 수도 있었다. 하나님의 명령을 성취하는 것이 그에게 쉬웠을지라도, 그는 선을 참고 견디기 위해서는 하나님 은혜의 도움을 필요로 했다. 이성적인 영혼은 아담에게서 감각적인 것을 완전히 지배했고, 둘 사이에는 다툼이 없었다. 즉 육은 영에 순응했고 성욕은 의지를 결코 거스르지 않았다. 만약 아담이 선을 참고 견디었다면, 그는 의지의 완전성을 얻었을 것이며 거룩한 상태, 즉 죄를 짓는 것이 불가능한 상태에 이르렀을 것이다. 인간

---

[1] 출처: Gustav Friedrich Wiggers, *Versuch einer pragmatischen Darstellung des Augustinismus und Pelagianismus nach ihrer geschichtlichen Entwicklung* (Perthes, 1833), 359-364.

의 육체는 어떠한 병이나 죽음에 거의 지배되지 않았고, 낙원은 그에게 가장 순전하고 완전한 행복의 거주지였다.

2) 펠라기우스주의

타락 이전 첫 인간의 상태는 현재의 상태와 다를 바가 없다. 첫 인간은 인식, 지성, 그리고 죄짓거나 죄짓지 않을 수 있는 의지의 자유를 갖고 있었다. 그러나 그의 육체는 현재처럼 병과 죽음에 종속되어 있었다. 첫 인간의 최초 상태가 후손들보다 뛰어난 점은, 죄를 모방하도록 하는 예들이 단지 아직 주어지지 않았고, 아담도 성인으로서 이성과 자유를 완전히 사용할 수 있도록 창조되었다는 것이다.

3) 절충적 펠라기우스주의

타락 이전의 인간 상태는 물리적, 지적, 도덕적인 관점에서 현재의 이전 상태로 표현된다. 인간은 또한 육체관점에서 죽지 않고, 이생의 고생도 없었다. 그는 하나님과 율법들을 인식할 수 있었다. 그는 의지의 완전한 자유를 가졌고 모든 도덕적인 타락에서 벗어나 있었다.

2. 아담의 타락과 그 결과

1) 어거스틴

아담은 죄를 지었고, 아담과 함께 모든 인류도 죄를 지었다. 이런 아담의 죄를 통해 아담 자신뿐만 아니라 그의 모든 후손들도 지적, 도덕적 관점에서 타락했다. 생식을 통해 육신적인 욕망에 의해 이러한 타락은 부모로부터 아이들에게로 넘겨지며, 인간은 바로 이것을 통해서 자연적인 상태에서 사단에게 종속된다. 아담과 그의 후손의 타락은 첫 인간이 지은 죄에 대한 적극적인 처벌이다. 인류의 물리적 타락은 육체적인 죽음, 힘이 드는 일, 육체의 고통, 억제하지 못하는 육욕에서 볼 수 있다. 지적인 타락은 첫 사람의 정신적인 힘과 우리의 정신적인 힘들 사이의 끝없는 간격에서 볼 수 있다. 도덕적인 타락은 우리가 모든 선에 대해 완전히 불가능하다는 사실에서 보인다. 즉 우리는 죄짓는 일 외에는 할 수 있는 것이 없다는 것으로, 이를 통해 우리는 유죄라는 의로운 판결을 받는다. 그러므로 인간은 현재 상태에서는 도덕적으로 죽은 것이다. 그렇지만 원죄는 인간의 본성에 속하지 않으며, 본질적인 것이 아니라(그렇지 않으면 하나님은 악의 창조자가 된다) 우연적인 것이다.

2) 펠라기우스주의

원죄, 즉 첫 인간으로부터 후손에 이르는 죄, 처벌을 받아야 하는 죄란 없다. 아담은 자신의 범죄를 통해 자기 자신에게만 해를 가했을 뿐이지, 후손에게는 아니다. 모든 인간은 자신의 도덕적인 상태에 따라, 아담이 창조되었던 그 상태로 태어난다. 모든 인간은 의지의 자유, 즉 선의 능력을 가질 뿐만 아니라, 정반대의 것을 원하거나 행할 수 있는 능력을 갖는다. 그러므로 그에게 중요한 것은 그가 선 또는 악을 원하느냐 하는 것이다. 결국 인간은 도덕적으로 건강하다.

3) 절충적 펠라기우스주의

첫 인간은 사단에게 유혹되어 죄를 지었다. 이것은 자신뿐만 아니라, 그의 후손에게도 부정적으로 물리적, 도덕적인 결과를 가져왔다. 첫 번째로 육체의 죽음을 겪지 않을 수 있는 것을 잃어버리게 된 것이다. 마지막은 도덕적인 파괴인데, 이것은 증식되고 점점 증가했다. 의지의 자유는 소멸되지는 않았지만, 매우 약해졌다. 그래서 인간은 현재의 자연적인 상태에서 도덕적으로 죽은 것은 아니지만, 건강하지 않고 병들어 있다.

3. 하나님의 은혜

1) 어거스틴

인간의 본성은 타락하여 악 외에는 다른 어떤 것을 원하지도 않고 할 수도 없기 때문에, 인간이 선한 것을 원하고 행하는 모든 것은 하나님 은혜의 행위로 간주되어야 한다. 이것은 인간에 대한 하나님의 내적이고 비밀스럽고 놀라운 작용이다. 그것은 선행(先行)하여 작용할 뿐만 아니라 같이 협력하여 작용하고, 이성과 의지에도 영향을 준다. 이것을 통해 인간은 믿음, 즉 기독교 진리의 확신, 선에 대한 인식에 도달하고, 그것을 통해 인간은 또한 비로소 선을 원할 힘을 획득한다. 은혜는 인간이 모든 개개의 행동을 행하도록 돕는다. 이런 은혜는 저항할 수 없는 것이고, 하나님께서는 인간의 모든 가치가 매우 적은 경우에도 당신의 자유의지에 따라 은혜를 배분하신다. 원죄의 책임은 세례를 통해 사해진다. 세례는 구약의 신자들과 세례받지 않은 순교자들을 예외로 하고는, 구원의 조건이다.

2) 펠라기우스주의

인간은 하나님께로부터 의지의 자유를 받았기 때문에, 하나님 은혜의 특별한 도움 없이도 선을 원하고 행할 수 있는 상태에 있다. 그러나 선을 보다 쉽게 성취하도록 하나님 은혜의 역사가 그를 돕는다. 여기에 속하는 것이 하나님 율법의 계시, 그리스도의 가르침과 모범, 초자연적인 은혜의 작용이다. 마지막 것은 자신의 능력을 신실하게 사용함으로써 은혜를 얻을 가치가 있는 자들에게만 주어지고, 사람은 그것들에 저항할 수 있다. 그리스도인들의 구원에는 오직 세례를 받은 자들만이 도달하는데, 세례는 결국 하나님의 은혜 충만한 행위로 간주될 수 있다. 그러나 세례받지 않은 자들도 구원에 도달할 수 있다.

3) 절충적 펠라기우스주의

인간은 도덕적으로 병들고 의지의 자유는 약해졌기 때문에, 선을 행하고 구원을 얻기 위해서는 하나님 은혜의 도움이 필요하다. 그러나 우리는 이것을 개별적으로 생각하지 말고, 항상 인간에게 남아 있는 자유와 연결해서만 생각해야 한다. 하나님의 은혜와 인간의 자유는 선을 행할 때 협력하여 작용한다. 그것 각자가 자기의 역할을 갖는다. 게다가 하나님의 은혜는 일반적이고 하나님의 의도에 따라 각자에게 주어져야 한다. 인간이 해야 할 일은 자신에게 남아 있는 능력으로써 돕는 은혜에 따르고 그것에 저항하지 않는 것이다. 도덕적인 약함의 책임은 세례에서 사해지며, 세례 없이는 어느 누구도 구원을 얻지 못한다.

4. 예정론과 구속론

1) 어거스틴

하나님께서는 타락한 자들과 버려진 무리의 저주로부터 몇몇을 구원하시기로, 자유롭고 조건과 변함없는 결정을 하셨다. 하나님께서 이러한 축복으로 정하신 사람들은, 하나님으로부터 그에 필요한 수단들을 받는다. 그들은 타락될 수 없다. 그러나 이러한 소수의 구원받은 자에 속하지 않는 대부분의 사람들은, 그들 모두가 아담 안에서 죄를 지었기 때문에 저주받아 마땅하다. 그리스도는 선택된 자들만을 위해서 이 세상에 오셨고 죽으셨다.

2) 펠라기우스주의

하나님의 결정은 무조건적인 것이 아니라 인간의 도덕적 행동에 의존한다. 하나님께서는 율법을 지키게 될 것임을 미리 아신 자들은 구원으로, 그 반대로 행할 것임을 아신 자들은 저주로 정하셨다. 그리스도의 구속은 보편적이다. 그러나 실제로 죄를 지은 자들만이 그리스도가 행하신 구속의 죽음이 필요하다. 그럼에도 그의 가르침과 모범은 모든 사람들을 더 높은 완전함과 덕으로 이끌 수 있다.

3) 절충적 펠라기우스주의

하나님의 결정은 인간의 행동을 미리 내다보시고 정해진 것이다. 즉 하나님의 은혜를 받아들일 것임을 미리 아신 자들은 구원으로, 그렇지 않을 자들은 마땅한 저주로 정하셨다. 그럴지라도 인간은 구원의 획득을 자신의 공로가 아니라 오직 하나님의 은혜로 돌려야 한다. 그리스도의 구속은 보편적이다. 그리스도께서는 단지 선택된 자들만이 아니라 모든 사람들을 위해서 죽으셨다.

참고문헌

1차 자료

어거스틴. 『삼위일체론』. 김종흡 역. 크리스챤다이제스트, 1993.

_____. 『성령과 문자. 한, 라틴어 공역』. 공성철 역. 서울: 한들출판사, 2000.

_____. 『어거스틴의 은총론』(1-4권). 필립 샤프 편/ 차종순 역. 서울: 한국장로교출판사, 1996.

_____. 『아우구스티누스의 은혜론과 신앙론』. 김종흡 역. 서울: 생명의말씀사, 1990.

_____. *Augustine on Romans. Propositions from the Epistle to the Romans. Unfinished Commentary on the Epistle to the Romans.* Paula Fredriksen Landen trans. Chico, 1982.

_____. *Confessiones* [*Bekenntnisse. Lateinisch und Deutsch.* Trans. Joseph Bernhart. Frankfurt a. M.: Insel, 1987; *Bekenntnisse.* Ed. K. Flasch et al. Stuttgart: Reclam, 2009; 선한용 역.『성 어거스틴의 고백록』. 서울: 대한기독교서회, 2003; 김광채 역.『성 어거스틴의 고백록』. 서울: CLC,

2004].

_____. "De diversis quaestionibus ad Simplicianum I 2". In Flasch, K. ed. *Logik des Schreckens. Augustinus von Hippo. Die Gnadenlehre von 397. Lateinisch-Deutsch.* Mainz: Dieterich'sche Verlagsbuchhandlung, 1990, 148-239.

_____. *Ep.* 188 (PL 33, 848-854). 번역: 요셉 봐이스마이어 외. 『펠라지오에서 시메온까지』. 서울: 가톨릭출판사, 2003, 121-138.

_____. *Ep.* 194 (PL 33, 874-891).

_____. *Ep.* 214/215 (PL 33, 968-974/ PL 44, 875-880). 번역: 차종순 역. 『어거스틴의 은총론』 제4권. 서울: 한국장로교출판사, 1998, 204-216.

_____. *Patrologia Latina* vol. 44 (= PL).

_____. *Retractationes* (PL 32).

_____. *Sermo* 67 (PL 38).

_____. *St. Augustine: Anti-Pelagian Writings*. In Philip Schaff ed. *Nicene and Post-Nicene Fathers*. vol. 5. Wm. B. Eerdmans Publishing Company, 1956.

_____. "To Simplician - on various Questions". In *Augustine: Earlier Writings*. J. H. S. Burleigh ed. SCM Press, 1953, 385-406.

포시디우스/ 이연학, 최원오. 『아우구스티누스의 생애』. 왜관: 분도출판사, 2008.

Cassianus, Johannes. *24 Conlationes patrum* (PL 49).

Denzinger, Heinrich. *Kompendium der Glaubensbekenntnisse und kirchlichen Lehrentscheidungen. Lateinisch-Deutsch (Enchiridion symbolorum definitionum et declarationum de rebus fidei et morum)*. Freiburg im

Breisgau u.a., 2001 (= DH).

Pelagius. *Epistula ad Demetriadem* (PL 30, 15-45; PL 33, 1099-1120). 번역: B. R. Rees. *The Letters of Pelagius and His Followers*. Boydell Press, 2004, 35-70; W. Geerlings/ G. Greshake ed. *Quellen geistlichen Lebens. Die Zeit der Väter*. Mainz: Matthias-Grünewald-Verlag, 1980, 140-178; 요셉 봐이스마이어 외.『펠라지오에서 시메온까지』. 전헌호 역. 서울: 가톨릭출판사, 2003, 32-117.

Pöhlmann, Horst Georg ed. *Unser Glaube. Die Bekenntnisschriften der evangelisch-lutherischen Kirche*. Gütersloh 2004 (=BSLK).

2차 자료

공성철. "어거스틴의 은총론과 예정론 관계 연구". 「조직신학논총」 3 (1998), 275-357.

권진호. "펠라기우스와 어거스틴의 은총론 연구 - 데메트리아스에게 보낸 편지를 중심으로". 「한국교회사학회지」 25 (2009), 29-59.

_____. "하나님과 대화로서의 『고백록』-『고백록』 '서론'을 통한 『고백록』 이해". 「한국기독교신학논총」 70 (2010), 85-108.

_____. "(소기범 교수의) '고백록 10권에 나타난 영성생활의 특징'을 읽고". 『한국교회의 올바른 영성확립과 해석학. 호남신학대학교 2010년 학술발표회 논문 제13집』. 광주: 호남신학대학교, 2010, 157-162.

_____. "'믿음의 시작'에 관한 어거스틴의 은총론," 「한국기독교신학논총」 73 (2011), 97-118.

_____. "어거스틴의 은총론. - '심플리키안에게 보내는 편지'(I, 2)를 중심으로," 「신학과 현장」 21 (2011), 239-264.

_____. "루터의 아우구스티누스 수용: '성령과 문자에 관하여'를 중심으로," 「한국교회사학회지」 31 (2012), 41-71.

_____. "아우구스티누스의 회심에 대한 재이해," 「신학논단」 71 (2013), 7-40.

_____. "아우구스티누스의 초기 은총론 - 로마서 주석들을 중심으로," 「신학논단」 76 (2014), 43-77.

_____. "아우구스티누스의 '고백록' 이해," 「신학과 현장」 24 (2014), 165-194.

_____. "아우구스티누스의 '고백록'에 나타난 은총론," 「신학논단」 80 (2015), 11-43.

기스벨트 그레사케/ 심상태. 『은총 - 선사된 자유』. 서울: 성바오로출판사, 1979.

김승철. "악 이해의 두 가지 전통. - 어거스틴과 이레니우스를 중심으로". 『어거스틴 사상 연구. 오늘의 어거스틴』. 서울: 대한기독교서회, 1997, 165-184.

Kim, Young Do. "ORDO SALUTIS IN AUGUSTINE"S COMMENTARIES ON ROMANS : CAN A CHRISTIAN BE AT THE SAME TIME BOTH SUB LEGE AND SUB GRATIA?"「신학과 목회」 17 (2002), 67-97.

김진하. "존 카시안은 에바그리우스의 제자인가?"「역사신학논총」 9 (2005), 10-36.

김홍기/ 이선희.『존 웨슬리의 구원론에 관한 대화 - 김홍기 교수와 이선희 교수의 기독교 타임즈 지상 논쟁』. 대전: 복음, 2009.

디모데 죠이스/ 채천석.『켈트 기독교: 성스러운 전통, 희망의 비전』. 서울: CLC, 2003.

알리스터 맥그래스.『역사 속의 신학. 그리스도교 신학 개론』. 김홍기 외 3인 공역. 서울: 대한기독교서회, 2007.

워렌 토마스 스미스/ 박희석.『어거스틴. 그의 생애와 사상』. 서울: 아가페 문화사, 1994.

이석우.『아우구스티누스』. 서울 : 민음사, 1995.

이선희. "John Wesley의 선행은혜 개념에 대한 소고".「신학과 현장」11 (2001), 96-136.

이은재. "카시안 - 수도원적 공동체의 이상주의자".「신학과 세계」44 (2002), 134-148.

정미현. "상실된 창조의 본래적 선을 찾아서".「조직신학논총」6 (2001), 213-236.

카를로 크레모나/ 성염.『성아우구스티누스전』. 서울: 성바오로 출판사, 1992.

크리스토퍼 브룩/ 이한우.『수도원의 탄생』. 청년사, 2005, 40-49.

피터 브라운/ 차종순.『어거스틴. 생애와 사상』. 서울: 한국장로교 출판사, 1992.

필립 뉴엘/ 정미현.『하나님의 심장 박동소리 듣기 - 켈트 영성 이야기』. 서울: 대한기독교서회, 2001.

헨리 채드윅/ 김승철.『아우구스티누스』. 서울: 시공사, 2001.

Bonner, G. *St. Augustine of Hippo. Life and Controversies*. Norwich: The Canterbury Press, 1986.

_____. "Caelestius". In *Augustinus-Lexikon* 1, 690-8.

_____. "De natura et gratia". In *Augustine through the Ages*, 582.

_____. "De nuptiis et concupiscentia". In *Augustine through the Ages*, 592-3.

_____. "De peccatorum meritis et remissione et de baptismo paruulorum". In *Augustine through the Ages*, 632-3.

_____. "De spiritu et littera". In *Augustine through the Ages*, 815-6.

_____. "Pelagius/ Pelagianischer Streit". In *TRE* 26, 176-185.

Brachtendorf, Johannes. *Augustins 'Confessiones'*. Darmstadt: Wissenschaftliche Buchgesell., 2005.

Brinkman, M. E. *The tragedy of human freedom: the failure and promise of the Christian concept of freedom in Western culture*. Amsterdam: Rodopi, 2003.

Brown, Peter. *Augustine of Hippo. A Biography*. Berkley: Uni. of California Press, 2000.

_____. *Die Keuschheit der Engel. Sexuelle Entsagung, Askese und Körperlichkeit im frühen Christentum*. M. Pfeffer trans. München, 1994.

_____. "Pelagius and his Supporters". In *Religion and Society in the Age of Saint Augustine*. London: Faber and Faber, 1972, 183-207.

Bruckner, Albert. *Julian von Eclanum. Sein Leben und seine Lehre*. Leipzig, 1897.

Chadwick, O. "Cassianus". In *TRE* 7, 650-7.

Cooper, S. *Augustine for Armchair Theologians*. Westminster John Knox Press, 2002.

Davies, Oliver/ O'Loughlin, Th. *Celtic Spirituality*. New York: Paulist Press, 1999.

Delius, Hans-Ulrich. *Augustin als Quelle Luthers. Eine Materialsammlung*. Berlin: Evangelische Verlagsanstalt, 1984.

Drecoll, Volker H. *Die Entstehung der Gnadenlehre Augustins*. Mohr Siebeck, 1999.

_____. "De peccatorum meritis et remissione et de baptismo paruulorum". In *Augustin Handbuch*, 323-328.

_____. "Gratia". In *Augustinus-Lexikon* 3, 182-242.

_____. "Mens-notitia-amor. Gnadenlehre und Trinitätslehre in De Trinitate IX und in De peccatorum meritis et remissione/ De spiritu et littera". In J. Brachtendorf ed. *Gott und sein Bild - Augustins De Trinitate im Spiegel gegenwärtiger Forschung*. Paderborn, 2000, 137-153.

_____ ed. *Augustin Handbuch*. Tübingen: Mohr Siebeck, 2007.

Dreyer, Elizabeth. *Manifestations of Grace*. Collegeville: Liturgical Press, 1990.

Evans, R. F. *Pelagius: Inquiries and Reappraisals*. New York: Seabury Press, 1968.

Feldmann, Erich. "Confessiones." In *Augustinus-Lexikon* 1, 1134-1193.

_____. "Einführung in Augustins Confessiones - Ein Fragment -". In Nobert Fischer et al. *Freiheit und Gnade in Augustins Confessiones*. Schöningh, 2003, 8-36.

Fischer, Nobert. "Freiheit und Gnade. Augustins Weg zur Annahme der Freiheit des Willens als Vorspiel und bleibende Voraussetzung seiner Gnadenlehre". In Nobert Fischer et al. ed. *Freiheit und Gnade in Augustins Confessiones*. Paderborn: Ferdinand Schöningh, 2003, 50-69.

Flasch, Kurt. *Augustin. Einführung in sein Denken*. Stuttgart: Reclam, 2008.

Frank, Karl Suso. "Johannes Cassianus". In *Reallexikon für Antike und Christentum* 18, 414-426.

Frederiksen, P. "Die frühe Paulusexegese". In *Augustin Handbuch*, 279-294.

Fuhrer, Therese. *Augustinus*. Wissenschaftliche Buchgesellschaft, 2004.

Geerlings, W. *Augustinus - Leben und Werk. Eine bibliographische Einführung*. Paderborn: Ferdinand Schöningh, 2002.

_____. "Augustinus. Lehrer der Gnade". In *Theologen der christlichen Antike. Eine Einführung*. Darmstadt: Wissenschaftliche Buchgesellschaft, 2002, 148-167.

_____. *Augustinus*. Freiburg: Herder, 2004.

_____. "Augustinus". In S. Döpp et al. ed. *Lexikon der antiken christlichen Literatur*. Freiburg, 2002, 78-98.

_____. "Christus als exemplum". In V. H. Drecoll. *Augustin Handbuch*, 434-8.

_____. "Julian von Eclanum". In *Lexikon der antiken christlichen Literatur*, 405-6.

Greshake, G. *Gnade als konkrete Freiheit. Eine Untersuchung zur Gnadenlehre des Pelagius*. Mainz: Matthias-Gründenwald-Verlag, 1972.

Guardini, Romano. *Anfang. Eine Auslegung der ersten fünf Kapitel von*

Augustinus Bekenntnissen. München: Kösel, 1950.

Harnack, Adolf von. *Lehrbuch der Dogmengeschichte*. vol. 3: *Die Entwicklung des kirchlichen Dogmas II/III*. Darmstadt: Wissenschaftliche Buchgesellschaft, 1990.

Harrison, Carol. *Rethinking Augustine's early Theology: An Argument for Continuity*. Oxford, 2008.

Hauschild, Wolf-Dieter. *Lehrbuch der Kirchen- und Dogmengeschichte*. vol. 1: *Alte Kirche und Mittelalter*. Gütersloh, 2007.

_____. "Gnade IV". In *TRE* 13, 476-494.

Heil, Uta. "Die Auseinandersetzungen um Augustin im Gallien des 5. Jahrhunderts(bis 529)". In *Augustin Handbuch*, 558-564.

Hoping, Helmut. "Pelagius". In *Biographisch-Bibliographisches Kirchenlexikon* VII, 168-173.

Jacobi, J. L. *Lehre des Pelagius. Ein Beitrag zur Dogmengeschichte*. Leipzig: Friedrich Fleischer, 1842.

Kasper, Clemens M. "Der Beitrag der Mönche zur Entwicklung des Gnadenstreites in Südgallien, dargestellt an der Korrespondenz des Augustinus, Prosper und Hilarius". In A. Zumkeller ed. *Signum Pietatis. Festgabe für Cornelius Petrus Mayer osa zum 60. Geburtstag*. Würzburg: Augustinus-Verlag, 1989, 153-182.

Kienzler, Klaus. "Der Aufbau der 〈Confessiones〉 des Augustinus im Spiegel der Bibelzitate". In *RechAug* 24 (1989), 123-164.

_____. "Confessiones 1. Die unbegreifliche Wirklichkeit der menschlichen Sehnsucht nach Gott". In Nobert Fischer et al. ed. *Die*

Confessiones des Augustinus von Hippo. Freiburg: Herder, 2004, 61-105.

_____. *Gott in der Zeit berühren. Eine Auslegung der Confessiones des Augustinus*. Würzburg: Echter, 1998.

Lamberigts, M. "Iulianus von Aeclanum". In *Reallexikon für Antike und Christentum* 19 (2001), 483-505.

_____. "Julian of Eclanum". In *Augustine through the Ages*, 478-9.

_____. "Pelagius and Pelagians". In S. A. Harvey et al. ed. *The Oxford Handbook of Early Christian Studies*. Oxford Uni. Press, 2008, 258-279.

LeMasters, P. "Celtic Christianity: Its Call to Discipleship". In *Encounter* 60 (1999), 463-495.

Löhr, Winrich. "Das Verhältnis zwischen Pelagius und Augustin und das theologische Anliegen des Pelagius". In *Augustin Handbuch*, 190-197.

_____. "De natura et gratia". In *Augustin Handbuch*, 334-7.

_____. "Der Streit um die Rechtgläubigkeit des Pelagius 414-418". In *Augustin Handbuch*, 183-190.

_____. "Pelagius' Schrift De natura. Rekonstruktion und Analyse". In *Recherches Augustiniennes* 31 (1999), 235-294.

Lössl, Josef. *Julian von Aeclanum. Studien zu seinem Leben, seinem Werk, seiner Lehre und ihrer Überlieferung*. Leiden, 2001.

_____. "De nuptiis et concupiscentia". In *Augustin Handbuch*, 337-340.

_____. "De praedestinatione sanctorum et de dono perseverantiae". In *Augustin Handbuch*, 344-7.

_____. "Der Pelagianische Streit". In *Augustin Handbuch*, 179-203.

_____. "Die Auseinandersetzung mit Julian ab 418". In *Augustin*

Handbuch, 197-203.

Markus, R. *The End of Ancient Christianity*. Cambridge: Cambridge Univ. Press, 1990.

Martindale, John Robert ed. *The Prosopography of the later Roman Empire*. vol. 2. Cambridge: Cambridge Uni. Press, 1980.

Mayer, Cornelius Petrus. "Augustinus - Doctor Gratiae. Das Werden der augustinischen Gnadenlehre von den Frühschriften bis zur Abfassung der *Confessiones*." In N. Fischer et al. ed. *Freiheit und Gnade in Augustins Confessiones*. Ferdinand Schöningh, 2003, 37-49.

_____. "Da quod iubes et iube quod vis". In *Augustinus Lexikon* 2, 211-3.

McGrath, Alister E. *Der Weg der christlichen Theologie. Eine Einführung*. München, 1997.

_____. *Luther's Theology of the Cross*. Oxford, 1998.

McWilliam, J. "Letters to Demetrias: A Sidebar in the Pelagian Controversy". In *Toronto Journal of Theology* 16 (2000), 131-9.

Mühlenberg, Ekkehard. "Augustin" In ^4RGG 1. 959-967.

_____. "Dogma und Lehre im Abendland: Von Augustin bis Anselm von Canterbury". In Carl Andresen et al. ed. *Handbuch der Dogmen- und Theologiegeschichte*. vol. 1: *Die Lehrentwicklung im Rahmen der Katholizität*. Göttingen: Vandenhoeck & Ruprecht, 1982, 406-566.

Mutzenbecher, A. "Einleitung". In *De diversis quaestionibus ad Simplicianum*. Corpus Christianorum, Series Latina 44, Turnhout, 1970, IX-LXXIV.

Nicholson, M. F. "Celtic Theology: Pelagius". In J. P. Mackey ed. *An Introduction to Celtic Christianity.* Edinburg: T&T Clark, 1995, 386-413.

Ogliari, Donato. *Gratia et Certamen. The Relationship between Grace and Free Will in the Discussion of Augustine with the so-called Semipelagians.* Leuven: Leuven Uni. Press, 2003.

O'Donnel, J. J. *Augustine. A new Biography.* Harper Collins Publishers, 2005.

Pesch, O. H. "'Gnade' - vom 'Inbegriff' zum 'Traktat'". In O. H. Pesch/ A. Peters ed. *Einführung in die Lehre von Gnade und Rechtfertigung.* Darmstadt, 1981, 1-54.

Rees, B. R. *Pelagius: A Reluctant Heretic.* Woodbridge: The Boydell Press, 1998.

Reuter, Hermann. *Augustinische Studien.* Gotha, 1887.

Schindler, Alfred. "Augustin/Augustinismus I". In *TRE* 4, 646-698.

Schulte-Klöster, Ursula. "Confessiones 1. 'quid mihi es?···quid tibi sum ipse···?'(*conf.* 1,5)". In N. Fischer et al. ed. *Irrweg des Lebens. Augustinus: Confessiones 1-6.* Paderborn: Ferd. Schöningh, 2004, 31-53.

Skeb, M. "Johannes Cassian". In S. Döpp et al. ed. *Lexikon der antiken christlichen Literatur*, 376-8.

Stüben, J. "Pelagius". In *Lexikon der antiken christlichen Literatur*, 560-3.

TeSelle, Eugene. *Augustine the Theologian.* Eugene: Wipf and Stock Publishers, 2002.

Thier, Sebastian. *Kirche bei Pelagius.* Berlin: Walter de Gruyter, 1999, 18-30.

Weaver, R. H. *Divine Grace and Human Agency. A Study of the Semi-Pelagian Controversy*. Macon: Mercer Uni. Press, 1996.

Wetzel, James. "Ad Simplicianum". In *Augustine through the Ages*, 798-9.

Wiggers, Gustav Friedrich. *Versuch einer pragmatischen Darstellung des Augustinismus und Pelagianismus nach ihrer geschichtlichen Entwicklung*. Perthes, 1833.

Windau, B. "Caelestius. Pelagianer". In *Lexikon der antiken christlichen Literatur*, 135-6.

어거스틴의 은총론 이해
Augustine's Theology of Grace

2011년 4월 15일 초판 발행
2025년 4월 20일 개정판 발행

지은이 | 권 진 호

펴낸곳 | 사) 기독교문서선교회
등록 | 제16-25호(1980. 1. 18)
주소 | 서울시 동대문구 천호대로71길 39
전화 | 02) 586-8761~3(본사) 031) 923-8762~3(영업부)
팩스 | 02) 523-0131(본사) 031) 923-8761(영업부)
홈페이지 | www.clcbook.com
이메일 | clckor@gmail.com
온라인 | 국민은행 043-01-0379-646, 기업은행 073-000308-04-020
  예금주: 사)기독교문서선교회

ISBN 978-89-341-2808-3 (93230)

* 낙장·파본은 교환해 드립니다.